sociología y política

CONTRABANDISTAS, MARIMBEROS Y MAFIOSOS

Historia social de la mafia colombiana (1965-1992)

por

DARÍO BETANCOURT
MARTHA LUZ GARCÍA

BOGOTÁ • CARACAS • QUITO

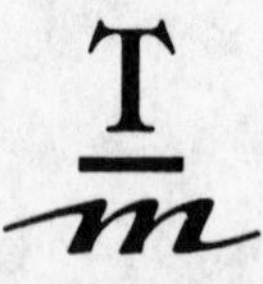

EDITORES

Transversal 2ª A Nº 67 - 27
Tels: 2551695 - 2556691
Santafé de Bogotá, Colombia

cubierta: diseño de felipe valencia

primera edición: agosto de 1994

ISBN 958-601-481-9

edición, armada electrónica,
impresión y encuadernación:
tercer mundo editores

impreso y hecho en colombia
printed and made in colombia

2587-94-187

Para Paula Emilia
y Catalina María

Al pueblo colombiano,
víctima absoluta
de la irracionalidad de una "guerra"
que no le pertenece...
que le ha sido trasladada
desde fuera

CONTENIDO

Agradecimientos

Los autores expresan sus agradecimientos:

Al Instituto Colombiano para el Desarrollo de la Ciencia y la Tecnología Francisco José de Caldas, Colciencias.

Al Centro de Investigación y Educación Popular, Cinep.

Al Instituto de Estudios Políticos y Relaciones Internacionales de la Universidad Nacional de Colombia y de manera muy especial a su director, Gonzalo Sánchez, porque su empeño en el proyecto "Actores y regiones de la violencia actual en Colombia" en gran parte hizo posible este estudio.

A Fabio Zambrano y Fernán González, coordinadores en Colombia, por el Cinep, del proyecto "Violencia en la región andina".

A Germán Fonseca, coordinador en Colombia del proyecto "Economía de la droga".

A Rodrigo Uprimny, quien con sus críticas objetivas contribuyó a la mejor estructuración del texto y a la precisión de conceptos.

A Umberto Santino en Italia, por su disposición personal y los valiosos escritos que sobre el tema hizo llegar a nuestras manos.

A los colegas de Chile, Bolivia, Perú, Ecuador, Venezuela y Colombia que trabajaron en el proyecto "Violencia en la región andina" porque las discusiones del grupo enriquecieron nuestra investigación.

A la Universidad Pedagógica Nacional, en especial a los estudiantes de nuestros cursos, quienes tuvieron la oportunidad de discutir y hacer aportes a muchos de nuestros planteamientos.

Prólogo

Durante mucho tiempo los colombianos nos hemos interrogado sobre las razones por las cuales el impacto del narcotráfico ha sido tan intenso y tan violento en nuestro país. En efecto, en otros países, de condiciones similares, no han florecido mafias de tanto poder y arraigo social como las colombianas. E igualmente en naciones vecinas, en donde el narcotráfico representa tal vez una mayor porción de la actividad macroeconómica. Tal fenómeno no ha tenido un efecto tan considerable en términos de violencia y corrupción institucional. Así, según algunos estimativos, en Bolivia la economía de la coca y los narcodólares que entran a ese país podrían representar más del 20% del PIB y emplear casi a un 20% de la población económicamente activa, mientras que en Colombia —incluso según los estimativos más altos— esos ingresos no han llegado al 10% del PIB y la PEA. Y, sin embargo, el narcotráfico en Bolivia no es traducido en fenómenos graves de violencia, como sí ha ocurrido en Colombia.

Los colombianos también hemos debatido constantemente, tanto en reuniones académicas como en charlas de café, sobre los elementos que podrían explicar algunos comportamientos diferenciados de los núcleos mafiosos colombianos y las respuestas diversas dadas por el Estado a los mismos. ¿Por qué, por ejemplo, la mayor proclividad de algunos empresarios ilegales antioqueños a los atentados dinamiteros y a los magnicidios, frente a la discreción relativa de otros núcleos mafiosos en este aspecto? ¿Por qué la intensidad de la represión estatal contra los miembros del llamado cartel de Medellín, en comparación con la reacción más débil frente a otros núcleos mafiosos?

Creo que el trabajo de Darío Betancourt y Martha Luz García contribuye a dar respuestas a interrogantes como los anteriores, así como a otros que les están asociados. Y para hacerlo emplean una metodología fructífera. Los autores reconstruyen, en general con fuentes documentales pero también con algunas fuentes primarias, una historia social de las mafias colombianas. En efecto, el núcleo de este libro, que recoge trabajos procedentes de estos dos autores, es la presentación de la historia de los diversos núcleos mafiosos colombianos, sus articulaciones con tradiciones viejas de contrabando y de ilegalidad, sus comportamientos comunes y sus estrategias diferenciadas según los contextos sociales, económicos y culturales en que se desenvuelven. Ello abarca el estudio de las estrategias de legitimación de esa burguesía gangsteril que se ha venido constituyendo en nuestro país desde los años setenta, sus complejas relaciones con el Estado, las formas de violencia que ejercen y cómo éstas se retroalimentan con otras violencias más viejas y más nuevas.

Para efectuar esta historia social de las mafias colombianas, los autores recurren a una metodología de interpretación sociológica e histórica que mucha falta hace en nuestro país: los estudios comparados. En efecto, considero que una de las más grandes debilidades de las ciencias sociales en Colombia es que hemos terminado por sobrestimar las particularidades del país, lo cual se ha traducido en la existencia de pocas interpretaciones de la dinámica de nuestra nación a través de análisis comparados. Como decía ya hace varios años el historiador Gonzalo Sánchez, "el desarrollo específico, singular, colombiano nos ha hecho relativamente fuertes para la historia y débiles, tal vez demasiado débiles, para la sociología y el análisis comparado"[1].

1 Gonzalo Sánchez, comentario al libro de Daniel Pécaut *Orden y violencia*, en *Análisis Político*, Nº 2, septiembre a diciembre de 1987, p. 125.

Por eso creo que uno de los elementos más interesantes de este trabajo es la tentativa de definir en forma más o menos abstracta algo parecido a tres "tipos ideales" de mafias, utilizando para ello investigaciones efectuadas en otros países, en especial en Estados Unidos e Italia. Los autores distinguen entonces entre la mafia arcaica clásica tipo siciliano, la mafia urbana tipo italonorteamericano y la mafia discreta tipo europeo mediterráneo, lo cual les permite posteriormente caracterizar el comportamiento y la estructura de las mafias que se han desarrollado en Colombia.

Esto, como es obvio, supone una ampliación del sentido del concepto de mafia, que ya había sido efectuada por otros autores. Tal categoría ya no es reservada a la organización clásica siciliana de hombres de honor, muy ligada al control terrateniente de la vida local, y en la cual la circulación social del honor desempeñaba un papel determinante. Las propias transformaciones de la mafia siciliana —que al ligarse al tráfico de droga ha adquirido una mentalidad de tipo empresarial—[2], así como la presencia de otras organizaciones criminales similares, tanto en Italia —como la Camorra napolitana o la *N'drangheta* calabresa— como en otros países, han conferido un sentido más general al concepto de mafia. Por ello nos parece legítima la extensión del concepto de mafia efectuada por Betancourt y García con el fin de compren-

2 Para una presentación de este cambio de la mafia siciliana, que pasa de desempeñar un papel de mediación política a desarrollar funciones de acumulación económica, *véase* Pino Arlacchi, *La mafia imprenditrice, l'etica mafiosa e lo spirito del capitalismo*, Bologna, Il Mulino, 1983. *Véase* igualmente Franco Ferrarotti, "Riflessioni preliminari sulla mafia come fenomeno sociale", en Augusto Balloni, Pietro Bellasi (ed.), *La nova criminalità*, Bologna, QUEB, 1984. Este autor distingue al menos tres etapas diferenciadas de la evolución de la mafia siciliana: la mafia tradicional, muy ligada al latifundio y que servía de mediadora entre el poder central y las poblaciones locales; la mafia de la especulación inmobiliaria; y, finalmente, la mafia de los ochenta, la cual no se limita a administrar los "vicios tradicionales" (juego, prostitución) sino que está ligada a mercados muy dinámicos, en especial a las drogas y las armas.

der la dinámica de ese tipo de organizaciones en nuestro país.

En ese orden de ideas, creo que el mejor aporte del texto que tiene el lector en sus manos es que éste logra —a través de la presentación del desenvolvimiento histórico de las mafias colombianas— mostrar las relaciones que pueden existir entre tres variables que parecen centrales para la comprensión de estos fenómenos: por una parte, los contextos sociopolíticos y culturales; por otra, los tipos de mercado ilícitos y a veces lícitos que son copados por las organizaciones mafiosas; y, finalmente, las formas de estructuración y los comportamientos específicos de estas últimas. Este análisis de la relación entre estas variables comprende, a mi juicio, al menos cuatro aspectos igualmente interesantes desarrollados en el libro.

Por una parte, el más obvio, pero no por ello menos importante reside en mostrar cómo la presencia de mercados ilícitos dinámicos —como el de las drogas hoy prohibidas— dinamiza el surgimiento de organizaciones de tipo mafioso. En efecto, la ilegalidad de las drogas opera como una barrera que impide una movilidad libre del capital y permite la creación de rentas extraordinarias, las cuales pueden ser asimiladas a una especie de impuesto *de facto* recolectado no por las instituciones oficiales sino por los empresarios de la droga. La prohibición genera así un conjunto de ilegalismos a partir de los cuales se consolida una criminalidad organizada de tipo mafioso. Como dice Michel Foucault:

> La existencia de una prohibición legal crea en torno suyo un campo de prácticas ilegales sobre el cual se llega a ejercer un control y a obtener un provecho ilícito por el enlace de elementos, ilegalistas ellos también, pero que su organización en delincuencia ha vuelto manejables. La delincuencia es un instrumento para administrar y explotar los ilegalismos[3].

3 Michel Foucault, *Vigilar y castigar. Nacimiento de la prisión*, 9ª ed., Bogotá; Siglo XXI, 1984, p. 285.

Por otra parte, los autores muestran la manera como ciertos contextos sociales estimulan la formación de mafias: allí puede uno incluir, por ejemplo, toda la reflexión que efectúa el libro en torno a la tradición colombiana de ilegalidad y contrabando, que a veces se remonta a épocas coloniales, y que permitió formar una cultura de la ilegalidad muy favorable a la eclosión de los fenómenos mafiosos. O, igualmente, podríamos referirnos a las anotaciones pertinentes que efectúan los autores sobre la relación entre las crisis socioeconómicas de las élites locales y la formación de núcleos mafiosos específicos.

En tercer término, el libro también analiza la manera como esos contextos socioculturales influyen en los tipos de organizaciones mafiosas y en sus formas de estructuración y comportamiento. Eso explicaría, por ejemplo, las diferencias de estrategias de mercado y de legitimación social de los núcleos valluno y antioqueño.

En efecto, la crisis de la industria paisa de los años setenta se tradujo en una pérdida de hegemonía de las élites locales, lo cual provocó no sólo una erosión de los mecanismos tradicionales de control social sino también una reapropiación particular de elementos de la "cultura paisa" por los jóvenes sin empleo. Las élites antioqueñas tradicionales abandonaron entonces, en la década del ochenta, la ciudad a su suerte, posibilitando así que núcleos mafiosos se legitimaran popularmente mediante la realización de programas de ayuda social, como "Medellín sin tugurios", organizado por Pablo Escobar. El impacto social local del narcotráfico fue entonces mayor, pues la consolidación del tráfico de cocaína coincide con esa grave crisis social y económica de la industria antioqueña tradicional.

En cambio, en Cali, la penetración del narcotráfico se efectúa en un contexto local diverso. La crisis económica no es tan intensa y las élites locales logran conservar su prestigio; esta burguesía local, lejos de abandonar la ciudad a su suerte, ha intentado ejercer una especie de "hegemonía filantrópica" —según la acertada expresión de Álvaro Camacho y Álvaro Guzmán[4]—, que le ha permitido conservar un cierto sentido socialmente compartido del orden social, mediante la proliferación de fundaciones sociales financiadas por la empresa local y la asunción por los empresarios de un cierto sentido de la responsabilidad social de la empresa[5].

Estas diversidades entre Cali y Medellín han tenido efectos disímiles en dos aspectos centrales de las estrategias de legitimación de las organizaciones mafiosas. Por una parte, en Medellín, la mafia antioqueña se ha sentido con derecho a disputar la hegemonía local a unas élites tradicionales que han abandonado su liderazgo; entonces tenderá más a enfrentarse directamente con el poder estatal. En cambio, en Cali, la mayor solidez y organicidad de la estructura social local parece haber provocado una estrategia de incorporación discreta por parte de los empresarios de la droga.

Estos tipos de análisis muestran, pues, la importancia de efectuar una historia de los entronques sociales de las organizaciones mafiosas como la realizada por los autores.

Un último aspecto de esas relaciones que se tejen entre los entornos socioeconómicos, los tipos de mercados y las formas de estructuración de las organizaciones mafiosas lo constituye el estudio del impacto sociopolítico, local y nacional de la presencia de la organización mafiosa. Es tal vez el aspecto más conocido del tema, pues a diario la prensa, na-

4 Álvaro Camacho Guizado y Álvaro Guzmán, *Colombia, ciudad y violencia*, Bogotá, Ediciones Foro Nacional, 1990, pp. 188 y ss.

5 Sin embargo este filantropismo no debe ser idealizado. Como lo muestran bien Camacho y Guzmán, no se trata de una concepción democrática del orden social sino paternalista y autoritaria, puesto que atenúa ciertas desigualdades sociales pero para legitimar la preservación de su permanencia. Esa mentalidad cívica y filantrópica también ha servido entonces de soporte ideológico a numerosas campañas de limpieza social, sin que eso signifique —en manera alguna— que los actores del filantropismo y la limpieza social sean los mismos.

cional y extranjera, insiste en ese tremendo efecto de las mafias colombianas sobre la economía, la violencia y la corrupción.

Esta influencia de las mafias sobre la violencia colombiana es innegable. Sin embargo, la lectura del libro muestra que debemos evitar que el narcotráfico se convierta en el chivo expiatorio que disculpe otras fuentes de violencia, los autoritarismos estatales y la violación de derechos humanos por las autoridades, pues dos cosas aparecen claras: por una parte, no es posible atribuir al narcotráfico la responsabilidad de toda la violencia colombiana o de la crisis de derechos humanos. Y, por otra, el impacto violento del narcotráfico en Colombia es inseparable de la naturaleza misma del régimen político colombiano. En efecto, los empresarios de la droga no hicieron sino acentuar en beneficio propio algunos de los rasgos antidemocráticos del régimen colombiano: el clientelismo y las estructuras patrimoniales del poder político les permitieron poner considerables parcelas del Estado al servicio de sus intereses privados; las políticas de contrainsurgencia y la creación oficial de grupos de autodefensa se articularon armoniosamente con sus proyectos de expansión territorial mediante la creación de ejércitos privados.

Por eso, parafraseando al novelista Rafael Moreno-Durán, quien en una ocasión dijo que en Colombia la política ha sido tan corrupta que ha corrompido incluso al propio narcotráfico[6], podría uno agregar que esa política ha sido también tan violenta y tan autoritaria, que ha hecho del narcotráfico colombiano un fenómeno particularmente violento y autoritario.

Todo lo anterior me parece que confiere a este libro de Darío Betancourt y Martha Luz García un triple valor.

6 Rafael Moreno-Durán, en *El Tiempo, Lecturas Dominicales*, 13 de enero de 1991, p. 4.

Por una parte, creo que el libro es interesante y útil para cualquier persona que intente comprender la historia reciente de nuestro país por la información analítica y las interpretaciones que trae sobre la evolución social de los núcleos mafiosos colombianos.

Por otra, el libro abre las puertas para hacer reflexiones más teóricas y comparativas tendientes a mostrar el tipo de relaciones teóricas que pueden ser previsibles entre los contextos socioeconómicos, los mercados ilícitos y las formas de organización criminal y de acción violenta. Los autores no avanzan mucho en esta teorización y no tenían por qué hacerlo, por cuanto su finalidad era efectuar una historia social de las mafias colombianas. Pero el libro constituye un material muy rico para autores nacionales y extranjeros que estén interesados en estos temas.

Finalmente, pero no por ello menos importante, el libro insiste en todo momento sobre cómo los contextos estructurales afectan los comportamientos de las organizaciones mafiosas. Esto muestra entonces que, además de las acciones penales y políticas destinadas a enfrentar directamente a las organizaciones mafiosas, es esencial modificar aquellos entornos sociopolíticos que favorecen su desarrollo y dinamizan violencias que les están asociadas.

Rodrigo Uprimny
Profesor de la Facultad de Derecho
de la Universidad Nacional

Introducción

En un esfuerzo por contribuir al estudio de la evolución del fenómeno surgido con la cocaína, se inició esta investigación sobre la mafia colombiana a partir de la existencia de una continuidad de violencias en el país y de la tesis según la cual, para el desarrollo de las actividades ilegales que culminaron en la conformación de una mafia en torno a la cocaína, se revivió uno de los actores fundamentales de la Violencia de los cincuenta, el "pájaro"[1], hoy ejemplarizado en el sicario.

Una vez concluida la primera etapa del estudio, consignamos sus resultados en esta obra que entregamos a los lectores, con el fin de proporcionar elementos suficientes para comprender el fenómeno mafioso en el país.

Después de un intento por caracterizar las mafias siciliana, norteamericana y europea —entendiendo por mafia aquellos grupos identificados por intereses económicos, sociales, políticos y culturales que asumen una actitud frente al Estado y al ordenamiento jurídico que lo sustenta, y que para resolver sus conflictos no recurren a los jueces ni a los entes estatales sino a organizaciones de paramilitares y sicarios que actúan como agentes locales capaces de infundir respeto y aceptación—, un detenido análisis de la mafia colombiana permite afirmar que en el país se presenta, hasta cierto punto, una compleja mezcla de elementos constitutivos de las tres anteriores, como resultado de la confluencia de diversos factores: por una parte, persisten los de tipo ancestral, gamonal,

1 Darío Betancourt y Martha Luz García, *Matones y cuadrilleros. Origen y evolución de la violencia en el occidente colombiano (1946-1965)*, Bogotá, Iepri-Tercer Mundo Editores, 1990.

clientelista y caciquil, de alguna manera ligados al campo y heredados desde el siglo pasado, hecho que permite asemejarla a la vieja mafia siciliana; por otra parte, a través del tiempo han venido desarrollándose núcleos modernos, traumáticos y confusos de carácter urbano ligados a procesos de "urbanización y desarrollo capitalista del campo", en los que sin lugar a dudas se encuentran manifestaciones de elementos de la moderna mafia norteamericana.

Todos estos factores han sido estimulados por cuatro importantes constantes históricas en la sociedad colombiana: la permanencia del caciquismo, el gamonalismo y el clientelismo; la gran corrupción a todos los niveles; el contrabando y, finalmente, la existencia de formas de economía ilegal, muy generalizada en Colombia en la década del setenta; estas constantes son a su vez traspasadas y retroalimentadas por las contradicciones de un Estado con poco consenso en el proceso de construcción.

El surgimiento de la mafia en Colombia se halla íntimamente ligado a la crisis económica y social de las élites regionales que, además de facilitar el ascenso social y económico, contribuyó, al agudizarse las contradicciones sociales locales, al reclutamiento de guardaespaldas, testaferros y sicarios por parte de los primeros mafiosos. La falta de consenso de la élite y las fracturas del Estado dejaron en manos de los agentes particulares locales la solución y mediación de los conflictos en las regiones, favoreciendo el surgimiento y posterior fortalecimiento del paramilitarismo y el sicariato. El hecho de que en Colombia la mafia se estructurara en torno a la cocaína[2] y

2 En lo fundamental, Colombia no es un país productor de hojas de coca y pasta; su especialidad está en la refinación, exportación y distribución de cocaína a partir de la mata de coca importada de Bolivia y Perú: con su 75%, Colombia ocupa en el mundo el primer lugar en el procesamiento y distribución de cocaína, mientras que en producción mundial de hoja de coca su aporte llega solamente a un 10%, después de Bolivia (35%) y Perú (55%).

no a la marihuana puede explicarse en parte arguyendo el carácter efímero (inferior a diez años) y débil del negocio de la marihuana y su difícil introducción a los Estados Unidos debido a su volumen en comparación con la cocaína. Pero sobre todo se debe a que las mafias colombianas lograron establecer sus propias rutas para el transporte de la cocaína al exterior y su introducción en ese país, así como construir y controlar sus propias redes de distribución.

Si bien es cierto que su audacia le significó a la mafia colombiana la supremacía en la exportación y en las redes de distribución de cocaína en Estados Unidos, también lo es que en esta tarea desempeñan un papel importante los migrantes latinos (en especial cubanos y mexicanos) y cumple una función preponderante la migración de colombianos que, en últimas, fue la encargada de garantizar el control de la distribución.

Mediante la tesis de "diásporas comerciales", en el mismo sentido en que lo plantea el antropólogo Aloner Cohen, puede explicarse la integración de los elementos de migración, rutas y comercialización de cocaína por colombianos, como naciones o grupos compuestos por comunidades culturalmente dependientes entre sí, pero dispersas desde el punto de vista espacial. El caso de los colombianos en Norteamérica recuerda lo acontecido con los migrantes italianos, irlandeses, cubanos, chinos, judíos, etcétera.

Durante su proceso de conformación, iniciado desde los años setenta como resultado de la fusión de elementos ancestrales con elementos modernos profundamente dinamizados por la producción y comercio, primero de marihuana y más tarde de cocaína, la mafia se fue fortaleciendo alrededor del núcleo familiar hasta penetrar otros grupos sociales. Aunque los diferentes núcleos regionales de la mafia colombiana tienen sus variantes, es claro que si bien en comienzo casi todos estuvieron constituidos por sectores de clases media y baja, rápidamente lograron incrustarse en las clases altas de la sociedad, posibilitando de esta manera la ampliación de sus límites de actuación e influencia.

La convergencia de los factores geográficos, políticos, económicos y sociales que le confieren a Colombia "ventajas comparativas"[3] propició la generalización de los cultivos de marihuana y favoreció la próspera actividad productora y comercializadora de cocaína que, al igual que la de la marihuana, se halla conformada sobre la crisis de cinco grandes regiones: Costa Atlántica (algodonera), Antioquia (textilera), Valle (azucarera), central (zonas esmeraldíferas de Boyacá y Cundinamarca) y oriental (limítrofe con Venezuela, país que para la época en referencia experimentaba la caída de su moneda[4]. Y es a partir de estas cinco regiones que habrían de conformarse luego los focos mafiosos iniciales —que llevan sus mismos nombres—, a través de los cuales la mafia, una vez consolidada, habría de irrumpir a partir de los años ochenta.

Desde el punto de vista histórico estos focos se consolidaron sobre la crisis de los productos básicos de la agroindustria (algodón, azúcar), la minería (esmeraldas) o el comercio de las burguesías locales, a su vez generadora de la crisis económica de las élites tradicionales que ocasionará traumatismos sociales, económicos, culturales y de orden público muy contundentes hacia 1970 en las regiones que los albergaron.

Sustentada en los niveles de empobrecimiento y pauperización de amplios sectores medios y bajos de la sociedad que frente al bloqueo impuesto a sus canales de ascenso social recurren a la búsqueda y aprovechamiento de otros me-

3 Darío Betancourt y Mártha Luz García, "Narcotráfico e historia de la mafia colombiana", en *Violencia en la región andina. El caso colombiano,* Bogotá, Cinep-APEP, 1993.

4 Darío Betancourt y Martha Luz García, "Los cinco focos de la mafia. Elementos para una historia colombiana", en revista *Folios,* Segunda Época, Nº 2, Bogotá, Facultad de Artes y Humanidades, Universidad Pedagógica Nacional, 1991.

canismos que les permitieran mejorar sus niveles de vida y una posibilidad de expresión social y política, a partir de la construcción de extensas "bases de apoyo social" reveladoras de unos sectores sociales que, aun delinquiendo, también hacen historia[5], la mafia colombiana ha podido aumentar cada día más su influencia. Sin desconocer que en ocasiones se ha servido de la actividad política para consolidar sus bases sociales, la mafia colombiana ha utilizado tres métodos esenciales para este propósito: realización de acciones sociales y "favores", ampliación de la fuerza y la combinación de los dos anteriores. Y tres han sido, igualmente, las tendencias que en el actuar de esta mafia[6] hemos podido establecer en el curso de la investigación: la liderada por Pablo E. Escobar, la mafia antioqueña, representante del "sector moderno" de la ciudad y generadora de los sicarios; la liderada por Gonzalo Rodríguez Gacha, "El Mexicano", la mafia central, símbolo de la tradición y el "ancestro" y precursora de los paramilitares; y la tendencia europea, con el núcleo de Cali o mafia caleña como máximo exponente, producto de la combinación de elementos modernos y ancestrales en el mismo espacio, caracterizada por su estilo eminentemente conciliador y origen de los "grupos de limpieza".

Pero si bien el símbolo del accionar de la mafia antioqueña han sido el "terrorismo urbano[7] y los sicarios, y el núcleo de Cali ha orientado sus actividades violentas fundamentalmente mediante los "grupos de limpieza", en tanto que los mafiosos de la zona central lo han hecho con la intervención

5 Darío Betancourt y Martha Luz García, *Gonzalo Rodríguez Gacha "El Mexicano" y Pablo Emilio Escobar Gaviria "El Doctor", historia de dos mafiosos sociales*, en proceso, 1994.

6 *Ibíd.*

7 La máxima expresión de violencia urbana que haya conocido la historia de Colombia fue incubada en el seno de "Los Extraditables"; en el intento por obtener el estatus de delincuentes políticos, el terrorismo urbano tuvo en Pablo Escobar el caso más representativo.

de los paramilitares[8], todas estas organizaciones violentas propias de las mafias colombianas han sido el producto de la alimentación y fusión de las violencias locales activadas y modernizadas desde el momento de la creación del grupo Muerte a Secuestradores, MAS, en 1981, núcleo base de todas las formas de violencia de los distintos focos mafiosos, cuya presencia adquirió las características más dramáticas luego de la aprobación del Tratado de Extradición[9] entre los gobiernos colombiano y norteamericano: en la misma medida en que este convenio criminalizó las actividades de la mafia, se dio también el recrudecimiento de la respuesta de los mafiosos que, de los hechos de denuncia y protesta, y de los intentos legales por acceder al poder, pasó a la ejecución de operaciones de terrorismo urbano.

La inversión en el país de los capitales procedentes de las negociaciones de las mafias de la cocaína ha tenido grandes efectos en la economía nacional y considerable incidencia, si no en todas, en la mayoría de sus actividades y sectores productivos. Para sólo mencionar algunos de ellos: recreación y turismo, instituciones de servicios, comercio e industria,

8 "El Mexicano", quien privilegiara la acción armada para la resolución de los conflictos, bien con otros mafiosos, bien con el Estado, con distintos opositores o con aquellos que de alguna manera representaban un peligro u obstáculo para su organización, a la vez que enfrentó abiertamente al gobierno, a la DEA, al grupo de Cali y a los esmeralderos a través de los paramilitares, también atacó a la guerrilla colombiana presente en sus zonas de influencia, de tránsito o de interés (concretamente a las Fuerzas Armadas Revolucionarias de Colombia, FARC), al igual que a sus aliados no armados (la Unión Patriótica), llegando a asociarse para este fin con el ejército y la derecha a través de la Asociación de Campesinos y Ganaderos del Magdalena Medio, Acdegam, y a constituir un partido político de tendencia abiertamente derechista, anticomunista, conocido como Movimiento de Restauración Nacional, Morena.

9 Las contradicciones entre la mafia y el gobierno norteamericano no son políticas sino por intereses económicos: los dos coinciden en afirmar que su enemigo estratégico común es, fundamentalmente, la subversión, la izquierda.

construcción, ganadería, sector agrario, instituciones financieras, etcétera.

La anterior relación da una idea de penetración económica de los capitales de la mafia en Colombia, asociación que ha logrado desarrollar de manera vertiginosa y paralelamente con la economía legal, oficial o admitida, una economía al "margen de la ley", la "otra economía" (la legal), cuyos capitales, en la medida en que provienen de actividades no registradas o subregistradas, ofrecen altos índices de rentabilidad. Pero al tiempo con la penetración económica de los dineros de la mafia, también se ha puesto en evidencia su infiltración en actividades políticas y antigremiales, antisindicales y contra grupos de izquierda o simplemente democráticos.

En lo que respecta a la mafia colombiana de la cocaína y el creciente negocio de la amapola en el país[10], con la convicción de hallarnos frente a un complejo fenómeno social, económico, político y cultural que combina elementos de legalidad e ilegalidad, cuyos altos márgenes de utilidad incentivan la producción y comercialización de la "mercancía", abogamos por la realización de estudios de impacto social, económico, político y cultural de la mafia en Colombia; a su vez, el carácter mundial de la problemática planteada con el narcotráfico, que no puede ni podrá jamás ser resuelta por Colombia y sólo por ella —como se ha pretendido y se sigue pretendiendo—con una simple declaratoria de "guerra" del Estado a sus grupos mafiosos, nos muestra la necesidad de profundizar en los análisis regionales dentro de una perspectiva mundial y un manejo pluridisciplinario. En este sentido, desde sus respectivas investigaciones y especializaciones, los trabajos desarrollados en Italia por Umber-

10 A nuestra manera de ver, la amapola podría desencadenar una violencia más cruda que la experimentada con la cocaína (la hipótesis de los autores es presentada en la investigación en curso).

to Santino, fundamentalmente, y en Francia por Pierre Salama, Bruno Lautier, Pierre Koop, Jaime Marques-Pereira, Jean Cartier-Bresson, Alain Labrousse y Jean Rivelois, entre otros, en temáticas como economía de la droga, droga y política, clientelismo, corrupción, formalidad e informalidad, etc., constituyen valiosísima fuente de luz, una real contribución en la difícil tarea de aproximación-clasificación del fenómeno del narcotráfico.

Los autores

París, 1994

Capítulo 1. LA MAFIA Y LA SOCIEDAD

La palabra "mafia" no es estrictamente italiana. Es siciliana, del dialecto de Palermo, y probablemente de origen árabe; muchos la atribuyen a *ma afir*, una tribu árabe que se estableció en Palermo. Pitré le encuentra su origen como el apellido de una *magara*, o mujer que realizaba actos de magia[1].

En su versión inicial, en Sicilia la palabra *mafiusu*, o *mafioso*, indicaba gracia, belleza, excelencia y perfección; la misma palabra significaba también un hombre consciente de serlo y de actuar como tal, que pudiera mostrar valor, sin bravuconería o arrogancia.

La palabra mafioso, con el significado que le conocemos hoy, sólo llegó a generalizarse en Italia hacia 1863, cuando Giuseppe Rizzuto, autor de obras de teatro nacido en Palermo, escribió *I mafiusi de la vicarria di Palermu*; es decir, *Los valientes de la cárcel de Palermo*, en donde los prisioneros eran mostrados como hombres valientes que se enfrentaban en duelos con cuchillo. La obra, que se representó miles de veces por toda Italia, contribuyó a la generalización del uso del término, relacionándolo con la valentía y el arrojo y ciertas formas de sociedades secretas[2].

Se han desarrollado muchas teorías explicativas de la mafia, y los mismos italianos no llegan a ponerse de acuerdo:

1 Citado por Sciascia en el prólogo al libro de F. Calvi, *El misterio de la mafia*.

2 M. Short, *Mafia: sociedad del crimen*, Barcelona, Planeta, 1987, p. 25.

Según el planteamiento de Giuseppe Pitré (1841-1916), la mafia no es una secta, tampoco es una asociación, no posee reglamentos, y el mafioso no es un ladrón; es más bien un hombre valiente y sólido, que no se deja engañar[3]. En este sentido, la mafia sería una forma de conciencia del propio ser, que se expresa en una forma exagerada de la fuerza individual, una fuerza que se convierte en el árbitro inapelable de todos los conflictos, tanto económicos como ideológicos. El mafioso busca que lo respeten y respetar a la vez; si lo agreden no acude a las autoridades, sino que ejerce justicia por su propia mano, y si carece de fuerza acude a otras personas como él para que le presten apoyo[4].

Desde este punto de vista la mafia sería, más que la expresión de un sentimiento libertario, la máxima manifestación del orgullo de unos hombres contra las agresiones y las afrentas de los poderosos, contra la debilidad de la ley, y contra la "ausencia" y "debilidad" del Estado, expresada en la no operancia de los poderes públicos.

Tanto para Traina como para Pitré y otra serie de especialistas italianos clásicos, la mafia no es una asociación; es más bien una "hipertrofia del yo" siciliano[5].

Existe otra versión bien contraria de la mafia, la expresada por el procurador general Mirabile; para él, era una asociación, una secta dotada de una rigurosa constitución, que incluiría normas rígidas y señales de identificación entre sus miembros[6].

Lo que de alguna manera se refleja en la forma particular que asumen los hechos criminales en Sicilia, que los hacen diferentes de otras regiones y países, lo puso de manifiesto el

3 Fabrizio Calvi, *El misterio de la mafia*, Barcelona, Gedisa, 1987, p. 15.

4 Prólogo de Sciascia, *ibíd.*, p. 15.

5 Esta es la interpretación que se encuentra en el diccionario de Traina, publicado en 1868.

6 Giuseppe Pitré, *Usi e costume del popolo siciliano.*

procurador general de Trapani, Pietro de Ulloa, quien identificó los elementos que distinguen a la mafia de cualquier otra forma de delincuencia organizada: la corrupción de los poderes públicos, la infiltración del poder oculto de una asociación que favorece a sus propios miembros contra el cuerpo social en su conjunto, en el poder del Estado[7].

Para Sciascia, en el grupo mafioso existe un permanente conflicto de intereses, un proceso de sustitución incesante; de allí que el poder del grupo, basado en la violencia y el fraude, se vuelve vulnerable cuando éste llega al momento de consolidarse y logra establecer un orden: basta que se dé una nueva ola de violencia y fraude. Es por lo anterior que la mayor parte de los crímenes de la mafia son "internos": conflictos entre una nueva generación y la anterior, entre grupos que ya accedieron al poder, la riqueza, la estabilidad, etc., y los que aspiran o pretenden llegar a esta situación[8].

Los orígenes y la consolidación de la mafia no pueden verse al margen de los orígenes y evolución del Estado. Para el autor citado, una historia de la mafia siciliana no sería otra cosa que "la historia de la complicidad del Estado"[9].

La mafia, considerada en su versión más arcaica (la siciliana) como el producto de una sociedad campesina y atrasada, con la migración se arraigó y consolidó en la sociedad norteamericana, hasta alcanzar un alto grado de industrialización, sofisticación y versatilidad, equivalente al del sistema capitalista. Si el capitalismo es una "mafia" que produce, la mafia iniciada como capitalismo improductivo, como parásito entre la propiedad y el trabajo, entre la producción y el consumo, entre el ciudadano y el Estado, bien pronto y sobre

7 Prólogo de Sciascia, *op. cit.*, p. 18.
8 *Ibíd.*, p. 19.
9 Nosotros agregaríamos que, para el caso colombiano, la historia de las mafias de la cocaína y la amapola no puede verse al margen de la "debilidad" del Estado, del gamonalismo, del clientelismo y de las variadas formas de contrabando.

todo con las "drogas", se tornó en un poderoso capitalismo productivo de mercancías *sui generis*, de "drogas" ilegales.

Hoy por hoy, la mafia no es otra cosa que la más sofisticada expresión de la "burguesía gangsteril" que, gracias a la ilegalidad de las "drogas", ha logrado la más impresionante acumulación de capital, poder y corrupción. Pero, no obstante lo anterior, en el estudio y comprensión de la mafia no puede perderse de vista que, a pesar de todo, sigue comportándose con una doble connotación: como moderna y como arcaica, ya que, por sobre todo, la mafia es un fenómeno complejo, que usa frecuentemente la legalidad, la modernidad y la violencia, pero con fuertes arraigos históricos, sociales y culturales[10].

La mafia es un fenómeno complejo y polimorfo, consistente en el uso y la práctica sistemática de la violencia y la ilegalidad, que se genera en diversos sectores del estrato social, tanto en el dominante como en los bajos o intermedios, con el objetivo básico de acumular riqueza y adquirir posición y poder, valiéndose de unos códigos culturales y de un relativo consenso social, según las contradicciones de clase.

Para Umberto Santino, la mafia italiana ha pasado por cuatro períodos básicos:

1. Un largo período de incubación, en el proceso de transición del feudalismo al capitalismo, en una región semiperiférica, marcada por la persistencia del trabajo aparcero y por la existencia de numerosos poderes.
2. Una fase agraria, que va desde la unidad italiana hasta los años cincuenta del presente siglo, en la cual se caracteriza por cuatro subfases:

10 Lo social y lo cultural pueden verse claramente en el hecho de que las mafias parten del núcleo familiar, de barrio y vecinal, hasta tornarse nacionales; su ideología, por tanto, es elemental, simple, producto de la tradición, el ancestro y la costumbre.

— oposición instrumental inicial
— integración sucesiva con delegados del poder local
— expulsión relativa de los integrantes de la baja mafia
— integración de la alta mafia en el período fascista, relegitimación política, ascenso directo al poder en la posguerra e integración con el bloque en el poder.

3. Una fase urbana empresarial entre los años cincuenta y sesenta, caracterizada por la compenetración con el poder político, la hegemonía local, el control de los dineros públicos, entrelazados con la práctica parasitaria.
4. La fase financiera, que va desde los años setenta hasta hoy, convirtiéndose en una poderosa máquina de acumulación de capital a nivel mundial, operando en colaboración, concordancia y competencia con otras organizaciones criminales, que han venido asumiendo características homólogas en el mercado de drogas y armas. La mafia en el actual período se vale de la declaratoria de ilegalidad de las drogas, de la expansión del mercado de armas y de la persistencia del secreto bancario y la innovación financiera; su gran acumulación le permite competir con las clases dominantes y mantener un gran poder social y político[11].

La mafia es, pues, un fenómeno estructural, continuo y evolutivo, orgánicamente inserto en el contexto social, con historia y períodos definibles, y no se puede asimilar como la emergencia repentina o "espontánea" de la violencia o el terrorismo, como pretenden calificarla algunos.

LA MAFIA SICILIANA

La mafia comenzó a tomar forma concreta hacia mediados del siglo XVIII, y en sus comienzos fue un movimiento nacio-

11 Umberto Santino *et al.*, *Lántimafia difficile*, Palermo, Centro Siciliano di Documentazione, 1989, p. 22.

nalista de resistencia, pues Sicilia se retorcía bajo el yugo de la dominación borbónica, que torturaba, explotaba y encarcelaba por doquier.

La mafia nació del feudalismo, y los jefes mafiosos, como el señor feudal, adquirieron un "poder puro y mezclado", es decir, el poder de vida y muerte sobre los habitantes de las ciudades y el campo, incluyendo el poder de cobrar impuestos, incluso arbitrarios.

Sicilia no conoció ni revolución burguesa ni despotismo ilustrado, y la tierra pasó de los barones a los "burgueses" mediante operaciones de naturaleza mafiosa.

Los campesinos transformados en *campieri* (carabineros del feudo), y más tarde en *gabellotti* (labradores), intimidaron a los barones hasta que se apoderaron de sus tierras; estos mismos siervos, convertidos en señores, adoptaron los vicios de sus antiguos amos y sólo querían más y más tierras.

Para el caso siciliano, la mafia es una forma primitiva de rebeldía social[12], en donde los *bravi*, esbirros al servicio de los nobles, fueron los prototipos del mafioso; al derrumbarse el poder de los señores feudales, la administración estatal que les remplazó se mostró débil, ineficaz y venal, dando pie para la mediación de la burguesía mafiosa.

El reino borbónico de las dos Sicilias (Nápoles y Sicilia), que duró de 1738 a 1860, fue básicamente un Estado policial; era una región de campesinos dominados por señores y terratenientes extranjeros ausentistas que poseían grandes extensiones de tierra; la justicia era laxa y sujeta a las tiránicas leyes que los invasores imponían mediante la acción de la policía secreta o de los esbirros sicilianos.

Este régimen fue derribado por una especie de sociedad secreta, los "Camisas Rojas" de Giuseppe Garibaldi, quien conquistó Sicilia y la proclamó como parte integrante del rei-

12 E. Hobsbawm, *Rebeldes primitivos*, Barcelona, Ariel, 1968.

no del Piamonte[13]. Las bandas que acogió Garibaldi explotaron la anarquía de la época para extender sus actividades criminales tradicionales: robaban cosechas y ganado, practicaban la extorsión, cortaban los suministros de agua, atacaban las minas y eliminaban a las bandas rivales.

Aun cuando estas actividades habían existido de siempre, en la nueva Italia el crimen se hizo mucho más lucrativo pues las bandas pronto se percataron de que los jueces y los jurados podían ser comprados o coaccionados para que los absolvieran. Fue tal la situación durante la unificación, que dos investigadores observaron que "la violencia es la única industria próspera de Sicilia", la violencia de los revolucionarios contra los ricos, la de éstos contra los pobres, y la de las sociedades secretas contra cualquiera de los otros[14].

Inicialmente no existía ninguna sociedad llamada mafia, sino un gran número de cofradías o hermandades: en Monreale y Palermo habitaban los Stoppaglieri y los Fratuzzi (pequeños hermanos), en la provincia de Messina los Beati Paoli, en Sicilia central la Fratellanza (Hermandad). Los miembros pobres de estas cofradías tenían que ser ayudados contra los ricos opresores; todos tenían que jurar absoluta obediencia a un jefe; cualquier ofensa cometida contra un miembro era una ofensa contra toda la asociación y debía ser vengada a toda costa; nunca se debía acudir a la justicia del Estado, y los secretos de las sociedades no debían revelarse nunca[15]; toda esta normatividad fue consolidando lo que más tarde la mafia siciliana denominaría la *omertá* (conspiración del silencio).

Hacia 1886 el comisario Giuseppe Alongi, nacido y criado en Sicilia, publicó un libro en el que describía los rituales de iniciación de la mafia, basándose en informadores. Un

13 Sciascia, *op, cit.*, p. 18; Hobsbawm, *op. cit.*, p. 54.

14 M. Short, *op. cit.*, p. 26.

15 Giuseppe Alongi, *La mafia nei suoi fattori e nelle sue manifestazioni*, Torino, Fratelli Bocca Editori, 1887.

candidato a miembro únicamente sería invitado a unirse después de que se hubieran examinado su conducta y cualidades durante años; en ese momento, entonces, dos miembros de la organización lo llevarían ante un consejo de líderes de la mafia para su iniciación:

> Entra en la habitación y se detiene ante una mesa en la que se exhibe la imagen de papel de un santo. Extiende su mano a dos amigos que le sacan suficiente sangre para manchar la efigie, sobre la cual hace este juramento: "Prometo por mi honor ser fiel a la mafia, como la mafia me es fiel a mí. Como este santo y unas cuantas gotas de mi sangre fueron incinerados, así ofreceré toda mi sangre por la mafia, cuando mis cenizas y mi sangre vuelvan a su condición original". Luego el novicio quema la efigie con la llama de un candil. Desde ese momento es un miembro y queda indisolublemente unido a la asociación, y será elegido para llevar a cabo el siguiente asesinato ordenado por el consejo[16].

El código de conducta u *omertá* fue lentamente tomando forma hasta que se configuraron cinco mandamientos capitales tan obligatorios ayer como hoy:

1. Un mafioso debe acudir en auxilio de un hermano con todos los medios de que disponga, incluso a riesgo de su vida y su fortuna.
2. Un mafioso debe obedecer implícitamente las órdenes de un consejo de hermanos más antiguos que él.
3. Un mafioso debe considerar una ofensa hecha por un forastero a un hermano como hecha contra él personalmente, y toda la hermandad debe estar dispuesta a vengarla a toda costa.
4. Un mafioso no debe jamás, cualesquiera que sean las circunstancias, acudir a la policía, los tribunales de justicia

16 *Ibíd.*, p. 67.

o cualquier otra autoridad gubernamental en demanda de ayuda.

5. Un mafioso, ni bajo el dolor o la muerte, nunca debe reconocer la existencia de la hermandad, discutir una fase de sus actividades o revelar el nombre de un hermano.

Para formarse una idea de lo que era la mafia siciliana hacia finales del siglo XIX y las primeras décadas del presente siglo, tomemos un aparte de la obra del prefecto de policía Cesare Mori, *Cruzando espadas con la mafia*:

> La mafia gobernaba casi todos los sectores de la sociedad. Tenía sus jefes y sus suplentes. Dictaba órdenes y decretos en las grandes ciudades como en los pequeños centros, en las fábricas como en los campos. Regulaba los arrendamientos rústicos y urbanos, podía intervenir en casi todos los negocios, imponiendo su voluntad por el terror o la amenaza y, eventualmente, el castigo dictado por los jefes reconocidos de la mafia. Sus órdenes eran prácticamente leyes. Terratenientes y comerciantes consideraban que valía la pena asegurar sus personas y propiedades, pagando un tributo regular a la mafia. La seguridad adquirida era mucho más grande que la que pudiera garantizar ninguna compañía ni Estado. Era más seguro, por ejemplo para el que tuviese que viajar de noche con dinero, tener a dos miembros de la mafia sentados a su lado, que a dos o más policías[17].

LA MAFIA NORTEAMERICANA

La mafia llegó a Norteamérica con las migraciones de sicilianos en las décadas de 1840, 1890 y sobre todo por millares en la gran migración de 1902 y 1913, cuando entraron unos cien mil cada año. Los mafiosos que se unieron a la migración italiana de aquel tiempo, bien pronto encontraron grandes

17 Cesare Mori, *Cruzando espadas con la mafia*, Londres y Nueva York, Putman, 1933.

oportunidades para sus tradicionales ocupaciones. Los nuevos inmigrantes, asombrados por aquella extraña tierra, sus costumbres y su lenguaje, se juntaron instintivamente en pequeñas "Italias": en Nueva York, Chicago, Nueva Orleáns y muchas otras ciudades y poblaciones del nuevo país; los miembros de la hermandad habían traído consigo sus habilidades y filosofía, que se veía favorecida ahora no sólo por la nucleación instintiva de los nuevos migrantes, sino por la prosperidad y buena vida que ofrecía el nuevo territorio.

La llamada Mano Negra adquirió carta de ciudadanía, y aunque se ha presentado mucha confusión sobre su primera existencia y actuación en América, los núcleos iniciales de extorsión de la mafia usaron la impresión de una mano con tinta negra como firma de sus advertencias, amenazas y otras notas.

La mano fue el símbolo más efectivo utilizado por los miembros de la hermandad para intimidar a los prósperos granjeros y comerciantes italianos recién llegados, quienes recibían notas como la siguiente:

> Muy distinguido míster Silvani:
> Confiando en que la presente no le impresionará demasiado, usted será tan amable como para enviarme dos mil dólares si es que siente aprecio por su vida. Por ello le ruego encarecidamente que los coloque en su puerta dentro de cuatro días. Pero si no lo hace le juro que al término de la semana no existirá ni siquiera el polvo de su familia. Con mis mejores deseos, tenga la seguridad de que soy su amigo[18].

Entre 1910 y 1912 se le atribuyeron a la Mano Negra de Chicago cerca de cien asesinatos, y en los primeros meses de 1913 se hicieron estallar 55 bombas contra personas y nego-

18 Short, *op. cit.*, pp. 36-37.

cios que no querían pagar. Se calcula que la mafia recaudó unos 500.000 dólares por año en Chicago[19].

Igualmente, ciertas actividades ilegales, como el juego, la prostitución y aun las loterías, que prosperaban en distintos estados, le dieron aliento propio a la mafia, lo que a su vez hizo posible que una serie de individuos se fuera destacando en el mundo de los negocios ilícitos. Ningún cargamento de bananos podía ser desembarcado hasta que el tributo establecido hubiese sido pagado, por el importador, a la firma Antonio y Carlo Mattanga, oriundos de Palermo; ningún obrero portuario, negro o italiano, movería un brazo sin las respectivas órdenes de sus jefes.

Desde 1850 un grupo de comerciantes, industriales y políticos inescrupulosos de diferentes ciudades norteamericanas utilizaba los servicios de las bandas para ajustes de cuentas o para el cuidado de prostíbulos y bares. Hacia 1880 nacieron los llamados "Whyos", que no eran más que delincuentes callejeros y asesinos contratados que vendían violencia con tarifas plenamente concertadas; un "Whyos" detenido por la policía en Nueva York en 1890 tenía en su bolsillo una lista de precios de sus trabajos:

Puñetazo	2 dólares
Ojos morados	4 dólares
Nariz y mandíbula rotas	10 dólares
Paliza con cachiporra	15 dólares
Oreja desgarrada por mordisco	15 dólares
Pierna o brazo roto	19 dólares
Disparo en la pierna	25 dólares
Puñalada	25 dólares
Hacer el gran trabajo	100 dólares

19 Short, *op. cit.*, pp. 36-40; F. Sondern, *La mafia*, Barcelona, Bruguera, 1975, pp. 87-95.

Ya para entonces, el aumento de bandas judías e italianas era un reflejo de los rápidos cambios en la balanza *racial* de la ciudad, pues de los 250.000 judíos que en 1880 vivían en los Estados Unidos, 80.000 de ellos se hallaban en Nueva York y la mayoría era de origen alemán; así, sólo en la ciudad de Nueva York, en 1910 había 1.250.000 judíos, cuya mayor parte era del este de Europa. Pero la inmigración italiana llegó en masa un poco más tarde, alcanzando hasta cien mil personas al año en 1900, y superando los tres millones quince años más tarde. Los recién llegados pronto aparecieron en las estadísticas del crimen en la ciudad de Nueva York: en 1908 el comisario de policía Bingham declaraba que la mitad de los delincuentes de la ciudad eran judíos, aunque éstos, sintiéndose indiscriminadamente perseguidos, manifestaron que Bingham y sus seguidores eran antisemitas[20]. Por entonces, una ola de misteriosos asesinatos comenzó a conmover las ciudades donde residían los italianos.

En estas circunstancias David Hennessey, un astuto y honrado policía de Nueva Orleáns, empezó en 1890 una serie de investigaciones que lo llevaron al descubrimiento de la mafia y su *modus operandi*, logrando documentarse sobre la lucha existente entre las familias Mattanga y Provenzano por el dominio de la ciudad; la mafia consideró que Hennessey había avanzado demasiado y ordenó su asesinato; aunque hubo varios testigos, el jurado fue comprado y se contrató un equipo de astutos e influyentes abogados, quienes lograron sacar libres a los inculpados[21].

Los ciudadanos de Nueva Orleáns se disgustaron a tal punto con los resultados del juicio, que después de un mitin de protesta avanzaron hasta la prisión de la ciudad, lincha-

20 Short, *op. cit.*, p. 129.

21 La mafia inauguró una política que mantendría constante: buscar los mejores abogados (anglosajones) para la defensa de sus miembros.

ron a los italianos inculpados y fusilaron a otro grupo de prisioneros de la misma nacionalidad[22].

Hacia 1908, en Nueva York, el detective Joseph Petrosino descubría y profundizaba en las investigaciones de la mafia de la ciudad, conformada por inmigrantes italianos, lo que lo llevó hasta la misma ciudad de Palermo para configurar el prontuario italiano de sus investigados en Nueva York, pero el 13 de marzo de 1909 fue asesinado por varios pistoleros de la mafia en Piazza Marina[23].

Los cuerpos de seguridad e investigación norteamericanos le perdieron el rastro a la mafia hasta la década del veinte, y los esfuerzos de Hennessey y Petrosino prácticamente se esfumaron, pues sólo fue a partir de la Prohibición, y con la irrupción de Al Capone, cuando se encontraron sistemáticamente en lucha abierta contra la mafia.

En efecto, en enero de 1920 entraron en vigencia la Octava Enmienda de la Constitución y la Ley Volstead que, a decir de muchos, ha sido la legislación más difícil de hacer cumplir jamás votada por el Congreso.

En Chicago y sus alrededores, miles de sicilianos inicialmente controlados por Colosimo y Torrio se dedicaron a producir alcohol y cerveza en sus cocinas, garajes y bodegas; fue tanta la riqueza y proyección que desde un primer momento esto produjo, que numerosas bandas se trenzaron en una lucha a muerte por el control del mercado.

En 1925, en el marco de las *vendettas* por el control del mercado clandestino de whisky y cerveza, Diamond Jim Colosimo, el mayor capo de Chicago, fue acribillado en el café de su propiedad por mafiosos de Detroit que querían ocupar su territorio. Torrio, segundo al mando de la mafia de la ciu-

22 Para profundizar en estos acontecimientos, *véase* Frederick Sondern, *La mafia*, Barcelona, Bruguera, 1975, p. 92. Este es uno de los trabajos más completos sobre ese período, junto con el de Reid.

23 *Ibíd.*, p. 95.

dad, mandó a buscar a Alphonse Capone, muchacho de veintiún años que administraba una cadena de casas de prostitución del consorcio Colosimo-Torrio en los suburbios de Chicago, para que le colaborara en su nuevo mandato; Capone fue convirtiéndose así en un nuevo "Don", con un reinado corto pero pleno en ejecutorias y en proyecciones jamás soñadas por mafia alguna[24].

Si la mafia siciliana se transformó y modernizó con la emigración a Norteamérica (pues allí, como veíamos al comienzo, al amparo del desarrollo capitalista se arraigó, dinamizó y sofisticó), sin lugar a dudas quien le dio una proyección empresarial y moderna, quien la lanzó a la conquista de toda Norteamérica, quien la situó en el puesto que ocupa hoy fue Alphonse Capone, o Al Capone, alias *Scarface*, al amparo de la Prohibición, en el marco de la producción y distribución clandestina de licor, ya que nunca antes un grupo ilegal había sido tan favorecido por la propia "legalidad" del Estado (la Prohibición) para acumular capital, poder, soborno y violencia.

Cuando la "ley seca" fue abolida, en 1933, la mafia norteamericana estaba plenamente consolidada, los capos de las diferentes ciudades se reunieron en una conferencia en Chicago para trazar nuevas estrategias y buscar otras alternativas que les posibilitaran remplazar las ganancias que la Prohibición había producido hasta ahora. Acordaron reforzar sus controles e inversiones en todas las fases del juego legal e ilegal (máquinas tragamonedas, casinos, loterías y carreras de caballos), las extorsiones en industrias que empleaban italonorteamericanos, sobre todo en la confección, transporte, portuarios, el ramo de los alimentos y el pequeño y mediano comercio.

24 Para profundizar en la vida y acciones de Capone, *véanse* F. Pasley, *Al Capone*, Madrid, Alianza, 1970; F. Sondern, *op. cit.*, pp. 100-128, y M. Short, *op. cit.*, pp. 76-91.

Pese a la depresión, los "capos" eran dueños de grandes capitales y empresas por todo el país: Joseph Barbara compró unas instalaciones para producir cerveza y licor legal en Nueva York y Pennsylvania; Joseph Profaci fundó en Brooklyn la Mamma Mia Olice Oil Company y una industria de queso; Frank Costello logró construir el edificio del 79 de Wall Street; Joe Adonis entró de lleno en el negocio del transporte y, como si fuera poco, una nueva esfera de actividades ilícitas se le abría a la mafia: las "drogas" ilegales, pues la demanda de heroína, marihuana y cocaína había aumentado considerablemente en Nueva York, Chicago, Los Ángeles y otras grandes ciudades. En la reunión de Chicago la mafia había acordado que el mercado de las "drogas" valía la pena ser explorado y explotado[25].

La mafia siguió su carrera ascendente con Genovese, Gambino, Lucchese, Maglocco, Bonnano, Luciano, Maranzano, etc., hasta convertirse en un conglomerado tan poderoso como cualquiera de las compañías más importantes del mundo. De esta manera, la mafia se erigió en una gran empresa "ideal" y legal, que desarrolló mercados y explotó la demanda del consumidor, impidiendo la competencia y eliminando a la oposición.

En la actualidad la mafia puede estar constituida por unas veinticinco familias en los Estados Unidos, pero la mayor parte está controlada realmente por familias más poderosas. Rockford y Springfield, dos familias de Illinois, dependen del gran "equipo" de Chicago; Madison, en Wisconsin, depende de Milwaukee; San Francisco y San José posiblemente forman parte de la familia de Los Ángeles, mientras que otras ciudades como Las Vegas y Miami, que no han tenido ninguna familia, se han convertido en inver-

25 Sondern, *op. cit.*, pp. 119-121.

naderos de diferentes mafias, que las consideran ciudades abiertas[26].

Dade, Broward y Palm Beach, condados de Florida, presentan la mayor concentración de residentes de la mafia en los Estados Unidos, en tanto que Texas, Arizona y Nuevo México han visto crecer la inversión de la mafia. En Canadá, el Caribe, Europa, Asia o África, o cualquier centro de inversión y dinero, las familias tienen intereses[27].

El juego ha sido otro de los centros de interés de la mafia en los Estados Unidos. Ya en el siglo XIX era la principal fuente de riqueza criminal y de corrupción en Nueva Orleáns, Chicago y Nueva York.

En los Estados Unidos, más que ninguna otra actividad criminal desde los años de la Prohibición, el juego muestra más claramente cómo el crimen organizado explota la brecha existente entre la moral pública y la conducta personal. La ética protestante en la que se fundó la nación condenaba el juego. Esa visión, por cierto, sigue en la mayoría de los estados en los que la mayor parte de las modalidades de juego siguen siendo ilegales. Aun así, los norteamericanos gastan más de veinte mil millones de dólares al año en toda clase de juegos legales y otros cincuenta mil millones en los ilegales[28].

En 1976 el presidente de la comisión del juego decía: "¿Cómo puede obligar a todo el mundo una ley que prohíbe lo que el 80% del pueblo aprueba?". Sin embargo, quienes dirigen los negocios ilegales del juego son, por definición, criminales o delincuentes: cuando cualquier mercado ilegal

26 Estas ciudades abiertas fueron ocupadas por las mafias colombianas de la cocaína en la década del setenta, cuando se produjo una significativa migración de habitantes del occidente colombiano hacia los Estados Unidos, consolidándose así las redes propias de distribución de cocaína en este país.

27 Short, *op. cit.*, p. 49.

28 *Ibíd.*, p. 170.

rinde una importante ganancia, el crimen organizado se hará cargo, tarde o temprano, por la violencia o la corrupción.

Pero, "dando a la gente lo que quiere en un área de vicio considerada inocua, estos mismos asesinos o corruptores han llegado a ser respetados como benefactores públicos, al igual que en la Prohibición"[29]. Así, el clamor es general: legalizar el juego, pues con esto, dicen, las bandas quedarían eliminadas, la corrupción terminaría y la gente ya no respetaría más a los delincuentes que antes solían servirles. Con todo, donde el juego se ha legalizado raramente ha sucedido eso, pues cuando el Estado, por ejemplo, establece legalmente sus propias loterías, el juego ilegal parece seguir al mismo nivel que antes; es decir, sus directivos encuentran que tienen muchos más clientes potenciales que antes, porque nacen nuevos jugadores: gente que no ha apostado nunca, pero que pierde sus escrúpulos morales cuando descubre que el Estado absuelve esa actividad como vicio.

En la actualidad la gente gasta unos nueve mil millones de dólares anuales, sólo en los números ilegales, de los cuales unos tres mil seiscientos millones son ganancia sin impuesto. Pero, curiosamente, la mafia no controla los números dirigiendo las operaciones constantemente, pues nunca lo ha hecho. La mayoría de los directores son gente del mismo origen que los jugadores: negros, hispanos o blancos pobres. La mafia sólo entraba en acción cuando éstos acudían a ella para resolver disputas territoriales con otros directores, para que les facilitara dinero para los pagos o para comprar la protección de la policía. En este sentido, la mafia sigue ejerciendo el control general en las grandes ciudades, protegiendo a los directores que le pagan y apartando del negocio a quienes no lo hacen.

Por otra parte, el control y explotación de los casinos ha sido una de las grandes entradas económicas de las mafias

29 *Ibíd.*, p. 172.

norteamericanas; quienes hicieron a Las Vegas la capital mundial del juego son los mismos que cogieron el control de la mayor parte de los negocios ilegales de bandas estadounidenses hace sesenta años. Cuando en 1951 el senador Estes Kefauver los descubrió, informó que la mafia era la amalgama que ayudó a unirse a los dos sindicatos reinantes del crimen organizado, el de Nueva York y el de Chicago. El comité estableció que el principal negocio de los dos sindicatos era el juego: la Prohibición fue una oportunidad anormal y pasajera que aprovecharon todos estos hombres para hacer sus fortunas, pero el juego fue siempre su negocio ilegal fundamental[30].

Hoy en día hay noventa casinos en Las Vegas, donde la gente pierde dos mil millones de dólares al año. Los impuestos del juego producen el 40% de los ingresos del estado; sin ellos, estaría en bancarrota. Cincuenta años atrás difícilmente podía creerse que el juego legal fuera a cambiar la faz de Nevada, y no hay duda de que así como Detroit es dirigido por la industria del automóvil, Dallas por el petróleo y Miami por los hoteles, Las Vegas, y generalmente todo Nevada, está regido por los casinos. Pero lo que hace a ésta más singular que cualquier otra monoeconomía de Estados Unidos, es que sólo el juego tiene un pasado criminal, y por cierto, sólo el juego legal e ilegal sigue siendo manejado por el crimen organizado.

Aun así, muchos estados creen que el juego legal conduce a más crimen organizado y que donde hay casinos la mafia está destinada a continuar; pero Nevada manifiesta que desde 1955, con la introducción de un sistema de permisos, se logró limpiar totalmente los casinos: a Nevada le gusta creer "que detrás del brillo y esplendor de la *Streap* y del centro de Las Vegas no se cobijan sino más brillo y esplendor"[31].

30 *Ibíd.*, p. 168.
31 *Ibíd.*, p. 185.

A principios de siglo, los empresarios norteamericanos contrataban a rufianes, conocidos como terroristas, para golpear a los trabajadores que se atrevían a ir a la huelga. Así mismo, los sindicatos buscaron sus propios terroristas para enfrentarse a los contratados por los patrones. La presencia de *gángsters* de ambos bandos llegó a ser algo cotidiano y permanente en el sector industrial de los Estados Unidos. Los mismos jefes de los sindicatos llegaron incluso a fomentar las huelgas con propósitos totalmente ajenos a resolver los problemas de los trabajadores: peleaban aumentos salariales para éstos mandándolos a la huelga, pero sólo con el fin de obligar a los empresarios a que les pagaran gruesas sumas en calidad de soborno. Cuando esto ocurría, entonces mandaban a los huelguistas a reintegrarse a su trabajo, casi siempre sin haber obtenido ninguna mejora.

El control de los muelles fue manejado gradualmente por la mafia. Cuando un barco necesitaba cargar, los trabajadores del muelle formaban un semicírculo alrededor del jefe de contratación. Éste llamaba únicamente a quienes quería, es decir, a quienes compartían parte de sus salarios: en la mayoría de los muelles, si no se sobornaba, no se era contratado. Enfrentar a un hombre hambriento con otro era un signo diario del poder de los rufianes en la unión sindical de los muelles, pues aunque el puerto se encontrara lleno, habitualmente sólo había trabajo para uno de cada cinco hombres, y en lugar de reducir la lista de afiliación del sindicato, ésta crecía, ya que convenía a los patrones que tantos hombres lucharan por tan poco trabajo, pues así los salarios se mantenían bajos. En Nueva York, los políticos sabían que la unión sindical del puerto estaba corrompida, pero ninguno se atrevió a hacer campaña en contra de ella porque uno de los jefes, Ryan, y sus asesinos eran tan importantes que podían, incluso, aniquilar políticos con sus fondos para las campañas electorales. Estos delincuentes manejaban el control de la Asociación Internacional de Trabajadores de los Muelles, ILA, empleando la violencia contra rebeldes o asesinando a *gángsters* rivales. El crimen organizado gobernaba así el mayor puerto del mundo, sin ser molestado ni por la policía ni por ninguna otra autoridad; pero en 1953 la indignación pública obligó a Nueva York y Nueva Jersey a organizar una comisión de los muelles para combatirlo. De esta manera se terminó con los corros y los jefes de contratación; se fundaron centros de información de trabajo y se intentó reducir el número de trabajadores portuarios, al mismo tiempo que se elevaban los salarios. Sin embargo, muchos de los delincuentes excluidos burlaron pronto las normas, dándose ellos mismos empleos "no vistos", pero bien remunerados, como jefes de nuevos sindicatos.

El crimen organizado nunca ha perdido de vista los negocios más lucrativos. Hace mucho que se dio cuenta de que en la vastedad de los Estados Unidos existe una industria que gobierna y es el eje de las demás: el transporte. Como la mayor parte de los productos tienen que movilizarse por carretera, los camioneros están entre los más importantes trabajadores de la nación, pero igualmente pueden llevar este movimiento enorme a un punto muerto, pues la mafia, desde hace más de cincuenta años, trasladó sus negocios laborales ilegales de los muelles a las carreteras y, como es tradición, creó una unión sindical, la Hermandad Internacional de Camioneros.

Las series televisivas han reducido la historia real de los camioneros a una lucha entre Jimmy Hoffa y Robert Kennedy. Pero el tema se ha manejado equivocadamente, pues Hoffa dirigió la unión sindical durante los diez años de mayor expansión, y en muchos casos el dirigente sindical fue tan sobresaliente como el fiscal general Kennedy; sin embargo, la gran contrariedad radicaba en que Hoffa se había vendido al crimen organizado[32]. Paradójicamente, la unión

32 Leonidas Gómez O., *Cartel*, Grupo Editorial Investigación y Concepto, 1991, p. 32.

sindical más poderosa de la construcción en Nueva York es el sindicato local de los camioneros 282, con sólo cuatro mil afiliados, pero con un poder agobiante sobre la industria, porque tienen la exclusividad de entrar y salir con sus camiones de los solares en construcción. Cada domingo la sección inmobiliaria del *New York Times* se ufana del renacimiento en otra parte de la ciudad de un nuevo rascacielos y la creación de 50 mil nuevos empleos de oficina con la reurbanización de una sola manzana. Causa regocijo esta lectura, y sin embargo, ese monumental panorama se ha renovado gracias a los negocios ilícitos, gracias a quienes practican la extorsión y el asesinato: en las montañas de cemento, la mafia y sus hombres obtienen las ganancias controlando directamente docenas de uniones sindicales de la construcción en Nueva York. Cuando ordenan que sus miembros anulen a un contratista, lo expulsen de su solar o le quiten los suministros, la víctima paga o tiene que abandonar el negocio.

La mafia ha incursionado en todas las modalidades delictivas, encubiertas incluso con un manto de legalidad. Miles de negocios han caído bajo sus garras, cuando los propietarios le han solicitado préstamos y no han podido pagar. La mayoría de la gente a la que le prestan dinero los usureros no son, de ninguna manera, unos sinvergüenzas, sino gente que lo necesita urgentemente, sea para subsanar otras deudas o para poder afrontar las presiones de los bancos. Para conseguir dinero hipotecan su negocio, pero como el interés es tan alto, a menudo no pueden pagarlo ni saldar el préstamo; entonces su negocio queda en poder del crimen organizado.

Pero quizás en donde menos se imagina, la actividad de la mafia es una constante que puede pasar inadvertida. Tanto en supermercados como en expendios de carne, la infiltración del crimen organizado —controlando, absorbiendo ganancias mediante la presión o la amenaza o simplemente siendo estos negocios de su propiedad, bajo el velo de la legalidad— es una manifestación de su sagacidad para adoptar todas las formas en donde el lucro y el poder son sus principales objetivos. La mafia extorsiona a los norteamericanos no sólo sobre lo que llevan encima, sino también en lo que se comen. Las pizzerías son aun más manipuladas por la banda que el negocio del pescado. Desde Toronto hasta Miami, desde Nueva York hasta Chicago y Arizona, miles de pizzerías son propiedad del crimen organizado; esto muestra cuán penetrante puede llegar a ser la infiltración de la mafia en una industria, aunque se esté ilustrando mediante un ejemplo extremo. Cuando un mafioso es propietario de una pizzería o de un restaurante, tiene los medios para mostrar a un inspector de impuestos una ganancia, y así tranquilizarlo, pues la pizzería puede realmente perder dinero y el delincuente declarar mayores ingresos para, de esta forma, lavar dineros ilegales a través del sistema impositivo.

En una escala más modesta, pequeños bancos de todos los Estados Unidos han sido presa del crimen organizado a través de sindicatos regidos por la mafia. Los depósitos del fondo de seguridad social y pensiones de un banco pueden lograr que sus libros de contabilidad parezcan en orden, permitiendo que el banco preste más dinero; pero, ¿qué pasaría si esos fondos fueran retirados de repente? El banco se vería en dificultades, y el negocio de la mafia consistía en evitarlas: en la década del sesenta los mafiosos que controlaban el sindicato de camioneros 945, el mismo sindicato de los trabajadores de las basuras de Nueva Jersey, colocaron en varios bancos locales 1.300.000 dólares. Como pagaban bajos intereses, los jefes del sindicato que protegía a los ahorradores decidieron pedir préstamos a los bancos, con bajos intereses, incluso beneficiando a los familiares de los miembros del sindicato de camioneros y a los amos de la banda. Un banco prestó a importantes mafiosos de Estados Unidos más de cuatro millones de dólares, entre ellos a Carmine Galente, entonces jefe de la familia Bonnano.

Igualmente, bajo presión, los bancos prestaban a usureros de la mafia, y ocurría lo impredecible: en seguida se retiraban los fondos sindicales, complicando la situación hasta el punto de que muchos préstamos nunca fueron amortizados; de esta manera cuatro bancos quebraron.

El crimen organizado no llegó a interesarse por la pornografía comercialmente. Los "Dons" más viejos la aborrecían, pues la consideraban degenerada. Lo mismo ocurría con los narcóticos, pero cuando comprendieron el amplio margen de ganancias que éstos generaban, perdieron los escrúpulos morales. Sin embargo, en los Estados Unidos los drogadictos no constituían un dolor de cabeza para el gobierno años antes de la Prohibición, porque fue justamente esta medida la que disparó la drogadicción y gran parte de los vicios norteamericanos[33].

Hoy la pornografía es la industria más próspera de la mafia, pues produce más de ocho mil millones de dólares anuales. Es el crimen organizado el que controla las zonas de tolerancia de la mayoría de las ciudades estadounidenses: las áreas de la Calle 42 y Times Square de Nueva York, South State y Rush Street de Chicago y la "zona de combate" de Boston; en estos lugares abundan los *sex shops*, los espectáculos y las casas de películas pornográficas regidas por una banda.

La mafia introdujo los narcóticos en sus negocios con cierta desconfianza, pues los "Dons" más viejos los consideraban asquerosos, hasta que las enormes ganancias obtenidas pudieron más que sus propias convicciones morales. Cuando en 1930 se levantó la "ley seca", los reajustes operados dentro de las organizaciones mafiosas produjeron gran mortandad, pues había candidatos jóvenes que, dada la oportunidad, intentaron escalar posiciones. Lucky Luciano convocó a un pleno para tratar de detener la guerra y con

33 *Ibíd.*, p. 33.

esto se hizo nombrar, en 1932, *capo di tutti capi*, es decir, jefe de todos los jefes. En la organización se produjeron cambios en relación con el reparto de las funciones de los jefes de la mafia. A Bugs Siegel le correspondieron los juegos de azar; Alberto Anastasia y su segundo en el mando, Joe Bonnano, se encargaron de los pistoleros y los matones, y Meyer Lansky de las finanzas y de las compras de heroína[34]. En la década del treinta Siegel viajó por todo el mundo consolidando las fuentes de suministros de heroína. La mafia norteamericana entró en contacto con traficantes griegos que negociaban con el opio proveniente de Turquía y lo transformaban en morfina en Estambul. Por más de veinticinco años los narcóticos siguieron el camino que se iniciaba en las plantaciones de amapola turcas, tomando diversos caminos a través de la frontera de Siria; otra de las rutas era el puerto de Alep, donde se convertía el opio en morfina y luego se despachaba a los Estados Unidos, vía Beirut o Marsella.

Sin embargo, en la década del treinta las cosas empezaron a marchar mal. Uno de los pocos fiscales que no estaban controlados por la mafia, Tom Dewey, abrió causa contra Luciano y logró que lo condenaran a treinta años de cárcel. De esta manera, las redes de suministros empezaron a resquebrajarse. Fue ésta la única vez en que el número de adictos en los Estados Unidos disminuyó; de los trescientos calculados, apenas unos veinte mil podían seguir adquiriendo narcóticos, de muy escasa calidad, provenientes de México[35]; pero sólo se llegó al nadir durante la segunda guerra mundial, aunque el uso no había bajado antes de ésta, sino que disminuyó aún más a medida que la interrupción del transporte internacional cortó los suministros[36].

34 *Ibíd.*, p. 34.
35 *Ibíd.*, p. 36.
36 David F. Musto, *La enfermedad americana*, Bogotá, Tercer Mundo Editores, 1993, p. 283.

Sin embargo, es tan escaso —pese a las evidencias— el material sobre la mafia en el interior de los Estados Unidos, que parece una actitud deliberada por mantener en la sombra la realidad de sus actividades. Las confesiones del estadounidense que llevó 56 toneladas de cocaína del cartel de Medellín a los Estados Unidos[37] son un reflejo claro de cómo las raíces del problema quieren verse o encontrarse fuera, mientras en el interior del país los estudios sobre la enfermedad *americana*[38] o las consecuencias del control del gobierno norteamericano sobre el comercio de las "drogas"[39] abundan, dejando a un lado la crisis de su propia realidad social; es decir, se debate sobre lo que llaman *droga* o *narcotráfico*, pero no se tiene para nada en cuenta el mundo en que se mueven los negocios que enredan hoy a la sociedad norteamericana, aunque éste haya aflorado con todas sus evidencias a la superficie de la realidad cotidiana. Aún se sigue creyendo que el problema viene de fuera, de igual manera que se arguye la inexistencia de la mafia en los Estados Unidos. De este modo, *El hombre que hizo llover coca* podría, para un entendimiento claro, leerse al revés, pues la interpretación que hacen los autores del tema no es más que la visión manejada por los medios de comunicación que tiene el norteamericano sobre la realidad latinoamericana, visión muchas veces alejada del verdadero problema, del cual indiscutiblemente hace parte, sin reconocerlo.

LAS MAFIAS NORTEAMERICANAS ACTUALES

El gran consumo de toda clase de "drogas" en los Estados Unidos está cambiando aceleradamente los mecanismos de

37 Max Mermelstein, *El hombre que hizo llover coca*, Bogotá, Intermedio Editores, 1991.

38 David F. Musto, *op. cit.*

39 *Dealing with Drugs, Consequences of Government Control*, edited by Ronald Hamowy, Pacific Research Institute, 1987.

control y poder de las mafias, consolidándose lo que algunos estudiosos han llamado la "teoría de la sucesión étnica", que se basa en el hecho histórico de que los sindicatos irlandeses del crimen del siglo XIX fueron suplantados por las bandas judías, las que a su vez fueron expulsadas por la mafia italiana. Pero hoy por hoy esta última ha venido siendo desplazada por las mafias negras, por las mafias chinas y orientales, de nuevo por las mafias judías, por la mafia mexicana, por la mafia de cubanos exiliados y, sobre todo, por las mafias colombianas de la cocaína y últimamente por las mafias de los países de Europa Oriental[40].

Numerosos investigadores norteamericanos, como el antropólogo Francis Ianni, han estudiado las organizaciones del crimen negras, puertorriqueñas y de exiliados cubanos, y la mayor parte de los estudios se han basado en las llamadas bandas étnicas, ya que la *raza* y las manifestaciones culturales de paisanaje son lo que mantiene unidas a la mayoría de ellas. Como cosa curiosa, entre las organizaciones criminales de los Estados Unidos, que no conforman propiamente una mafia, están las bandas de motoristas. Éstos son los únicos grupos que han surgido sin basarse en una etnia o en un sector inmigrante, pero sus actividades, como el consumo de narcóticos, la prostitución forzosa, la "venta de esposas y asesinato", violaciones y, como afirman algunos testigos, matones y asesinos al servicio de la mafia, siembran el terror entre la confusa sociedad norteamericana.

Las mafias negras irrumpieron como tales después de la guerra de Vietnam, cuando algunos delincuentes de esta etnia lograron conexiones con los traficantes de opio de la región del Triángulo Dorado (Tailandia, Birmania y Laos); el representante más significativo de este grupo fue Frank Lucas, dirigente de los llamados Country Boys, quien montó la distribución de heroína entre la población negra de Newark

40 Francis Ianni, *Black Mafia*, Simon & Schuster, 1974.

y otras ciudades al norte de Nueva Jersey. El principal proveedor de Lucas era otro negro veterano del ejército que había prestado servicio en Bangkok, donde era dueño de un bar y mantenía sus contactos[41].

En el estado de California se han estudiado dos grupos de origen mexicano: la "mafia mexicana" y la "nueva familia", nacidas en las prisiones de California.

En los estados del oeste y suroeste de los Estados Unidos los mexicanos controlan gran parte del mercado de la heroína; en las prisiones californianas también se han consolidado bandas de blancos y negros: la familia "Black Guerrilla" y la "Hermandad de Arizona"; en California también tiene expresión el crimen organizado de inmigrantes israelíes.

En Detroit círculos de caldeoárabes son especialistas en incendios provocados para cobrar seguros de tiendas y negocios. En Nueva York y en la costa oeste, bandas chinas controlan el juego y la protección de negocios de sus propias comunidades y las rutas de la heroína de Hong Kong y Singapur. En Hawai y California miembros de las organizaciones japonesas del crimen, conocidos como los Yakusa, controlan el juego, la prostitución, el contrabando de armas, la extorsión y el tráfico de "drogas"[42]. En otros estados, inmigrantes hindúes han formado grupos delincuenciales con el nombre de "patels".

Si hispanos, negros, blancos y gentes de otras etnias están haciendo miles de millones con el crimen organizado, es porque en los Estados Unidos la industria del crimen crece tan de prisa, que hay campo para todo el mundo. Actualmente más de dos millones de norteamericanos consumen heroína, más de cinco millones consumen cocaína y cerca de treinta millo-

41 *Ibíd.*

42 Peter Reuter, *Disorganized Crime*, Massachusetts, MIT Press, 1983; Reuter y Rubinstein, *Illegal Gambling in New York*, EU, Departamento de Justicia, 1982.

nes fuman marihuana[43]. Mientras se tenga esta enorme cifra de personas que fuman marihuana, que consumen cocaína y heroína, y que, por cierto, no las consideran peores que la cerveza, el whisky o los cigarrillos, existirán consumidores y, por ende, proveedores que satisfagan sus necesidades.

Esta aseveración da para pensar que, aun con todas las medidas represivas, como las rigurosas leyes sobre control antinarcóticos norteamericano y las gigantescas campañas para frenar el consumo, las leyes de la oferta y la demanda pueden más que todas las restricciones. Mientras haya prohibición y exista quien consuma, siempre habrá quien esté listo a proveer una demanda tan jugosa; si unos mafiosos caen asesinados o son juzgados y condenados, otros estarán prestos a sustituirlos; al fin y al cabo ésta es la razón de ser de los mercados ilegales y las mafias: que los que están arriba se vuelvan legales, mientras que los otros se convierten en ilegales para sustituirlos.

Según Nic Pileggi, el mafioso siempre ha estado:

> Mucho más en su casa en los Estados Unidos que lo que estuvo en los empobrecidos pueblos de los que vino. Es, en cierto sentido, idealmente adecuado para la moralidad del negocio de cómete al vecino de Nueva York. Ha llegado a ser el conducto perfecto para las clases de vicio que los ciudadanos que evitan la ley de los Estados Unidos insisten en disfrutar (...) Ha llenado la brecha entre la letra y el espíritu de leyes poco realistas, imposibles de cumplir e impopulares, y considerarle como una aberración más que un reflejo de los Estados Unidos de hoy, es como censurar la obesidad congénita de un fabricante de helados[44].

Aunque los partidarios de la sucesión étnica estén convencidos de que con toda la competencia que le ha surgido a

43 Short, *op. cit.*, pp. 310-311.
44 *Ibíd.*, *op. cit.*, p. 312.

la mafia, ésta se encuentra al borde de su desaparición, lo más probable es que no hayan notado cómo la mafia ha ido marchando a la par con los cambios, disfrazando todas las formas de aparente legalidad, influyendo fácilmente en los escenarios donde el lucro, a como dé lugar, es la respuesta. Aunque, si bien es cierto, las grandes familias mafiosas estadounidenses están perdiendo efectivos, ya que algunos de los hijos de hombres *hechos* o mafiosos están desertando, optando por dejar la vida de familia, pues deciden trabajar como hombres de negocios "legítimos"; así, unos se hacen profesores universitarios, porque prefieren (aunque sin experimentar pobreza ni privaciones) no exponerse a la violencia de la vida azarosa del negociante ilegal. Otros, en cambio, se hacen abogados o agentes de cambio y bolsa, posiciones en las que, bien situados, pueden servir a las familias del crimen cuando éstas se convierten en sociedades, por qué no decirlo, casi legítimas. En otras palabras, la mafia está subiendo peldaños en la escala técnica y puede, en apariencia, abandonar las calles, pues resulta más cómodo y menos peligroso hacer dinero con el "crimen de cuello blanco".

La mafia europea (mediterránea)

Llamamos mafia europea a cierto comportamiento, a cierta sutileza, a cierta discreción y poca ostentación que ha manifestado la mafia de Marsella, la conexión francesa de la heroína; en otras palabras, la mafia mediterránea[45].

El modelo clásico son los mafiosos marselleses productores de heroína, a partir de la morfina-base proveniente de Oriente por la ruta de Turquía, la antigua Yugoslavia y Beirut. Estos personajes desarrollaron sus actividades de refinamiento en los alrededores de París hasta los años cincuenta y posteriormente se trasladaron a Marsella. La ubicación de

45 *Véase* revista *Time*, Nº 26, 1º de julio de 1991.

sus laboratorios en plena ciudad les obligó a mantener una celosa discreción y una vida moderada y poco ostentosa[46]. De igual manera manejaron sutiles relaciones con las autoridades, la clase política y los cuerpos de seguridad, pues colaboraron con la resistencia francesa, y contra el movimiento de liberación argelino y la contención electoral contra el partido comunista en el sur de Francia en la década del cincuenta.

Las actividades de la mafia mediterránea podrían pasar fácilmente inadvertidas. Esta organización difiere enormemente del modelo siciliano, cuya característica principal ha sido el manto de violencia que cubre sus negocios; es decir, se trata de aquellos delincuentes a quienes sería *difícil* inculpar, ya que otras actividades les permiten disfrazar sus acciones ilícitas, y tratándose, pues, de una mafia casi intocable, que actúa sin dejar rastro, y de la cual, por esto, se tienen sospechas pero no pruebas, sacarla legalmente a la luz pública, descubrirla, actuar contra ella, en palabras de la policía[47], sería prácticamente imposible.

Para profundizar en el tema, un panorama más completo, a nivel informativo sobre las "drogas" y su comercio en Europa, lo ofrece Leonidas Gómez[48] en su libro, donde se puede obtener un retrato sugerido, entre líneas, de la mafia, lo mismo que su evolución y actividades en los últimos años. Las rutas[49] de los narcóticos y sus principales puertas de entrada a Europa son igualmente temas que han despertado el interés de periodistas, lo que equivale a decir que existe gran cantidad de información al respecto, pero al mismo tiempo nos permite dilucidar cómo se huye o se toma de sesgo el problema, permitiendo así confusas interpretaciones.

46 C. Lamour y M. Lamberti, *La nueva guerra del opio*, Barcelona, Seix Barral, 1973, pp. 42-50.

47 *Ibíd.*, p. 45.

48 Leonidas Gómez O., *op. cit.*

49 *Cambio 16, América*, noviembre de 1991.

MAFIA, DELINCUENCIA E ILEGALIDAD

Mientras el capitalismo es una "mafia" que produce dentro de la "legalidad", la mafia surgida como capitalismo improductivo (parásito entre la propiedad y el trabajo) bien pronto se transformó, especialmente con la droga, en un capitalismo productivo "ilegal" que dejaba mayores márgenes de ganancia. De allí que algunos autores insistan en definir a la mafia como una "burguesía gangsteril", pues responde necesariamente a las determinaciones que el capitalismo le asigna; es decir, sus intereses históricos se hallan asociados a la defensa del orden y la institucionalidad particulares, que desde luego se concretan en una ligazón objetiva con los intereses de la burguesía en su conjunto[50].

Por su ilegitimidad y por su gran necesidad de reivindicación frente a la sociedad, la mafia adopta y ha adoptado históricamente posturas ultraconservadoras que la llevan a recuperar la tradición, la familia, la solidaridad, etc., circunstancia que le facilita el asocio con aquellos grupos interesados en defender a cualquier precio los mismos postulados.

Lo legal y lo ilegal siempre han ido de la mano. La relación entre delito y capital es tan frecuente que de una u otra manera en los grandes centros financieros nacionales e internacionales se lavan los dólares producto de la "droga", o lo que es lo mismo, no se establece diferencia alguna entre dólar "sucio" y dólar "limpio". Y es de esta forma como los mafiosos se convierten paulatinamente en empresarios, comerciantes, hacendados, financieros ilegales, o finalmente en financieros legales.

> Y ocurre un fenómeno inverso. Los representantes de la ley y muchos policías y militares se pasan al bando del crimen or-

50 Álvaro Camacho Guizado, *Droga y sociedad en Colombia*, Bogotá, Cidse-Cerec, 1988, p. 26.

ganizado. Agréguense funcionarios aduanales, periodistas, gobernantes, etc.
En la búsqueda general y sin escrúpulos de riqueza y poder muchos miembros de la sociedad capitalista se suman a las actividades ilícitas. Por eso la relación entre los negociantes de drogas ilícitas y el gran capital no es simplemente contingente, casual y ocasional. Y el "crimen" mismo debe ser considerado también como parte integrante del desarrollo del capital[51].

Indudablemente que si se la compara con otros núcleos delictivos, la mafia presenta un nivel organizativo superior; en procura de sus propósitos, ésta involucra una mayor división del trabajo y una mayor jerarquización entre sus integrantes. Aunque las formas organizativas del extremo inferior pueden aparecer independientes de las del extremo superior, según el tipo de actividad requerida, en muchas ocasiones operan como subsistemas, y actúan a la vez como asociaciones autónomas y como conjuntos constitutivos de sistemas más complejos.

Según Donald Cressey[52], se presentan seis variantes de "organización criminal", comprendiendo las más sofisticadas en todos los niveles, así:

1. *Las superiores*, caracterizadas por incluir el cargo de "comisionado"; es decir, poseen hombres que se reúnen y construyen una confederación o *cartel* que tiene la responsabilidad de coordinar las actividades del núcleo (constituyen ejemplos de esta variante la *cosa nostra* norteamericana y la mafia siciliana).

51 A. Gálvez, "Droga y sociedad", en Germán Palacio, compilador, *La irrupción del paraestado*, ILSA-Cerec, 1990, p. 42.

52 D. Cressey, *Criminal Organization: Its Elementary Forms*, Londres, Heinemann, 1972. Citado por M. McIntosh, *La organización del crimen*, México, Siglo XXI, 1977, pp. 10-12.

2. Las que incluyen un "ejecutor", que es quien castiga tanto a los miembros de la organización que se hallan en desacuerdo, como a aquellos que no cumplen con las decisiones de la misma (por ejemplo las "familias" de la *cosa nostra*).
3. *Las organizaciones de "ladrones profesionales"*, que utilizan a un "corruptor", a un personaje que soborna y obtiene influencias mediante pagos a funcionarios públicos.
4. *Las que presentan un "planeador estratégico"*, un individuo encargado de los asuntos de largo plazo, ya sean de seguridad o para lograr nuevos contactos.
5. Las que han incorporado un "organizador táctico", que tiene por función específica planear y dirigir las diferentes actividades de la organización.
6. Las menos complejas, caracterizadas porque sólo presentan un "guía de grupo" o "jefe" para la consumación de cada delito.

Aunque en las sociedades más simples el conflicto del delincuente no es con el Estado sino con su víctima directamente, en muchas sociedades estatales en las que la autoridad legítima del Estado resulta deficientemente constituida y poco precisa, se hace difícil catalogar las actividades de un determinado grupo como delictivas o como luchas de fracciones por la consecución del poder o por el reconocimiento de sus derechos. Esta distinción tiene sentido únicamente cuando la sociedad involucrada reconoce plenamente el carácter delictivo de tales grupos, o cuando el Estado se halla instituido como tal[53].

53 M. McIntosh, *op. cit.*, p. 21. Igual sucede en muchas regiones de Colombia, en las cuales la ley y el orden han sido ancestralmente administradas por grupos distintos de los agentes del Estado.

Hobsbawm[54] ha ilustrado profusamente cómo en las sociedades campesinas donde la acción del Estado es cosa remota y extraña, las acciones de los bandidos y otras fuerzas proscritas pueden ser vistas a sí mismas y por la población local (de quienes reciben colaboración y respaldo), como luchadores populares por la justicia y la equidad social, contra la nobleza, el clero y las demás fuerzas opresoras.

En muchas ocasiones las fracciones que compiten por el poder logran invocar el respaldo de grupos que en otras circunstancias serían reconocidos simple y llanamente como criminales; Hobsbawm ilustra esta situación con las aldeas moscovitas del siglo XVII y con los pueblos sicilianos de los años cuarenta[55]. Otro ejemplo lo constituye también el apoyo recibido por muchos núcleos bandoleros italianos entre 1799 y 1815 por parte de los borbones y los británicos.

En los asuntos internacionales, la distinción entre lo enemigo y lo criminal es poco clara: así como los corsarios, respaldados por los sultanes de la costa berberisca en el siglo XVII, eran enemigos de los mercaderes europeos porque operaban en los "mares británicos", así también fue difícil, durante mucho tiempo, distinguir entre un pirata y un corsario.

En el siglo XX abundaron las alianzas de la CIA con traficantes de heroína del Extremo Oriente, fundadas básicamente en su contribución para financiar a los opositores de las guerrillas comunistas de Vietnam, Tailandia, Birmania y Pakistán. Aunque de igual manera han operado las asociaciones entre la DEA y la contra nicaragüense, quizás en los casos en donde ha sido más evidente la falta de claridad en la diferenciación entre lo enemigo y lo criminal lo presentan Panamá, con lo acontecido entre el general Noriega y el gobierno

54 E. Hobsbawm, *Rebeldes primitivos*, Barcelona, Ariel, 1969, pp. 28-36.
55 E. Hobsbawm, *Bandidos*, Barcelona, Ariel, 1970, p. 39; *Rebeldes primitivos*, Barcelona, Ariel, 1969.

norteamericano, y Colombia, con las confusas y oscuras alianzas entre sectores de las fuerzas armadas del país y la DEA o bien con los comercializadores de cocaína, o con el paramilitarismo o el sicariato.

Puesto que el respaldo que el derecho internacional recibe se halla condicionado a la conveniencia y aplicabilidad en cada país, y puesto que no cuenta con mecanismos permanentes para su puesta en práctica, en los actuales momentos sigue siendo difícil la diferenciación de los delitos internacionales de "drogas".

Teniendo en cuenta que hablar de "crimen organizado" en el sentido estricto de la palabra sólo es posible en aquellas sociedades en donde las actividades delictivas se encuentran perfectamente diferenciadas de las demás, tanto de manera conceptual como con respecto a los mecanismos represivos con las que son tratadas, para el caso de la sociedad colombiana, en donde hay manifiestas debilidades del Estado y confusos e indefinidos mecanismos de aplicación de la ley, es muy apresurado asimilar "narcotráfico" a "crimen organizado" como permanentemente se intenta.

La distinción social, a su vez, depende de la existencia de un sistema jurídico-político en el cual la posición y el poder del gobierno le permitan atribuirse verdaderamente y por consenso la potestad de calificar determinadas actividades como "antisociales", de manera tan abierta, autorizada y admitida que inclusive el propio delincuente acepte esta definición[56].

La compleja estructura de la mafia colombiana (organización en la que se hallan sutilmente entrelazados núcleos ancestrales "al margen de la ley" y grupos sociales, económicos y políticos abiertamente legales de la sociedad colombiana, que se mueve y opera con paramilitares en zonas y regiones

56 M. McIntosh, *op. cit.*, pp. 22-27.

históricamente "al margen de la ley" o en aquellas en donde siempre ha habido ausencia del Estado[57], y que ha consolidado una amplia base social de apoyo en sus zonas de influencia) da una idea del grado de limitación de la declaratoria de "guerra al narcotráfico" del gobierno colombiano.

La violencia crónica —con profundas raíces históricas—, la falta de consenso de las clases en el poder, la "debilidad del Estado" han generado un proceso de deslegitimación del régimen, en donde grandes sectores de la población no reconocen al Estado y a las estructuras locales y regionales de poder como legítimas y dignas de ser respetadas y acatadas. Esta situación se manifiesta en una ruptura creciente entre lo legal y lo ilegal, entre un cuerpo de leyes y normas y lo comúnmente aceptado por las gentes en apartados lugares y regiones.

Un Estado ineficiente y débil, con complejos contrastes regionales y contradicciones étnicas, culturales y de clase sin resolver, con altos niveles de violencia, sobre todo de la llamada "violencia común", presenta condiciones favorables para el desarrollo y la consolidación de las mafias y de todo tipo de acciones ilegales, que en amplios sectores de la población tienden a aceptarse y a verse como normales.

La irrupción de las mafias de las "drogas" en Colombia debe entenderse, pues, como un fenómeno histórico en el largo

57 Desde el siglo pasado, en Colombia se han mantenido zonas o espacios geográficos al "margen de la ley"; grupos diferentes de los agentes del Estado han ejercido su propia autoridad en estas zonas, o las han escogido como refugio permanente o transitorio para sus acciones. Estos grupos han variado en su composición e intencionalidad política e ideológica, según la coyuntura histórica: combatientes de las guerras civiles, bandoleros y salteadores, núcleos que impulsaban acciones armadas en la violencia liberal del treinta; cuadrilleros, bandoleros y guerrilleros en la violencia del cincuenta: guerrillas, a partir de 1965; contrabandistas, traficantes de drogas, paramilitares y autodefensas.
Varios autores han desarrollado la tesis de debilidad, ausencia, derrumbe, etc., del Estado. Para un buen balance sobre estos planteamientos, *véase* Humberto Vélez, *El Estado expropiado (1932-1953)*, Popayán, VIII Congreso de Historia de Colombia, noviembre de 1990.

tiempo, con raíces económicas y sociales profundas que, sumadas a las características complejas de la estructura estatal y a la estratégica localización del país en la esquina norte de Suramérica, facilitaron su desarrollo y consolidación ante una creciente demanda de estas sustancias desde el interior de las sociedades norteamericana y europea, a partir de la década del setenta.

MAFIA, "DROGAS" Y "NARCOTRÁFICO"

La invención del término "narcotráfico" se debe a la administración Reagan, que en 1982 declaró la "guerra contra las drogas" como objetivo prioritario de seguridad nacional, momento a partir del cual todas las acciones de las autoridades norteamericanas se concentraron en la lucha contra la cocaína, primordialmente.

En su empeño, Estados Unidos logró instituir el término "narcotráfico" y generalizar su aplicación para hacer referencia a la cocaína. El discurso norteamericano relativo a las "amenazas del narcotráfico" se impuso en los países de América Latina a través de campañas que tuvieron a los medios de comunicación como los mejores aliados: éstos, sin establecer ninguna diferenciación entre coca y cocaína, entre países productores y países consumidores de cocaína, entre banqueros y "traficantes", entre campesinos e indígenas mambeadores de coca y adictos a la cocaína de los países industrializados (el principal es Estados Unidos y lo siguen naciones de Europa), etc., hicieron eco de una posición deliberada que no discierne entre los elementos involucrados en el fenómeno para así dar prioridad a sus intereses. Entonces empezó a hacerse común hablar del "funesto narcotráfico" (léase cocaína), "enemigo principal" y "delito contra la humanidad", etcétera[58].

58 Rosa del Olmo, "Drogas: distorsiones y realidades", en revista *Nueva Sociedad*, Nº 102, Caracas, 1989, pp. 90-91.

En realidad con el término "narcotráfico" utilizado genéricamente para referirse a la marihuana y a la cocaína se busca crear un efecto de opinión, producir rechazo y temor en la sociedad, generados éstos en el hecho intencionado de conceder a estas dos sustancias[59], cualidades exclusivas de los productos narcóticos.

La intencionalidad política, económica y cultural que se esconde en el término inconveniente e "imprecisamente" utilizado se halla velada, y con ella se pretende dar un carácter racista y latinoamericano a la producción y comercialización de la cocaína, toda vez que es exclusivamente a los latinos a quienes se les atribuyen estas actividades, endilgando únicamente a los negros y a los migrantes latinos radicados en los Estados Unidos el consumo del alcaloide. Pero no sólo en Estados Unidos sino también en Europa, tanto con latinos como con todos los migrantes provenientes de países subdesarrollados, puesto que el migrante y la "droga" *vienen* siempre de fuera y ambos, entonces, representan la irrupción del desorden en la sociedad burguesa; "¿será acaso porque el Estado, desconcertado, no sabe tratar el problema de la inmigración o la toxicomanía más que mediante la represión, o será porque tienen necesidad de enemigos, de chivos expiatorios?"[60]. Esta postura desconoce, de antemano, que además de productores y negociadores existen los consumidores blancos, los productores de insumos (químicos), la industria armamentista (vendedores de armas), la banca (lavado de dineros) y los distribuidores (núcleos que se hallan establecidos en Estados Unidos, Europa y Japón).

59 Se entiende por psicotrópico aquella droga que actúa sobre el sistema nervioso central, produciendo efectos neuropsicofisiológicos. Ley 30 de 1986, Estatuto Nacional de Estupefacientes.

60 Guy Sorman, *Esperando a los bárbaros*, Bogotá, Seix Barral, 1993, pp. 8 y 121.

Como el propósito del gobierno federal es impedir el ingreso de "droga" (cocaína) a los Estados Unidos, la estrategia fundamental para lograrlo la constituyó la destrucción de las fuentes de producción aplicando un programa de erradicación complementado con la persecución a los "narcotraficantes" (basados en el supuesto de que al obstaculizar el comercio de cocaína se impedía también la entrada del producto a los Estados Unidos) y con un programa de interdicción dirigido a los mismos.

Como puede verse, mientras el "tráfico" de cocaína constituye un mecanismo de acumulación capitalista internacionalizado, el "narcotráfico" es un dispositivo político utilizado por los gobiernos, particularmente por el de los Estados Unidos, para llevar adelante operaciones de represión, disciplina y control social.

La confusión que crea el término "narcotráfico" puede resumirse en cuatro puntos:

1. Al ser un concepto ambiguo, aparece reuniendo negociaciones comerciales de diversos tipos de drogas (legales e ilegales).
2. Clasifica a la cocaína dentro de las sustancias narcóticas, cuando ésta no posee propiedades de este tipo[61].
3. Equipara coca y cocaína, y a partir de allí establece una cadena infinita de equivalencias.
4. Producto de los anteriores, asocia diversos y dispares sectores sociales: indígenas, campesinos, colonos, pequeños negociantes (mulas), medianos y grandes empresarios, banqueros, industriales de insumos, etcétera[62].

61 David F. Musto, *op. cit.*, p. 285.

62 G. Palacio y F. Rojas, "Empresarios de la cocaína, parainstitucionalidad y flexibilidad del régimen político colombiano: narcotráfico y contrainsurgencia en Colombia", en Germán Palacio, compilador, *La irrupción del paraestado*, Bogotá, ILSA-Cerec, 1990, pp. 76-81.

La creciente terrorificación y criminalización de sustancias psicotrópicas y de los productores de las mismas da idea del grado de manipulación y desinformación que subsiste a su alrededor, a la vez que da cuenta de la visión geopolítica que se postula, la de "enemigo exterior", tan necesaria y provechosa para los propósitos de los Estados Unidos. Así, de la utilización de la expresión "narcotráfico" se prosiguió a la aplicación de diversos términos, a saber: "narcoterrorismo", "narcoguerrilla" y "cartel"[63], todos ideados con el único propósito de proyectar figuras "desestabilizadoras de la sociedad occidental", de "alertar" a las sociedades de la existencia de asociaciones de países o de "narcotraficantes"; es decir, de "carteles" que representan un riesgo para Estados Unidos y otras naciones por conspirar contra ellas, razón por la cual personifican el "enemigo exterior".

Como bien lo plantea Rosa del Olmo, mientras en otras épocas eran médicos y abogados quienes se ocupaban del problema de la "droga" en América Latina, hoy son presidentes, ministros, cancilleres, militares, junto con asesores de la DEA y otros agentes de los Estados Unidos[64].

63 El término *narcoguerrilla* surgió después del 10 de mayo de 1984, fecha en la cual la policía colombiana ocupó en las selvas del Yarí (oriente) un laboratorio conocido con el nombre de Tranquilandia, en donde incautó 14.000 kilos de cocaína. A los pocos días de la ocupación de Tranquilandia, el embajador norteamericano en Bogotá, Lewis Tambs, afirmó que los rebeldes comunistas prestaban protección militar al complejo de Tranquilandia, y les dio el apelativo de "narcoguerrilleros". Posteriormente, a raíz de los asesinatos políticos atribuidos a los "narcotraficantes", y en especial como consecuencia de la oleada de atentados urbanos practicados con bombas por los autodenominados Extraditables, a partir de 1989 el gobierno colombiano, los Estados Unidos y los medios de comunicación en general comenzaron a hablar de "narcoterrorismo", término también difuso y ambiguo, pues pone en un mismo plano a los comerciantes de "drogas", a los guerrilleros, a los paramilitares y a los delincuentes comunes.

64 Rosa del Olmo, *op. cit.*

En la Ley de Drogas de 1988, el gobierno norteamericano señala:

> (1) Las operaciones de las organizaciones de contrabando ilegal de drogas plantean una amenaza directa a la seguridad nacional de las naciones miembros de la OEA (...) (3) Para preservar la soberanía nacional, proteger la salud pública y mantener el derecho doméstico y el orden dentro de sus fronteras, las naciones miembros de la OEA deberían coordinar sus esfuerzos para luchar contra el comercio ilegal de las drogas (...) (5) Los EE.UU. deben realizar todo esfuerzo para iniciar discusiones diplomáticas a través de la OEA para lograr el acuerdo de establecer y operar una fuerza antinarcóticos en el hemisferio occidental (...) (6) Los EE.UU. están dispuestos a suministrar el equipo, entrenamiento y recursos financieros para apoyar el establecimiento y operación de esa fuerza antinarcóticos[65].

65 *Ibíd.*, p. 91.

Capítulo 2. LOS CINCO FOCOS MAFIOSOS INICIALES

La producción y la comercialización de marihuana y cocaína estuvieron inicialmente en manos de núcleos de contrabandistas de Antioquia, Valle, Santanderes, la zona esmeraldífera, La Guajira y otros departamentos de la Costa Atlántica, que de tiempo atrás tenían montada una red de transporte, caletas y sobornos que les permitirían emprender el tráfico de marihuana y cocaína, tan ilegal como sus actividades de contrabando. Más tarde, como apéndice del grupo antioqueño, emergió el foco central, el de "El Mexicano", y como puente entre los núcleos caleño y antioqueño apareció el subnúcleo quindiano de Carlos Lehder; posteriormente, y a la sombra de la radicalización que se diera a la lucha contra el grupo antioqueño por parte del gobierno, se fortalecieron algunos núcleos, aparecieron otros nuevos (el oriental)[1] y se hicieron manifiestos los mafiosos "sueltos" o independientes (*véase* mapa).

Cinco focos conforman la mafia colombiana: Costa, Antioquia, Valle, zona esmeraldífera o central y zona oriental, todos con características comunes en su configuración desde el punto de vista histórico, ya que se consolidaron hacia 1970 sobre la crisis de los productos básicos de la agroindustria, la minería o el comercio de las burguesías locales, y los consiguientes trau-

1 Al igual que el núcleo oriental (Bucaramanga-Cúcuta), los mafiosos sueltos han venido creciendo a la sombra, tanto de la confrontación entre los grupos antioqueño y valluno, como de la lucha del gobierno contra el grupo antioqueño.

MAPA 1
NÚCLEOS MAFIOSOS DE COLOMBIA
(COCAÍNA)

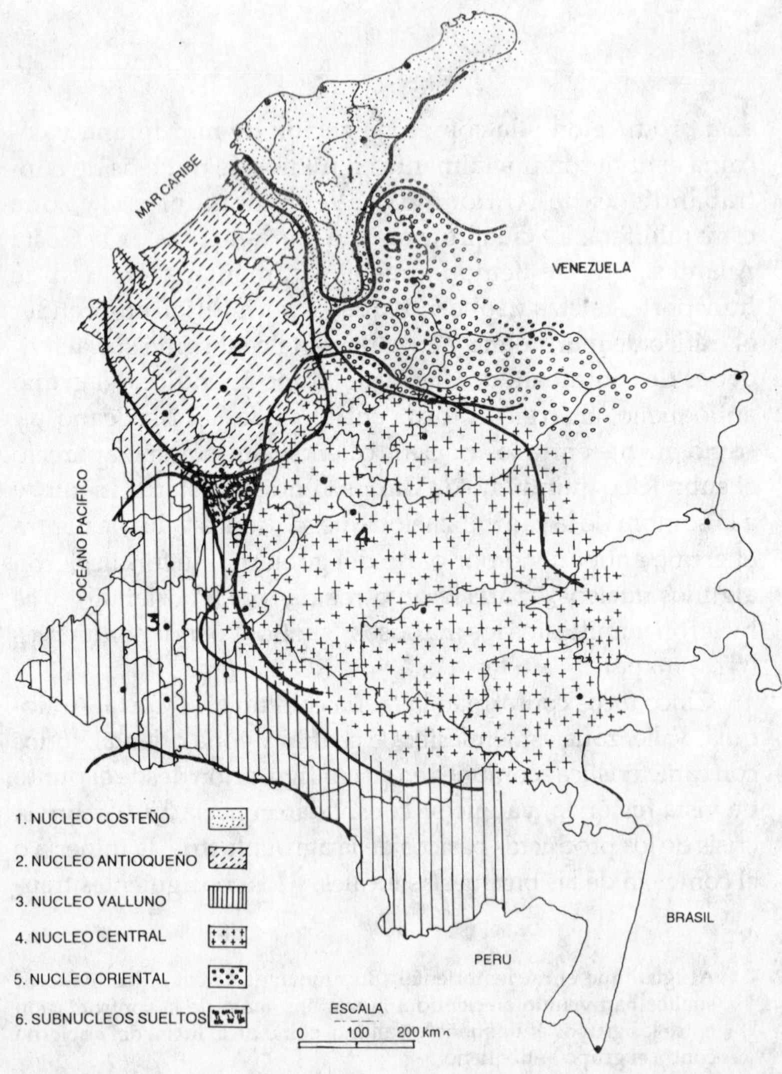

matismos sociales, económicos, culturales y de orden público, muy contundentes en las cinco regiones analizadas:

— Crisis en los cultivos de algodón en la Costa Atlántica (La Guajira, Cesar y Magdalena).

— Crisis de la industria textil antioqueña generada por la preponderancia de las fibras sintéticas, en detrimento de las fibras naturales (algodón).

— Problemas en las cuotas internacionales del azúcar, circunstancia que perjudicó significativamente a la industria azucarera del Valle del Cauca.

— Crisis en la región esmeraldífera (Boyacá) generada por problemas de explotación, comercialización y manifestaciones de violencia, que desencadenaron la ocupación militar de la zona.

— Crisis económica y social en la región nororiental (Bucaramanga-Cúcuta) a causa de la caída del bolívar y sus consecuentes problemas de contrabando de extracción y el comercio fronterizo[2].

— Gran migración de contradicciones regionales en las cinco zonas (crisis de las élites, violencias ancestrales, culturales, étnicas, etcétera).

2 Para profundizar en lo que hemos dado en denominar "las crisis de los productos básicos", y por consiguiente la crisis de las burguesías locales en las regiones donde se desarrollaron los núcleos mafiosos iniciales, sobre todo en la Costa con el algodón, Antioquia con las fibras textiles y el Valle con la caña, *véase* ANIF, *Marihuana, legalización o represión*, Bogotá, Biblioteca ANIF de Economía, 1979, pp. 141 y ss. "La crisis del algodón", en *Nueva Frontera*, Nº 155, Bogotá, noviembre 2-8 de 1977; "El Valle del Cauca y la industria de la caña de azúcar", en *Documentos Nueva Frontera*, Nº 43, Bogotá, diciembre de 1979; "El sistema financiero colombiano", en *Documentos Nueva Frontera*, Nº 39, Bogotá, julio de 1979; revista *Alternativa*, Bogotá, Nºs 122, 135, 189, 204, 212 y 233; J. Cervantes Angulo, *La noche de las luciérnagas*, Bogotá, Plaza y Janés, 1980; L. Londoño Ángel, *Qué pasó en Antioquia y otros ensayos*, Medellín, Impresos Caribe, 1987; M. Arango Jaramillo, *Impacto del narcotráfico en Antioquia*, Medellín, Editorial J. M., 1988; A. Gómez Trujillo,

(continúa en la página siguiente)

— Manifestaciones de recomposición y ascenso de fracciones de clase en las cinco regiones[3].

Pero si bien es cierto que estos cinco núcleos poseen similitudes, también lo es que presentan características diferenciadoras que desde su configuración les imparten variantes significativas, ahondadas o modificadas con su inserción en las sociedades locales. Su carácter clandestino e ilegal de ninguna manera puede ocultar el papel de propietarios de medios de producción o de distribución de mercancías, o como agentes de capital en un proceso productivo y de circulación, en el que aportan enormes cantidades de trabajo ajeno, lo que nos permite dilucidarlas como segmentos particulares de la burguesía.

Entonces, para nadie puede ser un misterio el que las mafias sean las encargadas de manejar el monopolio virtual del tráfico y que, a la vez, controlen los mismos aparatos represivos y logren incrustar sus elementos en una estructura legítima de po-

(Continuación nota 2)
Etiología del norte vallecaucano, Cartago, Tipografía Latina, 1989; D. Piedrahíta Cardona, *Colombia: entre guerra sucia y extradición*, Bogotá, Editorial Ciencia y Derecho, 1992; A. Valenzuela Ruiz, *Con las manos atadas*, Bogotá, Ediciones Morena, 1989; G. Palacio, *La irrupción del paraestado*, Bogotá, ILSA-Cerec, 1990; F. Rojas, "El Estado en los ochenta, un régimen policivo", en *Controversia*, Nºs 82-83, Bogotá, Cinep, 1979; E. Parra, "La Nueva Política Económica", en *Controversia*, Nºs 75-76, Bogotá, Cinep, 1979; Camilo López, Tito Pérez, Juan Rodríguez y Dinardo Rojas, "Narcotráfico y paramilitarismo en la región de Rionegro, Cundinamarca", tesis, Bogotá, Departamento de Ciencias Sociales, Universidad Pedagógica Nacional, 1992; G. Daza Sierra, "Marihuana, sociedad y Estado en La Guajira", tesis, Bogotá, Departamento de Sociología, Universidad Nacional, 1988; F. Thoumi, *Economía política y narcotráfico*, Bogotá, Tercer Mundo Editores, 1994.

3 Frente a la crisis regional y bajo el amparo de los capitales de la cocaína, sectores medios de la sociedad, en su proceso de reinserción, no sólo han generado y recreado viejas violencias locales y ancestrales, sino que han recreado y readaptado manifestaciones culturales a las que han dado inclusive tintes "antimperialistas".

der con el fin de limpiar o hacer legales algunas de sus actividades[4].

EL NÚCLEO COSTEÑO

Si bien es cierto que en nuestro territorio se venía sembrando coca desde tiempos ancestrales, y posteriormente marihuana, su consumo se restringía a comunidades aborígenes, a algunos sectores de jornaleros rurales y a pequeños grupos marginales urbanos, ligados a los burdeles y a ciertas labores artesanales, como zapatería y carpintería. Es a partir de la década del sesenta cuando los cuerpos de paz que se adentraron en nuestro territorio con claras orientaciones ideológicas —desviar a nuestra juventud de los efectos de la revolución cubana—, se encontraron con las delicias de la marihuana colombiana, a la que bautizaron con los sugestivos nombres de *Colombian Gold* y *Santa Marta Gold*[5]. Al volverse adictos se fueron convirtiendo en traficantes al por menor, difundiéndola entre sus parientes y conocidos al regresar a Estados Unidos, iniciándose así las primeras redes de distribución manejadas por núcleos norteamericanos.

Aun cuando la llamada bonanza marimbera de la década del sesenta (con base en el núcleo uno, el de la Costa) opacó en un principio el desarrollo del núcleo dos, el antioqueño, partiendo de la marihuana y posteriormente de la cocaína, fue el núcleo costeño el de mayor desarrollo en este momento por las expectativas del consumo de marihuana, generadas por los grupos pacifistas que protestaban contra la guerra de Vietnam, junto con el movimiento *hippie*, Mayo

4 Alejandro Gálvez, "Capitalismo y drogas ilegales", en Germán Palacio, compilador, *La irrupción del paraestado*, Bogotá, ILSA-Cerec, 1990, p. 42.

5 M. Arango y J. Child, *Narcotráfico: imperio de la cocaína*, México, Editorial Diana, 1987, p. 152.

del 68 y, en general, los grandes cambios culturales y sociales del momento.

No obstante, el tráfico de marihuana, por su volumen y por sus redes de distribución en los Estados Unidos, será básicamente manejado por norteamericanos; esto nos permite ver mejor la conformación del núcleo costeño.

El creciente mercado norteamericano de sustancias psicotrópicas venía siendo abastecido desde el Caribe (Cuba, México y, en menor grado, Colombia)[6], pero esta situación tuvo un profundo cambio debido a la revolución cubana y a la mala calidad de la marihuana mexicana. Este hecho dejó a la producción colombiana en la mira de los proveedores norteamericanos.

Por otra parte, hacia 1967, durante la administración de Lleras Restrepo[7], las restricciones a las importaciones y los controles al mercado de divisas fomentaron de manera alarmante el contrabando de electrodomésticos, cigarrillos, whisky y textiles, tanto en los sectores de la costa norte como en el Urabá antioqueño. Esta situación puso a numerosos contrabandistas de Maicao, Santa Marta, Barranquilla, Cartagena, Turbo y Medellín —que compraban contrabando en Colón, Panamá— en contacto con traficantes de marihuana y cocaína estadounidenses.

Todos los relatos y estudios coinciden en afirmar que los primeros traficantes, los que entablaron los contactos hacia 1968-1970 con los traficantes y compradores norteamericanos para los primeros embarques de marihuana de la Sierra Nevada de Santa Marta, eran antiguos contrabandistas de electrodomésticos, cigarrillos y whisky, profesión tan común y legendaria en esta región que éstos conocían al dedillo las

6 Para este período las siembras se concentraban en los departamentos de Bolívar y Magdalena, y había gran consumo en sectores lumpen y portuarios de Cartagena, Barranquilla y Santa Marta. *Véase* "La marihuana en escena", en revista *Semana,* febrero 25 de 1960.

7 M. Arango y J. Child, *op. cit.*

rutas y caletas del Caribe y las Antillas. Palestinos y judíos del puerto libre de Colón eran los habituales surtidores de los contrabandistas costeños; es sobre las sutilezas de este mundo ilegal que se construyen las primeras redes de comercio y transporte de marihuana.

Pero contrariamente a lo que pueda pensarse, la consolidación y desarrollo de una economía ilegal presupone la existencia de poderosas organizaciones criminales que la sustentan y le dan vida. No son simples fenómenos de corrupción oficial o privada; es la presencia y consolidación de una gigantesca y compleja red del crimen organizado, con ramificaciones en todos los órdenes de la vida política y económica del país, especialmente en los últimos años. Así, al hablar de mafias en Colombia, salimos del mundo que las películas y la ficción han pintado, para entrar en una red "intocable" y real, entrelazada con la estructura económica, la organización política y el aparato estatal.

Mientras se consolidaba la producción de marihuana (foco costeño) y la prensa empezaba a registrar estas noticias, durante la administración López la llamada "ventanilla siniestra" del Banco de la República proporcionó indirectamente un gran respaldo a las mafias, las cuales pudieron de esta manera "lavar" y legalizar sus fortunas. Entre tanto, sin que nadie lo advirtiera, se fue afianzando lentamente otro núcleo de comercialización de "drogas" (foco antioqueño), el cual tenía como soporte el refinamiento y la introducción de cocaína a los Estados Unidos. Los pormenores de este proceso podrán verse más detalladamente cuando se analice el foco antioqueño, con base en la cocaína.

El auge de la marihuana, la cocaína y el contrabando fue muy intenso durante las administraciones de López y Turbay. La gran especulación con el dinero, el surgimiento de entidades financieras —incluso en los garajes de las casas— y el desestímulo a la inversión industrial estuvieron íntimamente ligados al gran flujo de dólares, producto de los negocios de las mafias y el contrabando.

Hacia 1970, como ya se ha dicho, algunas comunas de *hippies* norteamericanos se adentraron en la Sierra Nevada de Santa Marta para disfrutar de los alucinantes placeres de la marihuana tropical, y al regresar a su país con muestras de gran calidad de la hierba, produjeron tal revuelo que la noticia se regó como pólvora entre los focos de fumadores y en los bajos fondos de Nueva York, Florida y California. Al llegar los comentarios a conocimiento de la mafia estadounidense, ésta designó una comisión para explorar y estudiar directamente sobre el terreno la posibilidad de desarrollar cultivos en los lugares nativos, para su posterior embarque y comercialización en los centros de consumo en Estados Unidos.

En una caleta de Harlem los delegados de la mafia explicaron todas las bondades de la marihuana colombiana, así como las facilidades de cultivo, transporte y la venalidad de las autoridades; todo estaba dado allí para montar un gigantesco centro de cultivo y embarque de hierba.

Repartir dólares entre las altas esferas de la policía, la aduana, el ejército y demás autoridades fue la primera fase para comenzar el negocio. Posteriormente aparecieron en las fincas y haciendas de La Guajira, Cesar y Magdalena, equipos de *gringos*, conformados por agrónomos, agrimensores, botánicos, economistas y abogados, provistos de semillas, fertilizantes, maquinaria agrícola y muchos dólares. Las condiciones eran tan buenas para agricultores y jornaleros que, según el informe de José Ignacio Lara, jefe del DAS en La Guajira, hacia 1974 el 80% de los agricultores cultivaba marihuana, mientras que los salarios de los trabajadores del campo, por entonces entre $50 y $70 diarios, se multiplicaban por seis[8].

8 "Reportaje al excomandante del F-2", en revista *Alternativa*, Nº 138, octubre-noviembre, Bogotá, 1983. Éste es un documento profundo, con abundantes datos, nombres, fechas y cifras de contrabandistas y traficantes.

La Guajira se transforma

Desde la Colonia, La Guajira fue una tierra de nadie, donde fondeaban barcos de piratas, aventureros y comerciantes, que aprovechaban sus múltiples caletas para introducir contrabando en la Nueva Granada, cuyo comercio era restringido y escaso[9]. Estas gentes indujeron desde muy temprano a la población indígena a vivir del contrabando, y la organización familiar clánica facilitó la transmisión de generación en generación de este estado de cosas. Es común ver en la región las caravanas de contrabandistas custodiadas por hombres armados (indígenas o mestizos), que transportan mercancías ilegales desde los puertos clandestinos hacia Maicao, tradicional cuna del contrabando[10].

La anterior situación se vio reforzada sobre todo en la década del setenta con el auge de los indocumentados en Venezuela. Entre la población que buscaba las trochas y los guías para pasar al vecino país y los que eran deportados, se generó una masa de población flotante que —por su condición de aventureros y desempleados— siempre estaba dispuesta "a cualquier cosa". Todo esto originó la denominación de "Sicilia colombiana" a esta región[11], una zona de contrastes: una población nativa en la pobreza extrema, e inmigrantes árabes, sirios, turcos, libaneses y cachacos, junto con núcleos de familias guajiras tradicionales, ricas y opulentas gracias al contrabando.

9 "Relación del virrey Guirior", en *Relaciones de mando de los virreyes*, Posada e Ibáñez, compiladores, Bogotá, Ministerio de Educación Nacional, 1955.

10 G. García Márquez, *La increíble y triste historia de la cándida Eréndira y su abuela desalmada*, Bogotá, Oveja Negra, 1983.

11 Tierra árida, de cabras y burros, con contrabandistas y gentes armadas, con una estructura familiar clánica que incluye la venganza dentro de sus tradiciones. A lo anterior se sumó una población flotante, proveniente de los departamentos del interior, en busca de "futuro"; muchos tenían antecedentes penales.

La presencia del Estado, de hecho tan menguada, ha sido absolutamente nula en La Guajira. No tiene servicios básicos de agua, alcantarillado, luz ni teléfono; las vías de penetración son trochas hechas por contrabandistas, y los institutos descentralizados del Estado, con sus créditos y asistencia, brillan por su ausencia.

Todas las condiciones estaban dadas allí para conformar un foco de producción y comercialización de la marihuana hacia el creciente mercado norteamericano: cultivos ancestrales de marihuana de óptima calidad en las estribaciones de la Sierra Nevada de Santa Marta y los Montes de Oca, grandes extensiones del litoral, con puertos, ensenadas y caletas sin ningún control o presencia por parte de la autoridad; áreas semidesérticas considerables que facilitan tanto la construcción de aeropuertos clandestinos, como las conexiones entre las islas y cayos del Caribe y las Antillas; núcleos tradicionales de contrabandistas y aventureros acostumbrados a la "ley de la Magnum", que traficaban con electrodomésticos y toda clase de mercadería; población flotante y desempleada; aislamiento relativo de todo el centro administrativo y político del país y, finalmente, autoridades laxas y venales.

La Guajira, que a los ojos de los colombianos era un territorio olvidado, a partir de 1970, año en que se inició seriamente el auge de la marihuana[12], se dio a conocer e inundó las primeras páginas de los principales diarios del país.

A partir del apogeo del ciclo marimbero, el relativo estancamiento económico y la inmovilidad social que caracterizaban la vida de la región empezaron a verse profundamente convulsionados por el cataclismo económico, social y cultural que produjo la marihuana.

12 Aunque en la Sierra Nevada se cultivaba marihuana desde 1920, los cultivos comerciales se generalizaron hacia 1965. ANIF, *Marihuana: legalización o represión*, Bogotá, 1979, p. 116.

La región se transformó de la noche a la mañana en la tierra prometida, en el nuevo Dorado: comenzó a operar una especie de revolución en la estructura social; muchos pobres se convirtieron en ricos y a la vez muchos ricos en pobres. Fue de tal magnitud el cambio social producido por la inundación de dólares, y tan grandes las nuevas fórmulas alcanzadas, que muchos miembros de la burguesía local —que ostentaban apellidos de origen francés e italiano y que se creían descendientes de la nobleza europea—, al sentirse ofendidos en su "honor" por los nuevos ricos, prefirieron emigrar a Barranquilla, Valledupar o Bogotá, antes que tener que "codearse" con los nuevos y flamantes ricos, que hasta ayer eran sus choferes, peones o empleados[13].

En un comienzo los cultivos eran clandestinos y asesorados por norteamericanos; eran pocos y controlados por unos cuantos individuos. Al parecer, esta fase inicial logró ser mantenida en secreto por los primeros comerciantes de la hierba. Fue la época de oro, la de los pioneros, durante la cual se consolidaron los primeros capitales y se afianzaron los capos guajiros, pero no indígenas[14]. "Vea primo, acá todo el mundo está metido en el negocio. A mí no me importa contarle nada, porque sé que esto no es nuevo y que la poli lo sabe"[15].

Los cultivos se expanden

A medida que se fueron extendiendo los cultivos, los agricultores y ganaderos (no sólo de la baja Guajira, sino también los del Cesar y Magdalena) fueron dedicando de lleno sus tie-

13 G. Daza Sierra, "Marihuana, sociedad y Estado en La Guajira", tesis de grado, Bogotá, Departamento de Sociología, Universidad Nacional, 1988, p. 56. El trabajo de Daza y el de Cervantes Angulo son los dos estudios más completos sobre el tema y la región.

14 G. Daza Sierra, *op. cit.*, p. 59.

15 Declaraciones de un marimbero guajiro a un periodista, *El Tiempo*, Bogotá, 14 de noviembre de 1977.

rras a cultivar marihuana, pues la bonanza coincidió con la profunda crisis de los cultivos de algodón ocasionada por el auge del contrabando de telas a base de fibras sintéticas, circunstancia que dejó gran cantidad de terrenos disponibles para la siembra de la yerba.

Las zonas de cultivo comprendían los municipios de Palomino, San Antonio, Tomarrazón, Cascajalito, Caracolí, El Totumo, San Juan del Cesar, Villanueva, Urumita, Los Zanjones, San Pedro, Fonseca y Barrancas en la baja Guajira, y las estribaciones de la Sierra Nevada de Santa Marta, bien distintas de los puertos de embarque o de las pistas clandestinas (*véase* mapa).

Los cultivos, muchas veces sobre terrenos baldíos, eran atendidos por peones oriundos del interior del país que trabajan con indígenas, para quienes era muy natural laborar en las siembras de marihuana:

> No sabemos si esto es delito. Yo lo único que sé es que esta hierba se la venden a los gringos, que la pagan muy bien; además, éste es nuestro único medio de subsistencia...[16].

Al comenzar el año, enjambres de peones invadían las laderas de la Sierra, machete en mano, para rastrojar los sitios de cultivo; posteriormente llegaban los indios y los "cachacos" con los bultos de semilla para regar en la tierra desmontada, pues las siembras se llevaban a cabo sobre un territorio inhóspito, lleno de malezas, riachuelos y mosquitos.

> Los primeros en ser contratados son los macheteros, o sea los peones que se responsabilizan de cortar la maleza y preparar el terreno para la siembra Estos jornaleros ganan entre cinco y diez mil pesos durante tres o cuatro días de trabajo. Después entran en acción los agricultores, quienes se encargan de sembrar las semillas. Junto con ellos actúan con frecuencia agrónomos gringos, que tienen como misión inyectar fertilizantes

16 Declaraciones de un indígena cogido *in fraganti* por el ejército, en J. Cervantes Angulo, *op. cit.*, p. 88.

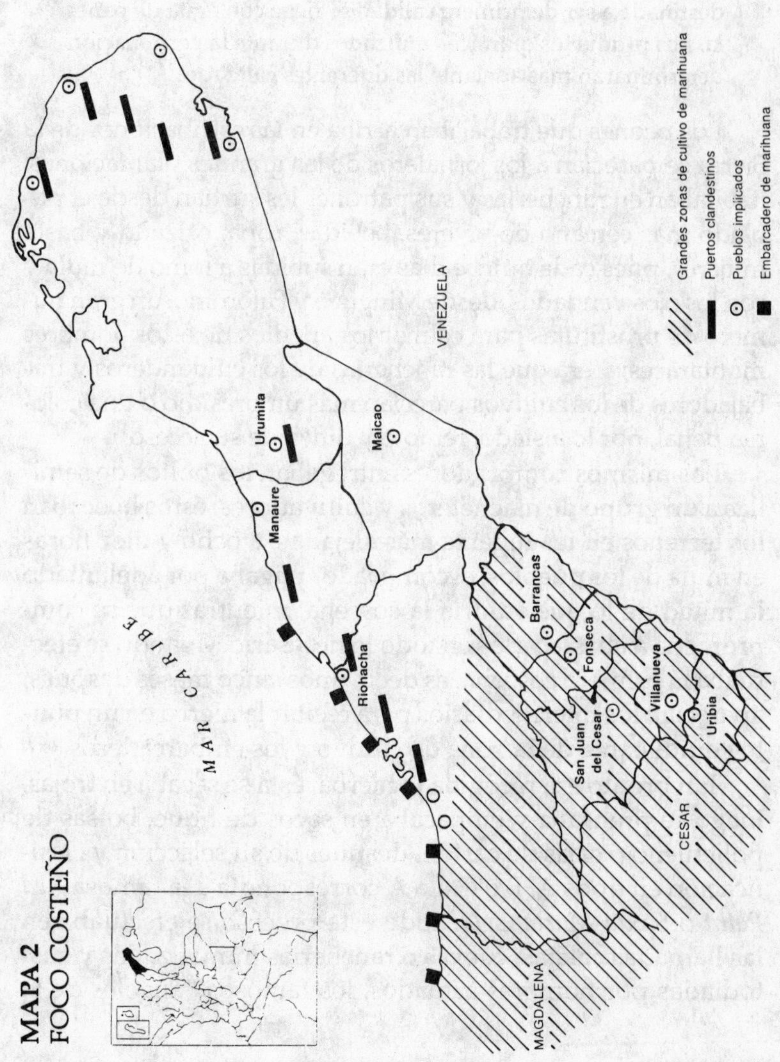

MAPA 2
FOCO COSTEÑO

> a los cultivos. Cuando nacen las primeras matas aparece un tercer grupo de peones que se dedica a cuidar el cultivo durante los cuatro o cinco meses de la cosecha. La marihuana destinada a ser de primera calidad se riega con agua de panela. Los productos químicos utilizados durante la germinación determinarán más adelante las diferentes calidades[17].

Los peones que trabajaban arriba en las estribaciones de la Sierra se parecían a los jornaleros de las grandes plantaciones: habitaban en rancherías y sus patrones les surtían desde el poblado más cercano de víveres, bebidas, ropa, calzado y hasta mujeres, pues cada quince días eran subidas a lomo de mula y con los ojos vendados, desde Mingueo y Palomino, un gran número de prostitutas para calmar los apetitos de estos hombres montaraces; y era que las rancherías de los cuidanderos y trabajadores de los cultivos parecían más un presidio o una colonia penal, por lo aislado, remoto y difícil de su acceso[18].

Los mismos compradores entregaban los bultos de semillas a un grupo de macheteros y cultivadores; éstos buscaban los terrenos en los lugares más alejados, a ocho y diez horas en mula de los pueblos; el comprador pagaba por adelantado la mitad de lo que valdría la cosecha, mientras que se comprometía a abastecerlos en todo lo necesario. Cuando se efectuaba la primera cosecha, es decir, unos cinco meses después, aparecían los intermediarios para recibir la hierba en un punto equidistante de la zona de cultivo y los embarcaderos.

Tan pronto era recogida la hierba, ésta se secaba en trojas, luego se prensaba y empacaba en sacos de fique, bolsas de polietileno o cajas de cartón, después de su selección y clasificación en tipos A, B o C. La A correspondía a la famosa *Red Point* o *Santa Marta Gold*. Todo este proceso se efectuaba en las llamadas caletas, cuevas o rancherías mimetizadas y custodiadas por hombres armados, los famosos "ángeles de la

17 *Ibíd.*, p. 91.
18 Relatos de testigos, Santa Marta, 1985.

muerte". Estas mismas caletas eran sitios de toda clase de *vendettas*, asaltos, robos de cargamentos, pleitos entre uno y otro grupos.

Palomino llegó a ser conocida como la Meca de la marihuana. Esta insignificante población de tan sólo cuatro casas, con una localización estratégica, a la vera de la troncal del Caribe, con embarcadero propio y en donde convergían numerosas trochas que bajaban de la Sierra, de las rancherías, de los cultivos y las caletas, durante el auge de la marimba consiguió mover millonarias sumas. Allí se hacían ofertas, se recibían contrapuestas, se fijaban precios y se efectuaban transacciones internacionales[19].

Mingueo, al igual que Palomino, fue una población controlada por "cachacos", donde se efectuaban transacciones por parte de los emisarios de los capos y de los marimberos, entre vasos de whisky, juego de cartas y mujeres. Fue, al igual que San Pedro de la Sierra y San Juan del Cesar, punto de congregación de peones, rebuscadores, prostitutas, macheteros, braceros, arrieros, intermediarios, mensajeros y matones; en muchos de estos poblados se llegaron a contabilizar, durante la bonanza marimbera, hasta cinco y seis muertos en un día[20].

Puertos y aeropuertos de embarque

Hemos insistido en que el tráfico de la marihuana estuvo condicionado por los compradores de la mafia norteamericana, quienes colocaban los aviones o los barcos en las pistas y las costas guajiras, para comprar directamente las toneladas de hierba a los capos e intermediarios.

19 J. Cervantes Angulo, *op. cit.*, pp. 92 a 95.
20 Revista *Alternativa*, Nº 204, Bogotá, marzo de 1979, pp. 12 y 13.

La marihuana, durante la bonanza, se transportó básicamente por vías aérea y marítima; ANIF estimó en 1979, que un 70% se transportó en avión y un 30% por barco[21].

Los aviones más utilizados fueron el Beechcraft, el Howard, el Convers, los DC-3, DC-4 y DC-6, y algunos pequeños como el Piper y el Cherokee; durante el apogeo de la marimba, unas 500 aeronaves transportaban marihuana hacia el mercado norteamericano. Estos aviones despegaban de pistas clandestinas diseminadas por todo el territorio de La Guajira, lo mismo que del Cesar, Magdalena y Bolívar. En la península llegaron a funcionar unas 70 pistas clandestinas, localizadas tanto en la alta como en la media Guajira[22].

Cerca del mar, desde Palomino hasta El Pájaro, al norte de Riohacha, se construyeron pistas. En los alrededores del Cabo de la Vela y hacia el noreste, en Puerto Estrella y Puerto López, se localizaron más pistas. También se construyeron en las inmediaciones de Uribia, en el centro de la península, en Fonseca y en San Juan del Cesar, al sureste, en plena zona de grandes cultivos.

Por vía marítima se utilizaron barcos que cargaban 30 toneladas de marihuana; estos "barcos madres" eran cargados mediante el empleo de botes, bongos y canoas de los pescadores locales.

Los puertos se situaron tanto al sur, contra las estribaciones de la Sierra, como hacia el norte; los embarcaderos más comunes se localizaron entre Palomino y Riohacha[23].

La mayoría de los aviones empleados para el transporte de marihuana fueron piloteados por norteamericanos, excombatientes de Vietnam y exiliados libaneses. Después de decolar de la Florida tomaban la ruta de las islas Caimán, Puerto Rico, Martinica, San Blas (Panamá) y, finalmente, La

21 *Véase* el ya citado estudio de ANIF.
22 Declaraciones de testigos, Santa Marta, 1985.
23 *Ibíd.*

Guajira; durante el trayecto los pilotos se comunicaban por radio con puestos terrestres, mediante claves, y cada operación de embarque recibía un nombre determinado para las diferentes comunicaciones (por ejemplo: Bambino, Máquina de coser, etc.)[24]. Aunque los aparatos estaban dotados de modernos equipos de comunicación y sofisticados radares, lo que más contó fue la pericia y arrojo de los pilotos, no sólo por la fatiga de las largas horas de vuelo, sino por lo arriesgado que resultaba aterrizar en las pistas de arena guajiras y, sobre todo, por la dificultad de los vuelos a ras de las olas, cuando intentaban introducirse en la costa de los Estados Unidos, para evitar los radares y los guardacostas[25].

Mientras los aviones divisaban desde los cielos guajiros las pistas clandestinas diseminadas prácticamente por toda la península, en tierra, las Ranger y los camiones, después de confrontar los registros y las claves de la operación, se daban a la tarea de embarcar la marihuana, que era pagada con dólares en efectivo sobre la misma pista. El dinero era examinado para comprobar su autenticidad; en los camiones un vigía llevaba el registro de sacos cargados, a la vez que los pilotos estadounidenses registraban los gastos y los detalles del vuelo[26].

Desde sitios alejados los capos y marimberos seguían los pormenores de la operación a través de sofisticados equipos de radiocomunicación. Una vez terminada, la caravana se dirigía a un sitio preestablecido para celebrar la "coronación" del negocio con largas parrandas, que además de comida, whisky y

24 Muchas de las compras de marihuana guajira estuvieron dominadas por elementos de la mafia de origen italiano, de allí que en gran parte de los operativos se emplearon nombres de este origen.

25 Los aviones cargados de marihuana ingresaban a los Estados Unidos por los puntos de barrida de los radares, que hacían el cubrimiento en círculo; además volaban a ras de las olas. A este respecto *véase* G. Castro Caycedo, *El hueco*, Bogotá, Planeta, 1989, pp. 29 y 30.

26 J. Cervantes Angulo, *op. cit.*, pp. 38-89; *véase* también Juan Gossaín, *La mala hierba*, revistas *Alternativa* citadas.

mujeres, contaba con la presencia de conjuntos de música vallenata, patrocinados por el capo o marimbero dueño del embarque[27].

Los marimberos

En la Costa Atlántica, en las ciudades y pueblos donde se sembró marihuana, se acuñó el término "marimbero" para designar genéricamente a todo aquel que traficaba con marihuana, que por la gran cantidad de dinero adquirido y su derroche, mostraba un comportamiento ostentoso, extravagante e identificable a través de ciertos signos presentes en la vestimenta, el lenguaje, los modales y las actitudes[28].

Según Guillermo Daza Sierra, en La Guajira se caracterizaron tres tipos de marimberos: los marimberos rurales y urbanos, los marimberos discretos y los marimberos guajiros civilizados.

Los marimberos rurales y urbanos

Fueron generalmente hombres jóvenes, la mayoría solteros, entre los veinticinco y treinta y cinco años de edad, aproximadamente, de extracción social media y baja, con ilustración escasa, desempleados o vinculados a diversas actividades: pequeños campesinos, peones, deudores bancarios (Caja Agraria), comerciantes, pescadores, expolicías, exestudiantes, etcétera.

Estos marimberos negociaron con marihuana producida por ellos mismos en pequeñas parcelas (marimberos rurales) o como intermediarios (marimberos urbanos), entre los pequeños productores y los capos mayoristas. Para realizar estas transacciones comerciales recibían adelantos

27 Con el auge de la marihuana en la región, surgieron un sinnúmero de grupos vallenatos, pues los marimberos entraron a patrocinar sus propios grupos musicales; es en este período cuando se generaliza la costumbre de mandar saludos y mensajes desde las canciones mismas.

28 G. Daza Sierra, *op. cit.*, p. 52.

de dinero en efectivo de un capo o trabajaban con créditos bancarios.

Los marimberos rurales, primer eslabón de la cadena, fueron quienes recibieron la menor parte de los dividendos de la bonanza, pues por lo general dependían del intermediario, quien imponía los precios y las condiciones. Este tipo de marimbero invirtió sensatamente el dinero obtenido, y su conducta social no registró modificaciones significativas. Por el contrario, los marimberos urbanos alcanzaron a ganar sumas mucho más altas, a pesar de que nunca se acercaron a las obtenidas por los capos.

Por su comportamiento y su vestimenta, la imagen del hombre rico aparece como punto de referencia para su imitación. La indumentaria del marimbero consistía en ropas costosas de moda, *bluejean*, zapatos de charol, la camisa iba deliberadamente desabrochada hasta la altura del estómago para lucir una gruesa cadena de oro (cordón o lazo), con crucifijo o amuletos preparados por el brujo de la región; reloj Rolex y varios anillos de oro con diamantes u otras piedras finas incrustadas. Completaban su vestuario unas gafas oscuras, un sombrero texano, y mejoraban su presencia bañándose con lociones penetrantes; se desplazaban en camionetas Ranger, con potentes pasacintas, donde escuchaban música estridente y vallenatos de moda; al cinto y de manera muy visible, portaban una pistola Magnum. Los lugares más frecuentados por estos personajes fueron las galleras, las discotecas, los salones y la calle[29].

> A veces, y especialmente cuando se daba la noticia de una nueva "coronación", hacían su aparición en cualquiera de los sitios mencionados, precedidos del estruendo producido por el estallido de fuegos artificiales, disparos al aire, pitos, gritos de júbilo y un paseo triunfal por las calles, con saludos de victoria

29 *Ibíd.*, pp. 52 y ss.

y música a todo volumen en el pasacintas de su camioneta Ranger, que conducían a velocidades vertiginosas y ejecutando piruetas, especialmente una, que consistía en describir y repasar varias veces un número en el suelo[30].

Los marimberos discretos

Al contrario del anterior grupo, eran más mesurados en la ostentación y manejaron mejor el dinero. Fueron básicamente de clase media, pequeños burgueses, funcionarios públicos, maestros de escuela, comerciantes, profesionales y pequeños agricultores. Por sus ocupaciones cotidianas y por guardar las apariencias, no se dedicaron de lleno al cultivo. Fueron pequeños empresarios de la marihuana o intermediarios que nunca se desplazaron del área de influencia de su pueblo.

Comercializaban directamente la marihuana, sin afanes, y muchas veces guardándola para esperar buenos precios; sus actuaciones y comportamiento social no revistieron modificaciones significativas, y podría decirse que pasaron inadvertidos ya que eran hombres ahorradores y previsivos. Lograron medianos capitales y accedieron a ciertos signos exteriores de prestigio, como casa, carro, artículos de lujo y vestido.

Los marimberos guajiros civilizados

En su mayoría se iniciaron en el negocio de la marihuana en las fases de producción y comercio o como peones o guardianes de caletas. Se caracterizaron por su agresividad, explotando el "ser guajiro" como una característica que infunde e impone respeto. Este tipo de marimbero hizo alarde de agresividad, arrogancia y machismo, lo que le llevó a protagonizar acciones espectaculares, extravagancias y derroches.

30 *Ibíd.*, p. 90.

Se conocen múltiples situaciones realizadas por los marimberos guajiros, en las que salieron a relucir su arrogancia y machismo, como la del chofer barranquillero que pidió vía a los ocupantes de una Ranger mediante el afanoso uso del pito. Los sujetos, dos marimberos guajiros, se bajaron de la camioneta y con una Magnum sobre la sien del atemorizado chofer, lo obligaron a arrodillarse en plena calle y a repetir cien veces en voz alta: "A un guajiro no se le pita"[31].

La ley de la Magnum

El tráfico de marihuana trajo consigo la insurgencia con formas de violencia hasta ese momento desconocidas en las ciudades de la costa norte: la violencia callejera de los matones a sueldo de los capos y marimberos. Barranquilla, Santa Marta, Valledupar, Maicao y Riohacha comienzan a ser escenarios de *vendettas*, tiroteos y matanzas, mientras en ciertas carreteras, en las afueras de Barranquilla y Santa Marta, aparecían a diario dos o tres personas muertas.

Los *gatilleros*, como también se les denominó a los sicarios y matones, frecuentaban, elegantemente vestidos, los mejores sitios de Barranquilla; se encontraban en las discotecas de la calle 72, donde departían con muchachitos de la burguesía local. Se identificaban por las pistolas Magnum que siempre portaban, por sus camionetas Ranger y por la práctica de un macabro "deporte" que cobró muchas víctimas inocentes: consistía en practicar tiro al blanco con transeúntes desprevenidos que pasaban cerca de los lugares de reunión.

Uno de los más destacados exponentes de este "deporte" fue Agustín Sánchez Cotes, alias "Tim". De Sánchez, quien llegó a "cargar" con unos 70 asesinatos, decían que mataba por placer; fue uno de los que empezó la "limpieza" de ciudades, pues los locos y mendigos de Riohacha fueron vícti-

31 J. Cervantes Angulo, *op. cit.*, p. 276.

mas de su macabra manía. En Barranquilla se dice que mató a más de treinta personas, muchas de las cuales eran "anónimos" transeúntes que aparecían muertos en las orillas de la carretera a San Juan de Mina, cerca de las casas de citas, en la autopista al aeropuerto o en Puerto Mocho.

Sin embargo, llegó el momento en que "Tim" Sánchez se convirtió en un problema para los mismos capos, quienes decidieron ponerle precio a su cabeza. Fue ultimado de 70 disparos por sicarios de los capos de la marihuana; según el rumor popular, un tiro por cada una de las vidas que este matón había segado.

En las zonas de cultivo, en las caletas, embarcaderos y pistas clandestinas también se realizaban asaltos, atracos y asesinatos; esto fue el resultado del enfrentamiento entre "cachacos" y guajiros por el control del negocio. Lo mismo entre grupos marimberos con la policía y el ejército cuando algún negocio marimbero no había sido "arreglado" de antemano:

> Presencié una vez un caso cerca de Palomino, durante la etapa de investigación para poder escribir este libro. Un grupo de guajiros trató de tomarse por asalto una caleta que estaba en poder de los "cachacos". Éstos respondieron al ataque y dieron de baja a varios nativos. Familiares de los guajiros avisaron a la tribu y a la policía, y volvieron a atacar. En total, hubo en aquella ocasión más de trece muertos[32].

No obstante los anteriores planteamientos, en La Guajira surgían brotes de violencia interclánica y rencillas entre contrabandistas, indígenas y guajiros "civilizados"; el porte de armas, la venganza, la justicia por mano propia y la "ley del talión" eran comunes.

En La Guajira ancestralmente se ha librado una violencia entre las mismas familias guajiras con una composición clánica; se impuso el mito de la superioridad y la fortaleza, y las castas y familias tradicionalmente han estado equipadas con

32 *Ibíd.*, p. 96.

armamentos para su defensa. La ley guajira ha mantenido una cantidad de familias en guerra hasta el punto de que el nieto venga el asesinato de su abuelo, ya sea con el autor o con cualquier pariente suyo, y así sucesivamente sin encontrar un final. Recuérdense los sonados enfrentamientos de las familias Cárdenas y Valdeblánquez[33].

En el marco de la anterior situación, la bonanza de la marihuana lo que hizo fue imprimir un acelerante, generando un explosivo coctel de nuevas y variadas formas de violencia.

Como bien lo ha mostrado la historia social, "los hombres muchas veces hacen historia delinquiendo"; con el auge de la marihuana, La Guajira se proyectó o se dio a conocer a nivel nacional, así haya sido en la crónica roja, aunque la mayoría de los titulares sensacionalistas no reflejan la compleja realidad social que transforma aceleradamente a la sociedad guajira. Sólo se advertía el rápido y violento ascenso de nuevas fracciones de clase y el "reconocimiento social y cultural", aunque con valores superfluos, materiales y extranjerizantes, que impusieron con sus acciones extravagantes y violentas los propios guajiros "civilizados"[34].

Lo anterior explica la conquista de Santa Marta y Barranquilla por parte de los guajiros "civilizados", de sus casas, barrios, colegios, hoteles, clubes, almacenes y la supravaloración de vestidos, objetos, muebles y enseres que trajo consigo la bonanza, al igual que discotecas, sitios públicos, espectáculos y calles convertidos cotidianamente en lugares de *vendettas* y asesinatos.

Ni la música vallenata se escapó de tan arrollador torbellino, pues, como lo hemos mostrado en otro aparte, la proliferación de grupos, y sobre todo su gran difusión en los últimos años, se debe mucho al patrocinio de los capos de la marihuana,

33 *Ibíd.*, pp. 71 y ss.
34 G. Daza Sierra, *op. cit.*, p. 107.

quienes con su apoyo y financiación quisieron reencontrarse con sus ancestros y afianzar su "precaria" identidad.

Sin embargo, lo que más nos interesa resaltar es que la gran oleada de violencia que sacudió a las ciudades de la Costa durante el auge de la marihuana —en mayor grado, protagonizada por guajiros— hizo parte del ascenso de clases, de esa búsqueda de reconocimiento social y cultural por parte de estos sectores hasta ahora anónimos. Ellos creyeron que con el derroche de dinero, las compras suntuosas, los escándalos y muertes entraban en la sociedad capitalista, la cual les había negado hasta ese momento los más mínimos derechos, y recibirían la "unción" por parte de las cerradas burguesías locales[35].

Finalmente, es bueno recordar que con la caída de la bonanza, hacia 1980, con el fortalecimiento de la producción norteamericana, que presionó al gobierno colombiano para reprimir la producción y tráfico, el anterior castillo de naipes se resquebrajó, y una serie de testaferros de los "caporines" de la marimba (que incluía a choferes, matones, cuidanderos, escoltas y sirvientes, acostumbrados a ganar altísimos salarios), quedaron de la noche a la mañana en la calle. Muchos de estos personajes pasarían al servicio de la ya pujante mafia de la cocaína, trasladando y recreando muchas de sus antiguas prácticas, y preparando el terreno para el posterior auge del sicariato[36].

Los capos de la marihuana

Utilizamos la categoría *capo* para designar a ciertos personajes de capital millonario, acumulado fácil y rápidamente por

35 Algunos sectores de las antiguas familias costeñas y de las élites tradicionales trataron de frenar el ascenso de los marimberos, pues venían de abajo.

36 Sólo unos pocos marimberos pasaron a la cocaína, sobre todo como testaferros y auxiliadores de los mafiosos que se consolidaron en otras regiones.

el comercio de la marihuana como exportadores en conexión con la mafia norteamericana que dominaba las rutas y la distribución, y quienes recibieron dinero de los enviados de ésta para financiar los primeros cultivos en grande de la hierba, en territorios de La Guajira, Cesar y Magdalena.

En el mismo orden entendemos por *marimbero* a una variada gama de cultivadores de marihuana, que vendían o trabajaban en asociación con el *capo*; desde luego que hubo medianos y pequeños marimberos, y se dio el caso de capos o marimberos que controlaban el proceso desde los cultivos, el transporte hasta los aeropuertos o embarcaderos y la conexión con los norteamericanos.

Vale la pena entonces recalcar lo que mencionamos al comienzo de este estudio, sobre la no conformación de una mafia en torno a la marihuana, entre otras cosas por lo débil y efímero del negocio en comparación con la cocaína, que será, en últimas, la que logrará consolidar una a su alrededor.

Hay varios factores que explican este proceso:

1. El control de las rutas, el comercio al por mayor y sobre todo las redes de distribución en Estados Unidos, por parte de norteamericanos para el caso de la marihuana. Todo lo contrario de lo acontecido con la cocaína, pues tanto en la implementación de las rutas, el comercio al por mayor, especialmente en la distribución en los Estados Unidos, desempeñaron un papel muy importante los colombianos y los migrantes latinos.
2. Su gran volumen en comparación con el precio, para el caso de la marihuana, impidió que individuos "sueltos" se arriesgaran a introducirla directamente en los Estados Unidos, dependiendo de los ciclos, precios y demanda que controlaban las mafias gringas (cuando los estadounidenses la produjeron, decayó la demanda y los capos salieron en desbandada). El hecho de que los capos de la marihuana no tuvieran redes propias de distribución o

alguna planeación o control de las tendencias del mercado (marihuana, cocaína, heroína, etc.), les dificultó la consolidación de una mafia en torno a la marimba.

3. Finalmente la cocaína, por su gran valor en relación con su volumen, por las redes propias de distribución montadas a partir de la migración de colombianos (paisas) a Estados Unidos entre 1965 y 1980, por la estructura familiar y sobre todo por el espíritu empresarial de los antioqueños —que se impuso por encima de otras regiones y países—, facilitó el afianzamiento de una verdadera mafia a su alrededor.

En Colombia este término ha sido tomado en préstamo de la connotación siciliana del mismo, por lo que se hace necesario caracterizar de manera genérica lo que entendemos por mafia (siciliana o clásica), antes de definir a la mafia colombiana (de la cocaína).

En su versión clásica, la mafia ha sido entendida como una sociedad cohesionada por lazos de familia, que se remonta a varias generaciones, con normas, leyes e ideología sin codificar que se transmiten de padres a hijos. Es una hermandad para el crimen y al margen de la ley; representa, pues, una actitud general frente al Estado y frente al ordenamiento jurídico.

Tiende a formarse en sociedades en donde el orden público es ineficaz, o donde los ciudadanos consideran que el Estado y las autoridades son poco eficientes. Su poder se aglutina en torno a núcleos locales mediante la protección paternalista, destetados por el magnate o el cacique[37], tal como lo hemos señalado al comienzo de este estudio.

Aunque en La Guajira existían las condiciones favorables para el desarrollo de una mafia en torno a la marihuana, el control de la distribución por parte de los estadounidenses y lo efímero del negocio (menos de diez años), sólo posibilita-

37 *Véanse* los trabajos referenciados sobre la mafia.

ron el surgimiento de los marimberos y los capos, que aunque asumieron actitudes que los asimilarían a ciertos comportamientos de la mafia, mostraron incapacidad para construir un poder paralelo al Estado. Gastaron la mayor parte de sus capitales y sus esfuerzos en el derroche y la ostentación sin lograr *nuclear* una *familia*, una *organización*[38] alrededor del negocio de la marihuana. Al trasladarse los cultivos a Estados Unidos y declinar la bonanza, se cortó en forma brusca el negocio, iniciándose (salvo contados capitales que se trasladaron a la cocaína) la desbandada de los marimberos y los capos.

Todo lo contrario reflejaron el negocio y las organizaciones configuradas en torno a la producción y comercialización de la cocaína. Irrumpieron abiertamente como estructura paralela y organizada frente al Estado, hacia la década del ochenta (venían consolidándose por lo menos desde unos quince años atrás), no sólo construyendo las redes del transporte y distribución en los Estados Unidos. En este sentido (con la distribución) sí podemos hablar de una verdadera mafia que, como mostraremos más adelante, se diferencia de la mafia siciliana y de otras organizaciones norteamericanas del crimen, entre otras cosas, por su carácter abierto y "democrático".

EL NÚCLEO ANTIOQUEÑO

Configurado hacia 1970 por antiguos contrabandistas entre Colón, Panamá y Turbo, inicialmente se dedicó a la marihuana sembrada en la zona de Urabá[39]. Con conexiones e inver-

38 Sobre todo por la imposibilidad de consolidar una red propia de distribución dentro de los Estados Unidos.

39 M. Souloy, *Historia del narcotráfico colombiano a través de sus relaciones con el poder*, Armenia, V Congreso de Historia de Colombia, Icfes, 1985; *Véanse* también Arango y Child, *op. cit.*, pp. 124-126; A. Camacho Guizado, *Droga y sociedad en Colombia, poder y estigma*, Bogotá, Cerec, 1988.

siones iniciales en las siembras de marihuana de la Costa, casi simultáneamente se dedicó a la cocaína impulsado por la insistencia de contrabandistas y comerciantes norteamericanos residentes en Panamá. Estos grupos iniciales logran los contactos con las zonas productoras de pasta en Perú y Bolivia, especializándose desde muy temprano en el refinamiento y en la propia distribución en el exterior, pues aprovecharon el gran afluente de latinos y sobre todo de antioqueños hacia Estados Unidos, muy intenso a partir de 1965. Es precisamente la anterior circunstancia lo que favorece la constitución de sus propias redes de distribución en las principales ciudades norteamericanas, que a su vez facilita su consolidación como mafia por sus contactos con los diferentes frentes del mercado y por su vinculación con la banca internacional. Por sus tempranas conexiones internacionales, su visión de futuro y de gran empresa se proyecta desde un comienzo como verdadera mafia, y por todo esto logra imponer a las demás regiones del país y aun a otros países latinoamericanos el espíritu empresarial paisa[40].

El declive del mercado de la marihuana se nota, con mucha fuerza, hacia 1978-1979, cuando las mafias norteamericanas empiezan a producir su propia hierba en los estados de California, Hawai, Alaska y Ohio; la calidad y los precios de la marihuana gringa, y el alto costo de introducción de la colombiana, contribuyeron a la crisis de la bonanza marimbera en Colombia. El vacío en el mercado de estupefacientes fue llenado inicialmente por un núcleo de antioqueños[41] conformado por sectores de clases media y baja que fue ascendiendo con dificultad en una sociedad racista y conservadora que, al no resignarse dócilmente a perder su tradicional hegemonía, los obligó a irrumpir en

40 *El Tiempo*, Bogotá, julio 29 de 1984.

41 A. Camacho y A. Guzmán, *Colombia, ciudad y violencia*, Bogotá, Foro Nacional, 1990, p. 159.

forma violenta y conflictiva. A pesar de ello, ante la crisis económica de las élites tradicionales caracterizadas principalmente por el "culto al dinero" y por el querer "ser alguien en la vida" —dos premisas de la sociedad paisa—, se fueron abriendo espacio en el complejo tejido social antioqueño hasta conformar una bien sincronizada red de complicidades y lealtades manejadas mediante el dinero o la fuerza de las armas[42]. Estos focos mafiosos han revivido, dinamizado, importado y readaptado viejas costumbres, sentires y afectos de la sociedad antioqueña como la llamada música de carrilera, el carriel, los buses escalera, los autos viejos, los caballos, el sombrero, la madre, el culto religioso, las grandes casas (mansiones), etcétera.

En Medellín se ha venido manifestando una verdadera guerra civil, una modalidad de la lucha de clases hasta ahora poco conocida, la cual es dinamizada por la mafia y enfrenta no sólo a los pobres contra los ricos, a las comunas contra los barrios "bien", sino a los policías contra los jóvenes[43]. Estas bandas han operado en Santo Domingo, Zamora, Granizal, Villa del Socorro y Villa Guadalupe. Utilizan armamento de corto y largo alcance, y sus miembros son delincuentes con trayectoria en el bajo mundo; muchos de sus integrantes han sido agentes de policía expulsados de la institución por mala conducta. Combinan sus actividades sicariales con el atraco a entidades bancarias, comerciales e industriales; realizan trabajos para las mafias de la cocaína y defienden a sangre y fuego sus zonas de

42 G. Veloza, *La guerra de los carteles de la cocaína*, G. S. Editores. *Véase* J. Bedoya, "Los carteles de la mafia", revista *Semana*, Bogotá, Nºs 106, 329, 332, 378, 419 y 429.

43 Se ha presentado un traslado de viejas prácticas de las cuadrillas bandoleras de los años sesenta y otras formas de violencia, al espacio urbano complejo y deprimido de las comunas nororientales, pues el antecedente inmediato de estos barrios es inmigrante campesino, lo que puede corroborarse en varias de las entrevistas consignadas por A. Salazar en *No nacimos pa' semilla*.

operaciones. La extradición criminalizó e hizo mucho más violenta la presencia de la mafia, llevándola a realizar acciones de terrorismo urbano.

EL NÚCLEO VALLUNO

Configurado alrededor del eje contrabandístico de Buenaventura-Panamá y en torno a los embarques de polizones ilegales desde el puerto hacia Norteamérica, tuvo gran intensidad a partir de los años setenta, constituyéndose más tarde en redes de introducción de cocaína desde la Amazonia[44]. Aun cuando desde muy temprano, sobre todo por la distribución de cocaína en Estados Unidos, el núcleo valluno mantuvo contradicciones con el grupo de Medellín, éstas siempre se resolvieron satisfactoriamente hasta la muerte del ministro de Justicia Lara Bonilla, circunstancia que enfrentó a Rodríguez Orejuela con Escobar Gaviria y Rodríguez Gacha[45]. Este núcleo se ha especializado en la introducción de insumos químicos y en unas formas muy sutiles de refinamiento de cocaína, pues incluso realiza tal actividad en laboratorios móviles, instalados en los cultivos de caña, mientras se efectúa el corte de la misma.

A diferencia del núcleo antioqueño, el caleño ha estado integrado por sectores de clases media y alta, por lo que su inserción en el tejido social se ha venido realizando sin mayores traumatismos.

Este núcleo mafioso se hizo fuerte en el occidente colombiano desde los años setenta, mediante la compra y apropiación de grandes cantidades de tierra y gracias a la introducción de pasta de coca y cocaína desde Perú y Bolivia, a través de la selva amazónica y posteriormente por el Putumayo.

44 "Leticia, entre la CIA y la coca. El caso de míster Trailikis, el rey de la selva", en revista *Alternativa*, Nº 25, Bogotá, 1975.

45 Esta contradicción marcó la fractura definitiva entre el núcleo caleño y el antioqueño, dando comienzo a la primera fase de los atentados con bombas (contra Drogas La Rebaja). *Véase* G. Veloza, *op. cit.*

El grupo inicial fue conformado por los hermanos Miguel y Gilberto Rodríguez Orejuela, vicepresidente del First Interamerican Bank de Panamá y propietario del Banco de los Trabajadores, respectivamente. En un primer momento se especializó en la introducción de cocaína a los Estados Unidos por vía marítima y el abastecimiento de insumos químicos propios para el refinamiento de cocaína; desde un comienzo se vinculó activamente al comercio y la industria, y logró controlar el mercado de medicamentos a través de Drogas La Rebaja. Se dice que su cuerpo de seguridad es controlado mediante una red de taxistas urbanos de Cali y por los sobornos a la policía del Valle.

Más tarde fueron surgiendo otros sectores mafiosos dentro del núcleo valluno, dando origen a tres grandes bloques, Cali, Tuluá y Cartago (norte del Valle). En la región también opera una serie de mafiosos "sueltos" o independientes, y últimamente han aparecido grupos que buscan controlar el creciente mercado del látex de la amapola.

En la región la violencia adjudicable al "narco" ha sido la proveniente de las *vendettas* internas, la generada por la activación de los matones en el noroccidente del Valle y la producida por la conformación de grupos de limpieza social, muy activos en Cali en el período 1985-1986, tales como Justiciero, Implacable, Bandera Negra, Maji, Escuadrón de la Muerte, Comandos Verdes, Vengador Solitario, MAS, Mahope y Kankil[46].

EL NÚCLEO CENTRAL (O DE "EL MEXICANO")

No obstante que Gonzalo Rodríguez Gacha y el núcleo central se movieron muy ligados al núcleo antioqueño, su fuerza inicial se fue configurando a partir del antiguo negocio de las esmeraldas. Este núcleo presentó desde un comienzo un fuerte origen popular, con base en los antiguos peones minifundistas

46 A. Camacho y A. Guzmán, *op. cit.*

de Cundinamarca y Boyacá, quienes se habían iniciado como rebuscadores y matones en las minas de esmeraldas. Este núcleo se fue conformando por elementos de una vieja organización arcaica y violenta, no sólo por sus antecedentes, sino por su contradictoria inclusión en la sociedad, tal como lo reflejó "El Mexicano" en una entrevista:

> Todo el mundo que ha triunfado en la vida le ha tocado muy duro. Ahora yo le digo una cosa: usted sabe que si esta plata la tuvieran las cinco familias ricas de este país, no la mirarían mal. Pero como la tiene un campesino, un muchacho que no tiene buena familia por ser hijo de una familia humilde, entonces es una plata mala[47].

Con un profundo arraigo por lo rural y por la tierra, el núcleo central se fue especializando en la compra de tierras, y generó una especie de "narco contrarreforma agraria", pues su principal exponente, Rodríguez Gacha, fue un profundo amante de las propiedades territoriales, los caballos y las rancheras. Se podrían decodificar los mensajes populares expresados en rancheras como "Jalisco" y "Juan Charrasquiado" para desentrañar, a pesar de toda su actuación final, la profunda raigambre social y la aceptación popular de las acciones de "El Mexicano", con las que se proyectó como un mafioso social[48].

47 Entrevista concedida por "El Mexicano" a un periodista colombiano, ocho días antes de su muerte, la cual fue publicada por la revista *Interviú* de España y reproducida por la revista *Semana* Nº 338, en uno de sus apartes.

48 "El Mexicano", al igual que otros mafiosos, logró consolidar una amplia base social de apoyo entre los habitantes de sus zonas de influencia. Este apoyo de sectores del pueblo se inscribe en las frustraciones de las amplias masas populares que, sumidas en la miseria y la explotación, ven en quien es capaz de "sobresalir", de ponerse por encima de ellas, a un fiel exponente de su clase y su condición, convirtiéndolo, por tanto, en objeto de admiración, respeto y protección, sin importarles o entender que se halle al margen de la ley.

Después de realizar oficios varios y ser rebuscador en las minas de esmeraldas, Rodríguez Gacha se enroló en los nacientes grupos mafiosos de la cocaína hasta alcanzar "vuelo" propio. Invirtió en propiedades territoriales tales como las fincas La Albania, Sortilegio, Las Nutrias y La Fe, en los alrededores de Puerto Boyacá; de igual manera se hizo a propiedades en Melgar, Villeta, Sasaima, Pacho, Ubaté y Cajicá. En 1988 las autoridades informaron sobre el descubrimiento de una oficina computarizada que manejaba 77 empresas de "El Mexicano", entre las cuales sobresalían haciendas, empresas agroindustriales, ganaderas, constructoras e inversiones en equipos de fútbol.

El núcleo oriental

Hermético y discreto, se ha formado a la sombra de los cuatro primeros[49] y se ha desarrollado sobre el eje contrabandístico de las ciudades de Bucaramanga y Cúcuta, en Colombia, y San Antonio, en Venezuela. Caracterizado por su gran dinamismo, particularmente en los sectores de la construcción y el comercio, se halla conformado por sectores de la clase media de los Santanderes y de poblaciones venezolanas fronterizas, lo mismo que por migrantes de otras regiones del país.

En los últimos años y a la sombra de la guerra entre los grupos de Medellín y Cali, así como de la lucha del gobierno contra estos dos grupos, su crecimiento ha sido acelerado, e incluso ciudades como Bucaramanga y Cúcuta presentan una fuerte migración antioqueña, una creciente

49 El núcleo oriental ha sido el más hermético y difícil de estudiar y documentar; sólo puede seguirse su *modus operandi* a través de ciertas manifestaciones del comercio, la construcción y otras dinámicas económicas y sociales, muy evidentes en los últimos años en su zona de influencia.

construcción de centros comerciales y proliferación de vehículos costosos.

Como hemos insistido, la consolidación inicial de cada uno de los núcleos mafiosos está íntimamente ligada a las contradicciones económicas, políticas, sociales y culturales regionales, enmarcadas en sus desarrollos históricos —entendiendo que los procesos regionales y locales son también construidos y que cambian y evolucionan—, según el peso de los acontecimientos[50].

Para una mejor localización de las áreas geográficas de influencia de cada grupo, *véase* el mapa Nº 1.

Evolución de los núcleos mafiosos iniciales

Aquí hemos abordado una descripción general de los núcleos iniciales, tal como se consolidaron entre 1970 y 1980. De esta fecha a los años noventa su evolución y transformación ha sido muy significativa, sobre todo al fortalecerse regionalmente algunos grupos mafiosos "unificadores" y mafiosos "sueltos" o "dispersos".

Posterior al gran auge de la marihuana en la costa norte, se afianzaron las tendencias mafiosas de Antioquia, Valle y la central o de "El Mexicano", al igual que el subnúcleo de Lehder y las mafias del oriente (Santanderes), Bogotá, el Tolima y la Costa.

Las contradicciones entre las mafias de Antioquia y Valle, las llamadas guerras contra el "narcotráfico", desatadas por el gobierno contra el grupo de Antioquia, produjeron fracturas entre los grupos y facilitaron el ascenso de pequeños y medianos *traquetos,* dando origen a otros subnúcleos, incluyendo los que iniciaron desde el norte del Valle, Armenia y Pereira las siembras de amapola; estos procesos se vieron es-

50 Estos aspectos se profundizan en el capítulo 4, "Tres tendencias de la mafia de la cocaína".

timulados con la eliminación de José Gonzalo Rodríguez Gacha, "El Mexicano", en los alrededores de Tolú en 1989, y con la cacería y muerte de Pablo Emilio Escobar Gaviria, "El Patrón" o "El Doctor", en Medellín en 1993, que fracturaron las bases organizativas de ambos grupos y produjeron reacomodos y ascensos en las mafias.

Actualmente se han fortalecido los grupos mafiosos del Valle, sobre todo los de Cali, Tuluá y Cartago; los de Armenia y Pereira; los de Bogotá e Ibagué; los del oriente (Santanderes), y han repuntado las mafias en la costa norte, mientras sigue consolidándose la acción de los pequeños y medianos mafiosos sueltos de pueblos y regiones, que pasan inadvertidos y anónimos[51].

Producción y rutas de la coca y la cocaína

Del arbusto de coca se conocen aproximadamente 250 variedades, de las cuales cerca de 200 son exclusivas de Suramérica; las hojas de coca tienen un alto contenido nutricional y su concentración de alcaloide fluctúa entre 0,25 y 2,25% del peso de la hoja, proporción que depende en parte también de la variedad y las condiciones de cultivo[52].

51 Para un seguimiento de las últimas transformaciones y acontecimientos, *véanse* D. Betancourt Echeverry, "Tendencias de las mafias colombianas de la cocaína y la amapola", en *Nueva Sociedad*, Nº 128, noviembre-diciembre de 1993, Caracas; G. Guillén, *Guerra es War. La complicidad del gobierno de los Estados Unidos con el narcotráfico y la guerra sucia en Colombia*, Bogotá, Intermedio Editores, 1993; L. Cañón, *El Patrón. Vida y muerte de Pablo Escobar*, Bogotá, Planeta, 1994; F. Rincón, *El libro sellado de Pablo Escobar*, Bogotá, Aquí y Ahora Editores, 1994; *El Tiempo*, Bogotá, febrero 6 de 1994; *Cromos*, Bogotá, diciembre 6 de 1993; *Cambio 16*, Bogotá, diciembre 6-13 de 1993; *Semana*, Bogotá, diciembre 6-13 de 1993.

52 OPSA, Ministerio de Agricultura, "Plan indicativo para la sustitución de cultivos ilícitos", Bogotá, 1988; A. Delpirou y A. Labrousse, *El sendero de la cocaína*, Barcelona, Laia, 1988; D. García Sayan, *Coca, cocaína y narcotráfico. Laberinto de los Andes*, Lima, Comisión Andina de Juristas, 1989.

Tradicionalmente la coca se ha sembrado desde Chile hasta Centroamérica y, como se sabe, su consumo ritual fue muy amplio en las sociedades precolombinas de los Andes, principalmente desde Bolivia hasta el sur de Colombia, al igual que en la cuenca amazónica. Aunque hoy la producción de hoja de coca se halla centralizada en Bolivia y Perú, países en donde su consumo es social y legalmente aceptado para amplios sectores de la población indígena y campesina[53], y a pesar de que —como se anotara en otro aparte de este estudio— entre la coca cultivada en Colombia y la de Bolivia y Perú existen diferencias de calidad y cantidad, el daño ecológico generado en las regiones productoras a causa de los diferentes químicos utilizados para la maceración de las hojas de coca, la producción de la pasta y el lavado de ésta, así como de los defoliantes usados en el desarrollo de las campañas de erradicación y sustitución de cultivos, es igualmente irreversible y se traduce en deforestación de bosques vírgenes y alteración del ciclo trófico del ecosistema.

Proceso para la producción de pasta, base y cocaína

El proceso seguido para obtener cocaína varía dependiendo del tiempo que se posee, de la experiencia que se tiene, de los solventes disponibles, etc.[54], pero el más común es el que se realiza en tres fases y que a continuación se describe:

Primera fase. Después de verter una solución de carbonato de potasio (o en su defecto simplemente ceniza vegetal o cal industrial para que transforme todas las sales de cocaína pre-

53 *Véanse* OPSA, *op. cit.*; D. García Sayan, *op. cit.*; A. Pérez G., *Historia de la drogadicción en Colombia*, Bogotá, Tercer Mundo Editores-Uniandes, 1988; A. Delpirou y A. Labrousse, *op. cit.*

54 M. Arango y J. Child, *Narcotráfico: imperio de la cocaína*, Bogotá, Percepción, 1984, pp. 52-60; A. Delpirou y A. Labrousse, *op. cit.*, pp. 47-49.

sentes en carbonato de cocaína) y queroseno (disuelve el carbonato de cocaína) en una fosa de maceración en la que previamente se han depositado hojas secas de coca, se realiza una mezcla que es pisoteada por los "pisadores" —generalmente campesinos o indígenas de la región— durante una noche. El líquido verdoso de consistencia aceitosa que se obtiene de esta acción se separa de los restos de hojas y se derrama en otra fosa para añadirle en forma lenta una solución de ácido sulfúrico concentrado, la cual hace precipitar la cocaína en forma de sulfato; el precipitado de sulfato de cocaína en bruto (con consistencia pastosa) se separa del líquido y se expone a secado al sol; este producto es el comúnmente conocido como *pasta*.

Segunda fase. Puesto que la *pasta* posee demasiadas impurezas (residuos de queroseno, ácido, etc.), es sometida a lavado o purificación: sobre el sulfato seco se vierte una solución de ácido sulfúrico y se agita para disolver las impurezas: seguidamente se añade una solución de permanganato de potasio y a la mezcla así lograda y filtrada se agrega amoníaco. El residuo es un producto cristalizado que luego de recuperarse por filtración se somete a secado al sol; éste se conoce generalmente con el nombre de *base*.

Otra manera de llevar a cabo esta segunda fase consiste en disolver en éter el sulfato bruto o *pasta*, solución que después de ser tratada con carbonato de sodio y más tarde con alcohol, se calienta mezclada con ácido sulfúrico. Seguidamente se le adiciona amoníaco y se obtienen los cristales que habrán de recuperarse mediante filtración y secado al sol.

Tercera fase. Con el objeto de disolver el sulfato de cocaína, la *base* se trata con acetona o éter, seguidos (una u otro) de una solución de ácido clorhídrico y alcohol. Mediante este procedimiento se obtiene un precipitado, el del clorhidrato de cocaína, cuya cristalización es completa en un término de tres a cuatro días; por filtración y secado al aire pueden ser recuperados los cristales del producto que al ser sometido a refinación deja libre el alcaloide, la *cocaína*[55].

Producción interna de hoja y pasta base

Como se ha venido insistiendo a lo largo del presente trabajo, fue en el decenio de los sesenta cuando se aceleró el consumo mundial de sustancias psicoactivas, sobre todo en los Estados Unidos, a la vez que se activaron los cultivos de amapola en el sudeste asiático y los de marihuana en México, Colombia y las Antillas. La cocaína irrumpió con mucha fuerza hacia 1970 y alcanzó entre los sectores sociales altos y medios un prestigio que llevó a un aumento en el consumo, el cual a su vez presionó la ampliación de las zonas tradicionales de cultivo, lo que en parte influyó en la baja de los precios al consumidor; esta disminución repercutió en la extensión del consumo en otros sectores sociales, principalmente de estratos medios y aun bajos. Las mayores necesidades del consumo norteamericano rebasaron el cultivo colombiano de coca que, estimulado por las condiciones de marginalidad, aislamiento y pobreza que han caracterizado a regiones como la Amazonia, la Orinoquia, Caquetá, Putumayo, Cauca y Nariño —en las cuales la ausencia histórica del Estado ha sido una constante—, al incrementarse generó un proceso de transformación rápida de las tradicionales zonas de autoconsumo de las comunidades indígenas (en las que los psicoactivos han sido un elemento cultural fundamental en su vida social)[56], en áreas de producción comercial.

Todas las actividades comenzaron a girar en torno de la coca, y la diversificación productiva de dichas regiones, que impulsaba cierto equilibrio en la economía campesina, fue remplazada bruscamente por el cultivo de coca: favorecidos por el alto precio de venta, y motivados por las ventajas de este

55 *Ibíd.*
56 M. Arango y J. Child, *op. cit.*, pp. 52-54.

comercio (a diferencia de los productos que hasta el momento cultivaban, con éste no debían asumir riesgos ni costos por transporte pues los clientes iban a buscar el producto al lugar de producción), los indígenas, campesinos y colonos se inclinaron por el monocultivo de coca. Esta situación provocó la escasez de los excedentes de la producción campesina, con el consiguiente encarecimiento de los productos de pan coger que debieron ser traídos de fuera a altos costos, y un gran circulante monetario que afectó enormemente a toda la población en su conjunto, pues cada día debió pagar más caros los artículos de consumo diario.

La producción de coca ocasionó también un fenómeno migratorio hacia las zonas productoras que, además de acelerar el deterioro ambiental, hizo insuficientes la vivienda y los precarios y maltrechos servicios públicos; como consecuencia de todo lo anterior, se agravaron los conflictos sociales, se alteró la situación de orden público y se aceleraron los índices de delincuencia e incluso el consumo de psicotrópicos, principalmente el de basuco[57].

57 Más detalles de la cotidianidad de las zonas de cultivo pueden estudiarse en: Martha Arenas, "La voz del río", en revista *Análisis Político*, Nº 13, Bogotá, Instituto de Estudios Políticos y Relaciones Internacionales, Universidad Nacional de Colombia, 1991; "Ciento ochenta veredas del Cauca y Nariño acogen plan de sustitución. El 'coco' de la coca", en *El Tiempo*, Bogotá, octubre 7 de 1990; "La intendencia del Putumayo, un emporio de coca y muerte", en revista *Colombia Hoy*, Nº 71, Bogotá, 1991; J. Jaramillo, L. Mora y F. Cubides, *Colonización, coca y guerrilla*, Bogotá, Universidad Nacional de Colombia, 1986; M. Arango y J. Child, *op. cit.*; A. Pérez G., *op. cit.*; A. Camino, "Coca: del uso tradicional al narcotráfico", en *Coca, cocaína y narcotráfico. Laberinto de los Andes*; A. Henman, "Tradición y represión: dos experiencias en América del Sur", en *Coca, cocaína y narcotráfico. Laberinto de los Andes*; A. Molano, *Selva adentro*, Bogotá, El Áncora Editores, 1987; del mismo autor, *Siguiendo el corte*, Bogotá, El Áncora Editores, 1989.

Áreas de cultivo

Con base en el documento "Plan indicativo para la sustitución de cultivos ilícitos" de OPSA, Ministerio de Agricultura, el incremento en la demanda de cocaína incidió en diversas áreas de cultivo, a saber:

1. En áreas ocupadas por comunidades indígenas en donde la coca ha sido cultivada ancestralmente.
   La existencia del resguardo como dominio territorial y organización social favoreció el cultivo comercial de coca, el cual prosperó en aquellas regiones en las que las comunidades indígenas de alguna manera tuvieron contacto con los comerciantes y financistas del negocio, tales como las del sur del departamento del Cauca y la gran mayoría de las que habitan el Amazonas y la zona media de la Sierra Nevada de Santa Marta, alterando los sistemas caseros de producción de coca y su uso ritual.
2. En áreas ocupadas por comunidades indígenas en las cuales la coca no es un elemento cultural ancestral.
   La baja productividad de los cultivos tradicionales, la presión ejercida por los terratenientes y colonos sobre los indígenas, lo mismo que su expulsión de las tierras que habitaban, hicieron posible que entre algunos grupos indígenas de la Orinoquia (guahíbos, sálivas y piapocos) que no portaban tradición cultural frente a la coca, comerciantes y traficantes generaran tardíamente cultivos comerciales en los bosques de galería y en las selvas de transición con la Amazonia.
3. En zonas de antigua colonización.
   En asentamientos campesinos localizados en la cordillera de los Andes en donde predomina una economía de subsistencia minifundista y en los que muchos de sus habitantes, bien por ancestro o bien por el contacto que mantienen con los indígenas, mastican coca. A manera de ejemplo pueden citarse asentamientos de la Sierra Nevada de Santa Marta,

del sur del Cauca y norte de Nariño, del piedemonte del Putumayo y alto Caguán.

4. En zonas de reciente colonización.

Las regiones más vulnerables al cultivo de coca como resultado del aumento de la demanda han sido aquellas que están alejadas de los mercados en donde hay predominio de pequeños y medianos colonos asentados con anterioridad al cultivo de coca, quienes poseen tierra, utilizan fundamentalmente mano de obra familiar, pero carecen de insumos y crédito para llevar adelante la producción tradicional de sus productos.

5. Áreas con predominio de asentamientos estimulados por el auge de cultivos de coca.

Regiones en las cuales hubo convergencia de campesinos, desempleados urbanos y rebuscadores sin interés por la tierra pero con ambiciones de dinero: con la creencia de que con éste es posible salir de la "dura situación", buscan el patrocinio de un comerciante o del intermediario del negocio de la cocaína.

6. Producción empresarial.

Este tipo de producción, inestable debido a los complejos y costosos requerimientos logísticos (mayores en cuanto más apartada sea la zona) y a la vulnerabilidad por parte de las autoridades, tiene tres características fundamentales: utiliza mano de obra asalariada, se lleva a cabo independientemente de los sistemas campesinos de ocupación y explotación de la tierra, y se realiza sobre grandes áreas (mayores de una hectárea).

Con su expansión, durante el período comprendido entre 1978 y 1985, se dio una verdadera revolución en las zonas de cultivo de coca pues los altos ingresos de muchos cultivadores elevaron los niveles de consumo, en especial de productos suntuarios, vestidos y licores. Poblaciones como San José del Guaviare, Mocoa, Puerto Asís sufrieron una acelerada transformación, llenándose de la noche a la mañana de bares, discotecas, prostíbulos, restaurantes, almacenes, lujosas clínicas privadas y hasta supermercados con los más sofisticados productos refrigerados[58].

De igual manera, la vinculación de la gran mayoría de los trabajadores a la siembra, recolección y maceración de hojas de coca ocasionó, por una parte, escasez en la mano de obra para labores agrícolas y ganaderas, situación que a su vez encareció el personal para realizar este tipo de actividades (llegó a pagarse el doble o triple del jornal agrario por ejecutar trabajos relacionados con la coca); por otra, el surgimiento de nuevos negocios derivados de las necesidades del cultivo y procesamiento de la hoja de coca, tales como herbicidas, herramientas, plásticos, máquinas trituradoras de hoja y, especialmente, grandes cantidades de gasolina que hicieron lucrativo como nunca antes su negocio, poseer licencia para transportarla, o ser propietario de un carrotanque o una gran lancha[59].

En la expansión del cultivo de coca por las regiones anteriormente señaladas (primero en Urabá, en donde también

58 Según declaraciones de sus propietarios, prestando servicio entre las siete y las doce de la noche, en 1984, una discoteca en San José del Guaviare vendía licores por la suma de $250.000. La población flotante de cosecheros de coca y rebuscadores era de tal magnitud que garantizaba trabajo a cantineros y casas de prostitución; durante la bonanza coquera (entre 1975 y 1982) había más de cuatrocientas prostitutas en la población de Cartagena del Chairá (Caquetá), cuyo número de viviendas apenas ascendía a quinientas. *Véanse* J. Jaramillo, L. Mora y F. Cubides, *op. cit.*, p. 78, e "Informe sobre la coca en el Cauca", en *El Tiempo*, Bogotá, octubre 7 de 1990. En el Cauca hubo campesinos sembradores de coca que pasaron de la chicha, la cerveza y el aguardiente, a la champaña blanca, el whisky y los cigarrillos importados. En la región muchas discotecas abrieron sus puertas (a manera de ejemplo, la PK2, en Balboa), se realizaron ferias de revólveres y hasta las mujeres se dedicaron a bailar y a beber licor. Muchos nativos recuerdan a un campesino que compró un bus pullman, que parqueaba en la plaza principal de Balboa; después de comprar coca llenaba el vehículo con invitados que luego llevaba a "discotequear" en otro pueblo.

59 OPSA, Ministerio de Agricultura, "Plan indicativo para la sustitución de cultivos ilícitos", Bogotá, 1988.

se sembró marihuana), además de razones de crecimiento de la demanda, tuvieron que ver acciones represivas y de militarización llevadas a cabo durante la administración Turbay Ayala en zonas marimberas como La Guajira, Magdalena, Cesar y Atlántico, en especial a partir de 1979-1980, que llevaron a que del cultivo de marihuana (que en la década de los sesenta contó principalmente con la Sierra Nevada de Santa Marta como foco inicial) y su ampliación por nuevas zonas, se pasara a la siembra generalizada de coca en regiones hasta ahora vinculadas marginalmente a las plantaciones para uso doméstico (ancestral), o en otras totalmente nuevas.

El auge del cultivo de la coca en Colombia se dio a partir de 1975 y hasta 1985, fecha en que por el alto rendimiento obtenido de la pasta boliviana y peruana (por su mayor contenido de alcaloide) en comparación con la colombiana, se empezó a introducir pasta de estos dos países. Lo anterior para decir que en lo fundamental Colombia no es un país productor de hojas de coca y pasta (en la actualidad la producción local es destinada básicamente al consumo interno, en forma de basuco), y que su especialidad está en la refinación y exportación de cocaína a partir de pasta de coca importada de Bolivia y Perú[60].

Aunque los costos implicados en la producción de cocaína, la compleja y amplia red de que deben disponer los comerciantes para su transporte, distribución y venta en los principales centros de consumo internacional, las crecientes medidas represivas impuestas por los gobiernos para frenar la venta del alcaloide con el consecuente aumento de los riesgos del negocio, etc., inciden en forma directa en el precio del polvo, las fases para la transformación de hoja de coca en pasta y pasta en base representan un valor agregado relativamente bajo si se las compara con la fase de refinación o transformación de base en cocaína (una de las más lucrativas de todo el proceso tal vez por implicar pocos riesgos) y con

60 D. García Sayan, *op. cit.*, p. 22.

la distribución y mercadeo de cocaína refinada, de las cuales se obtiene el mayor valor agregado.

Como se explicará en detalle más adelante, dadas las *ventajas comparativas* que ofrece Colombia, la mafia nacional logró desplazar a sus competidores norteamericanos y a sus satélites conformados por migrantes sicilianos, orientales, turcos, etc. Colombia es el principal país procesador y distribuidor de cocaína en el mundo (75%), y dado que el carácter de las organizaciones que procesan, distribuyen y mercadean la cocaína es clandestino, cerrado y monopolístico, y que la cantidad de personas involucradas en el proceso de producción de cocaína va reduciéndose a medida que transcurren las diferentes fases del mismo hasta llegar a la comercialización del alcaloide, el negocio de la cocaína en Colombia ha adquirido dimensiones espectaculares y dejado jugosas ganancias[61].

Rutas internas de la pasta base

A comienzos de los setenta y hasta mediados de los ochenta, lenta pero progresivamente los nativos de la Amazonia comenzaron a incrementar sus cultivos caseros de coca hasta llegar al monocultivo del arbusto; y como se anotara en el aparte correspondiente a la producción de pasta base, cerca de los sitios de los plantíos de coca iniciaron también la producción de la pasta, viviéndose en la selva una bonanza coquera que cambió radicalmente los patrones culturales de la población de la región (en un 90% indígena), la cual por la pobreza del terreno y las

61 Conversaciones de los autores con pobladores de San José del Guaviare, Puerto Asís, Mocoa y Villavicencio (1984-1989).
En estos aspectos puede profundizarse consultando los escritos citados, concernientes a zonas y cultivos de coca.
En el Cauca, por ejemplo: "Don Luis procesaba doce arrobas por la noche —por cada 500 gramos de pasta de coca me daba $45.000 y cada tres meses procesaba 60.000 arrobas—. Por la zona de San Joaquín llegaron a pagar hasta 18.000 pesos por arroba de hoja de coca, mientras el café lo pagaban a $1.800 arroba". *Véase El Tiempo*, Bogotá, octubre 7 de 1991.

condiciones climáticas actuales no encuentra en la zona posibilidades de producción agrícola o ganadera.

La movilización de la pasta de coca desde los sitios de su producción hasta los de los laboratorios para su transformación en cocaína ha dependido fundamentalmente de tres factores: disponibilidad de químicos para refinamiento, disponibilidad de rutas para la distribución de la cocaína producida y existencia de un sector dispuesto a invertir en este negocio de alto riesgo. Al igual que en el caso de la cocaína, las "mulas" (nombre tomado del de los animales por su capacidad de "aguante" y resistencia) fueron uno de los primeros medios de transporte pues quienes se exponían a desplazar la pasta de un lugar a otro lo hacían en calidad de cargueros y por orden del negociante (quien arriesgaba el dinero invertido en la mercancía pero no su integridad física). Numerosos han sido y siguen siendo los medios empleados para acarrear el producto: para el caso de pequeños volúmenes, maletas de doble fondo y vehículos particulares o de servicio público especialmente acondicionados para el propósito (caletas); para volúmenes mayores comenzó a generalizarse el uso de la avioneta privada legal y posteriormente clandestina, el cual ha dejado grandes ganancias a las empresas de transporte aéreo de la zona[62].

De la misma manera que a los contrabandistas y a los negociantes de coca, la pasta también ofreció posibilidades a personas de diversas regiones del país, por ejemplo desempleados, intelectuales, banqueros, señoras dueñas de almacenes o pequeños negocios y simples amas de casa con habilidad para los negocios, gentes que interesadas en ganarse unos pesos, por iniciativa personal o por encargo de un mafioso iban a adquirir variadas cantidades del producto a los

62 E. Rincón y A. Valderrama, "Intervención del narcotráfico en la actividad política nacional", tesis, Bogotá, Departamento de Sociología, Universidad Nacional de Colombia, 1986; L. Cañón, *op. cit.*, pp. 75 a 82.

centros de producción en el país (San José del Guaviare, Leticia, Mocoa, algunas zonas del Cauca) y, más tarde, con la ampliación del mercado de la cocaína, a los puertos de entrada de la pasta boliviana y peruana (situados en el Amazonas y en la frontera con el Ecuador), para luego venderla con altos márgenes de ganancia en las ciudades en las que generalmente se hallan localizados los laboratorios para su procesamiento (Bogotá, Medellín, Cali, Cartagena, Santa Marta) o entregarla al correspondiente mafioso, respectivamente[63].

Rutas de exportación de cocaína a los Estados Unidos

Como a finales de la década del sesenta la producción de cocaína no era muy grande en Colombia, los primeros envíos se hicieron con base en cocaína adquirida en el Ministerio de Salud o en centros médicos oficiales (en gran parte producida por Laboratorios Merck) a través de fórmulas falsificadas o de sobornos a empleados públicos. Se adquiría un kilo en unos cuantos miles de pesos y luego se vendía en el mercado internacional en ocho mil dólares. Así mismo, comenzó a exportarse la cocaína procesada en el Cauca con las técnicas recientemente adquiridas de los cuerpos de paz[64].

Más tarde, como arriba se anotara, la amplia demanda de alcaloide incentivó la extensión de los cultivos de coca en las zonas de producción tradicional en Colombia y demás relacionadas en el aparte "áreas de cultivo" y, posteriormente, debido a la calidad y rendimiento de las variedades del Perú y Bolivia, se dio inicio a la importación de pasta de coca proveniente de estos dos grandes productores andinos, la cual se vio aumentada por el vasto mercado norteamericano y los crecientes mercados europeo y asiático. De tal manera, por las fronteras con Ecuador o Brasil los contrabandistas y em-

63 M. Arango y J. Child, *op. cit.*, pp. 59-60.
64 *Ibíd.*, p. 128.

presarios de cocaína colombianos comenzaron a introducir pasta al país que luego habrían de transformar en base y ésta en cocaína refinada, proceso que aunque fundamentalmente ha sido realizado en laboratorios localizados en ciudades colombianas que faciliten su embarque al mercado internacional (Bogotá, Medellín, Cali, Cartagena, Barranquilla o Santa Marta), por la situación de represión que en la actualidad vive el negocio de la cocaína en el país ahora tiende a efectuarse en lugares aledaños al de producción de la pasta base.

En el caso de no almacenarla en bodegas (por problemas de volumen, de inseguridad o por gran demanda), los empresarios colombianos exportan la cocaína directamente desde los laboratorios de procesamiento. Para tal efecto, cada núcleo mafioso tiene un equipo muy bien estructurado que comprende un coordinador de operaciones en Colombia, un encargado del transporte aéreo de la cocaína desde Colombia hasta Estados Unidos, uno o varios importadores, un jefe de operaciones (el hombre más importante del grupo mafioso en Estados Unidos, y el encargado de distribuir la cocaína a los grandes mayoristas del país) y un jefe de transporte en el país consumidor (generalmente éste y el importador son la misma persona), pilotos, copilotos, conductores para transporte de la mercancía (tanto en camión como en automóvil) en tierra norteamericana, empleados para cargar y descargar aviones (portando armas, químicos, repuestos y cocaína), camiones y automóviles, y empleados para mantenimiento y reparación de aviones y pistas de aterrizaje, lavadores de dólares, asesores financieros, etcétera.

El coordinador de operaciones en Colombia cumple varias funciones: realiza los contactos necesarios para que todas las maniobras que deban realizarse tanto en Colombia (incluyendo sobornos a políticos, policía, ejército, funcionarios oficiales de distinto rango) como en coordinación estrecha con el responsable en Estados Unidos del transporte aéreo, sean exitosas y llegue a feliz término la tarea de exportación. Debe mantener informado al jefe y pedir su aprobación en lo que a sistemas, rutas, pilotos, campos de aterrizaje, pagos por derechos de aterrizaje a hacendados y otros que presten servicio de pistas, etc., se refiere, y demás aspectos y acciones de envergadura que demanden su atención. Así mismo debe servir de puente de comunicación permanente entre el empresario colombiano y el jefe de operaciones en los Estados Unidos, aunque no son descartables posibles y ocasionales comunicaciones directas (telefónicas o presenciales) entre estos dos, lo mismo que reuniones en que haya presencia de los tres junto con otro u otros responsables de la operación (pilotos, copilotos, dueños de campos de aterrizaje opcionales, etc.).

Son diferentes los propietarios de las naves (aviones, avionetas) empleadas para desplazar la cocaína hasta los Estados Unidos (el piloto, una línea comercial, una empresa de fumigación, el núcleo mafioso, etc.), pero el gran común de los aparatos es no poseer matrícula legalizada. Al igual que las rutas para exportar cocaína, las que conducen a Colombia para realizar el transporte son cuidadosamente estudiadas; a manera de ejemplo pueden verse las siguientes anotaciones que dan idea de esta operación:

> Los muchachos salen en dirección al sur bordeando el Pacífico, volando siempre a baja altura, y luego entran a Colombia por Buenaventura, recogen la mercancía en Montería y se regresan por el otro lado, por el Atlántico, utilizando básicamente la misma técnica: volar cerca de la costa, despacio y a baja altura. atraviesan Yucatán y siguen en línea recta a través del Golfo de México hasta Texas. Allí se reabastecen de combustible y luego cruzan el país para llegar a nuestro aeropuerto en la soleada California.
>
> Habíamos desarrollado cuidadosamente nuestras rutas y las conocíamos a la perfección. El viaje de ida era una tarea fácil: despegábamos sin problema de la península de la Florida y volábamos directo hacia la isla Grand Bahama, para cruzar por el canal de la Mona entre República Dominicana y Puerto Rico. A partir de ahí volábamos directo hacia el occidente has-

> ta la Sierra de Perijá, la cadena montañosa que separa Colombia de Venezuela; permanecíamos del lado colombiano. Desde ahí nos dirigíamos hacia el norte para aterrizar en nuestras pistas situadas en algún lugar entre Barranquilla y Acandí[65].

De acuerdo con la información disponible se deduce que la totalidad del cargamento de cocaína que se lleva en un vuelo puede no pertenecer a un mismo núcleo, es decir, parte puede ir dirigida al (a los) importador(es) de un grupo mafioso y parte a otros distribuidores colombianos que negocian cargas más pequeñas (cinco a diez kilos, por ejemplo) y a quienes con antelación se les ha vendido el espacio sobrante en este vuelo (parece que muy rara vez se le vende espacio a una misma persona dos veces).

Las rutas para el transporte de cocaína desde Colombia hasta los Estados Unidos son desarrolladas con extremo cuidado por un miembro del núcleo (responsable del transporte aéreo desde Colombia hasta Estados Unidos) o por varios en estrecha colaboración (coordinador de operaciones en Colombia, responsable del transporte aéreo Colombia-Estados Unidos, jefe de operaciones en Estados Unidos, pilotos, etc.), y la puesta en marcha de cada una requiere la respectiva aprobación del empresario o jefe del núcleo mafioso; si bien es cierto que para exportar la mercancía los grupos mafiosos disponen de diferentes sistemas de transporte eficientes (supervisados por los jefes de los grupos mafiosos) y de diversas rutas previamente estudiadas, teniendo en cuenta que los buenos resultados de las operaciones de envío pueden garantizarse en gran medida con una acertada selección de la ruta, ellas son utilizadas a veces en forma alterna y a veces paralelamente.

El siguiente texto ilustra acerca de la búsqueda de posibles rutas para introducir la cocaína en Estados Unidos, la

65 M. Mermelstein, *El hombre que hizo llover coca*, Bogotá, Intermedio Editores, 1991, pp. 124, 180-181; Germán Castro C., *El hueco*, Bogotá, Planeta, 1989, p. 29.

preparación de las naves para tan largos trayectos y los peligros más sobresalientes a los que se hallan expuestos quienes realizan el transporte aéreo:

> Después de saludar a Hernando, Jimmy trazó una línea desde Miami, pasando por las Bahamas, el norte de Cuba y Haití, y luego hacia el sur a través del canal de la Mona entre Puerto Rico y República Dominicana. A partir de allí, con rumbo directamente hacia el suroccidente, llegarían cerca de Acandí, donde Hernando les mostraría cómo navegar hacia la pista de aterrizaje (...) Yo me dediqué a buscar nuevas rutas, no comprometidas, para entrar a la Florida. Además, seguíamos estudiando con Mickey hasta el último detalle del empaque que deberíamos utilizar para lanzar la cocaína al mar, en algún lugar de las Bahamas[66].

La coordinación entre aviones, botes (cuando son requeridos), caletas y métodos de entrega corre por cuenta del organizador del transporte aéreo de la mercancía entre los dos países, quien es el responsable de las acciones de los pilotos y el personal de tierra que debe recoger la mercancía. Así, mediante muchos *walkie-talkies* existe permanente comunicación entre quienes van por los aires (piloto, copiloto) y quienes operan en tierra: la información de las actividades en uno y otro lados es tal, que en el mismo momento en que aterriza el avión en alguna pista propia o alquilada en los Estados Unidos (aunque es acordada con anterioridad según un plan de operaciones, por razones de seguridad tipo robo de cargamentos y delaciones, el personal de tierra no la conoce hasta apenas un poco antes del aterrizaje) y en una acción que demora escasos minutos (la operación de descargue es considerada una fuente de peligro), varios hombres del personal de tierra descargan las bolsas de lona que contienen el alcaloide. Seguidamente el avión despega de nuevo para aterri-

66 M. Mermelstein, *op. cit.*, pp. 116, 165, 181, 182-183; Germán Castro, *op. cit.*, pp. 27-31.

zar más tarde en los hangares privados de los núcleos mafiosos o en los que les corresponden en diferentes aeropuertos ejecutivos del país, mientras la mercancía es recogida por el (los) importador(es) o por éste (éstos) junto con el responsable del transporte desde Colombia hasta Estados Unidos y el jefe de transporte en este país, acompañado siempre por varios descargadores, conductores de automóviles y grúas.

El importador —al parecer miembro de un determinado núcleo en Colombia y, por tanto, sujeto con cercanía al núcleo o en el mejor de los casos al jefe del mismo—, quien en algunos casos se desempeña como jefe de transporte de un grupo específico en este país, recoge toda la mercancía (en caso de haberse vendido espacio sobrante en el vuelo, en ocasiones el dueño de cada parte se acerca a reclamarla también en este momento) y después contacta a los diferentes distribuidores colombianos para entregarles su parte y recoger el respectivo dinero, o únicamente la mercancía que le corresponde (aunque ésta puede ser todo o solamente una parte del cargamento, acarrea menos peligro transportar una menor cantidad), la cual es llevada a una de las caletas alquiladas generalmente a través de agentes de finca raíz.

Se puede decir que el pionero en realizar el círculo completo fue el grupo de Medellín, pues compraba la pasta en Bolivia o en Perú, preparaba la cocaína y la colocaba directamente en los Estados Unidos, desplazando así a otros focos, como el que lideraba en Ecuador Víctor Hugo Reyes[67].

Las rutas iniciales que utilizó el grupo de Medellín, como vía Panamá, sirvieron para enviar pequeños cargamentos, rumbo a la Florida, donde eran manejados por otros emisarios, que se encargaban de su distribución. Así mismo, la primera incursión vía aérea hacia los Estados Unidos comenzaba en Nassau, Bahamas; llegaba a las afueras de Medellín, donde

67 L. Cañón, *op. cit.*, p. 74.

cargaba la cocaína y partía, haciendo escala nuevamente en Nassau, donde se aprovisionaba de combustible; de allí continuaba hacia los Estados Unidos, aterrizando, finalmente, en *alguna* zona de las Carolinas o la Florida, donde se encargaban de distribuirla; "así se inauguró no sólo el expreso de la cocaína, con escala en las Bahamas, sino que despegó en grande la movilización de droga por vía aérea"[68]. Pero la ruta favorita de este grupo era La Fania: se llegaba a Puerto Rico por vía aérea donde, mediante el pago de sobornos a la aduana, se daba paso libre a los aviones del *cartel*; de allí se dirigían hacia los Estados Unidos donde, después de ser recibida por miembros del grupo, pasaba a los distribuidores mayoristas. Pero también una de las rutas apetecidas fue la vía Turbo–Panamá–México, donde finalmente se ingresaba a los Estados Unidos utilizando la ventaja de su enorme frontera. Esta ruta había sido consolidada por Rodríguez Gacha desde los tiempos en que permaneció en este país y logró contactos con la mafia mexicana.

Las rutas más utilizadas por el grupo del Valle han sido hasta ahora las marítimas que, aunque toman mucho más tiempo en llegar a su destino, suelen ser más seguras. El puerto más utilizado para el embarque ha sido Buenaventura, y a partir de allí han operado tres rutas: Buenaventura-Panamá-Estados Unidos-Europa; Buenaventura-costas orientales de los Estados Unidos, y Buenaventura-países orientales o Europa.

Otra ruta preferida por la mafia valluna es la que parte directamente por avión desde Leticia o pistas clandestinas en la Amazonia colombiana o peruana hacia los Estados Unidos.

Otra ruta aérea, que sigue siendo muy usada, es la que, utilizando avionetas adaptadas para mayor autonomía de vuelo, embarca la cocaína en pistas del piedemonte de la cor-

68 *Ibíd.*, p. 79.

dillera occidental valluna y la lleva directamente a los Estados Unidos[69].

Transporte de cocaína en tierra norteamericana y operación de entrega

Para transportar la cocaína desde las pistas de aterrizaje hasta las caletas, dependiendo de la cantidad de mercancía el grupo de importaciones tiene dispuestos conductores y descargadores lo mismo que automóviles, remolques y talleres en los que se acondicionan los autos que se emplearán en la operación: se les cambian los tanques de gasolina por unos más pequeños que permitan recorrer aproximadamente 150 km y, con el fin de hacerlos completamente impermeables, los baúles son reconstruidos en su totalidad en fibra de vidrio. Las variaciones hechas garantizan que en el baúl de cada automóvil puedan esconderse entre 200 y 250 kilos de alcaloide, peso que puede ser nivelado con el uso de amortiguadores de aire especiales. Se incluyen remolques para seguir los autos cargados y auxiliarlos en caso de fallas mecánicas, evitando riesgos por cambio de cargamentos en sitios y momentos no programados.

Cuando todo el cargamento de cocaína importado reposa en la caleta del importador, los automóviles "arreglados" para su desplazamiento son remitidos a talleres de reparación en donde son sometidos a cambio en el color, ya que nunca se utiliza el mismo para dos operaciones de transporte. Entonces entran en contacto el miembro del grupo mafioso colombiano y los reconocidos distribuidores mayoristas de cocaína de las más grandes ciudades norteamericanas y puesto que éstos mantienen con los núcleos mafiosos colom-

69 Las rutas de la mafia valluna se reconstruyeron a partir de los relatos y las charlas sostenidas por los autores con "Pelusa", "El Mueco", "El Flaco" y otros personajes, en Cartago, Roldanillo, Tuluá y Buga en 1991 y 1992.

bianos estrechos vínculos que les permiten comerciar con importantes cantidades de alcaloide traído directamente desde Colombia, los importadores de cada núcleo mafioso les hacen entrega de la cocaína refinada.

Los mayoristas cuentan con subgrupos —con los que mantienen contacto— conformados casi exclusivamente por colombianos, los cuales tienen por función repartir la cocaína entre los distribuidores intermedios: en esta etapa del mercadeo, correspondiente a las redes de distribución intermedias aprovisionadas casi en su totalidad por colombianos pero también por algunos estadounidenses o sujetos de otras nacionalidades con posibilidad de apoyarse en corrientes migratorias (cubanos, mexicanos, jamaiquinos), como en las que le siguen, muchas veces (si no todas) la cocaína es transformada en otros productos (por ejemplo, *crack*)[70].

De los distribuidores intermedios, el producto pasa a los distribuidores menores —dentro de éstos se encuentran personas pertenecientes a todos los estratos sociales y económicos—, que son quienes entran en contacto directo con los consumidores finales actuando individualmente o en pequeñas bandas juveniles que surten el polvo al consumidor[71].

Una idea de la calidad del alcaloide de que puede disponer una persona en los Estados Unidos puede hacerse después de repasar la cadena del mercado tejida desde cuando la cocaína ingresa proveniente directamente desde Colombia; en este sentido, el siguiente texto es muy ilustrativo en lo que a la condición del producto que llega a manos del consumidor en ese país se refiere:

70 F. Sarmiento y C. Krauthausen, "Empresarios de la coca. Un estudio sobre el mercado ilegal de la cocaína", tesis de grado, Bogotá, Departamento de Sociología, Universidad Nacional de Colombia, 1991, p. 104.

71 T. Williams, *The Cocaine Kids. The Inside Story of a Teenage Drug Ring*, Nueva York, Addison Wesley, 1989.

> Yo le vendía cinco kilos a algún colombiano a 30.000 dólares el kilo, o sea un total de 150.000 dólares. Al día siguiente, el colombiano adulteraba en un 20% mi cocaína pura recién salida del avión, agregándole suficiente quinina o anfetamina (mejor conocida como *speed*) o inesitol (vitamina B en polvo) para producir seis kilos cortados. El colombiano ofrecía como cocaína "pura" los seis kilos que había creado y los vendía a 30.000 dólares el kilo; en uno o dos días recibía una utilidad de 30.000 dólares.
>
> Después otro colombiano compraba el kilo cortado y lo convertía en un kilo y medio, adulterándolo aún más. Luego vendía este kilo y medio cortado a los vendedores negros callejeros, en medidas de un octavo de kilo de cocaína "pura"; al vender sus doce octavos de kilo se embolsillaba la utilidad.
>
> A su vez, los vendedores callejeros tomaban su octavo de kilo, lo rendían aún más para doblarlo a un cuarto de kilo y lo vendían en la calle por gramos. Un cuarto de kilo se convertía en 250 gramos; el precio del gramo oscilaba entre 80 y 100 dólares.
>
> El dinero derivado de la cocaína pura que traíamos desde Colombia permitía que una enorme cuadrilla de traficantes y vendedores callejeros se pasearan en sus automóviles de lujo por los tugurios de las ciudades norteamericanas[72].

Redes clandestinas de distribución

En relación con la refinación y comercialización de cocaína, frente a los países andinos (en particular Perú y Bolivia) Colombia ha mostrado tener *mayores ventajas comparativas*: con la existencia de privilegiadas condiciones geográficas y favorable situación social, política y económica, para la mafia colombiana haber logrado a la vez desarrollar sus rutas para el transporte de cocaína al exterior y para su introducción en los Estados Unidos particularmente, y organizar y mantener sus propias redes de distribución en este país, ha significado

72 M. Mermelstein, *op. cit.*, pp. 131-132.

la consecución de la supremacía en la exportación y en las redes de distribución de cocaína en los Estados Unidos.

Los contrabandistas colombianos han podido contar con los requerimientos de solidaridad necesarios para establecer relaciones de confianza, hallándolos dentro del grupo de inmigrantes paisanos, que como ellos soportan las mismas condiciones de marginación (que los acercan fuertemente). Y puesto que indocumentados y comerciantes de cocaína comparten la condición de "legalidad" —que además de identificarlos constituye garantía de lealtad—, el carácter de "indocumentado" (ilegal) ha facilitado aún más la vinculación de este inmigrante al negocio ilegal.

Como canales clandestinos a través de los cuales se teje y se interconecta todo el mercado de la cocaína, las redes de distribución son manejadas con extrema cautela (evitando que el núcleo mafioso corra riesgos) y la información disponible para el intermediario se reduce a la estrictamente requerida para realizar la transacción que le atañe. Muchas redes se hallan camufladas en el interior de los movimientos migratorios, especialmente de los colombianos hacia los Estados Unidos (elevada a partir de 1965), siendo la presencia de una gran colonia colombiana en este país una de las ventajas que ha permitido a los empresarios oligopólicos[73] colombianos mantenerse decididamente por encima de sus competidores de otros países latinoamericanos: de los 18,3 millones de latinoamericanos que habitan los Estados Unidos, más de un millón es colombiano, y de éste se considera que más de 10.000 estarían directamente involucrados en el mercado de la cocaína. Por otra parte, la importancia que se concede a la colonia colombiana en Miami, fundamentada en las aproximadamente 200.000 personas que la componen (número significativo si se tiene en cuenta que el total de la-

73 Entendido como "un mercado en el que hay pocos vendedores y muchos compradores".

tinoamericanos que viven en la ciudad apenas sobrepasa el millón), evidencia que aunque los inconvenientes debidos a la existencia de alianzas con mafias locales son enormes, la mayor dificultad de los organismos de seguridad estadounidenses en su lucha contra el mercado de cocaína ha radicado en el ocultamiento de redes de distribución compuestas por latinoamericanos (mexicanos, cubanos y colombianos en su mayoría), entre los movimientos migratorios, hecho que obstaculiza enormemente su infiltración e impide el flujo de información (por el riesgo de penetración al que se hallan expuestas y más como medida preventiva, las redes de distribución de cocaína se nutren de migrantes, en el mejor de los casos, indocumentados).

A partir de la función esencial de las redes clandestinas —la de conectar mercados ilegales, o al (a los) mercado(s) ilegal(es) con sectores de carácter semilegal, legal, etc.— muchos miembros de estas redes se desempeñan como intermediarios, como contactantes de otras redes pertenecientes a mercados ilegales distintos o que, perteneciendo al mismo, se encuentran distantes geográfica y culturalmente; estos últimos, de gran importancia a nivel internacional, además de conocer las respectivas redes y estar conectadas con ellas, deben estar familiarizados con las pautas económicas, culturales y políticas de los diferentes mercados involucrados[74].

Los empresarios de la cocaína que se encargan de la coordinación en la distribución son mucho más hábiles que los de la marihuana de la década de los setenta, tal vez también por su carácter migrante o su acceso a las redes de migración, su familiaridad con el medio al que va dirigida la cocaína, el conocimiento de las condiciones de vida en los Estados Unidos y, sobre todo, el de las condiciones del mercado ilegal en ese país. Por ello preferiblemente contratan y negocian con compatriotas que pueden llevar largos años viviendo en Norteamérica o que

74 F. Sarmiento y C. Krauthausen, *op. cit.*, p. 97.

periódicamente viven allí, y que, por tanto, tienen el soporte que brindan las colonias colombiana y latinoamericana. Pero como para el mercado de la cocaína en Estados Unidos además de las colombianas existe un sinnúmero de redes basadas en las migraciones cubanas y mexicanas, de esta última muchos empresarios de nacionalidad colombiana se han servido para introducir y distribuir el alcaloide en los Estados Unidos.

En comparación con el caso estadounidense, la apertura del mercado y la configuración de las redes clandestinas de distribución en Asia y Europa ha sido más compleja debido fundamentalmente a que las corrientes migratorias latinoamericanas y colombianas han sido más escasas hacia los dos continentes, sumado a ello las dificultades del idioma, las diferencias culturales y étnicas existentes y la presencia de fuertes formaciones de competidores ilegales de otras nacionalidades (en Europa, italianos y turcos constituyen poderosos grupos rivales).

Importación de químicos, insumos y armas

Como se deduce del proceso para la producción de pasta, base y cocaína, la fase de refinación de cocaína requiere una diversidad de productos químicos: ácido sulfúrico, éter, ácido clorhídrico, acetona, permanganato de potasio, carbonatos, etc.; la adquisición de éstos, obstaculizada seriamente debido a los severos controles internacionales adoptados para su comercio, ocasionó un aumento de los precios que conllevó a su obtención a través de las redes clandestinas de importación de químicos que se tendieron para introducirlos en Colombia.

Y como además de los químicos los grupos de empresarios colombianos de la cocaína deben disponer de sistemas de comunicación sofisticados, equipos de secado (hornos), plantas eléctricas, filtros, material plástico, balanzas de precisión, armas, etc., a partir del producto de las transacciones comerciales realizadas en el exterior (principalmente en los Estados Unidos), que han hecho posible que los capitales de los jefes de estos grupos mafiosos se incrementen a través del tiempo (a pesar de los costos por adquisición y transporte de pasta desde los países andinos productores de coca, refinación de cocaína y transporte hasta los países consumidores), en los vuelos hacia Colombia para recoger la mercancía se entra gran parte de los elementos indispensables para el funcionamiento de la industria, armas (adquiridas "legalmente" en Estados Unidos, Europa, Israel, etc.) suficientes para garantizar la seguridad de los miembros y de las operaciones del grupo e inmensos volúmenes de dólares (empacados en cajas y maletas) para ser "legalizados" a través de los diferentes mecanismos de inversión de que dispone la industria (en el aparte alusivo a la economía del "narcotráfico" se desarrolla este aspecto)[75].

75 Para profundizar en la discusión sobre insumos (a ellos hacen poca referencia los países consumidores), y en especial sobre productos químicos, *véanse* Rosa del Olmo, "La Convención de Viena" (Comentarios), en D. García Sayan, *Narcotráfico: realidades y alternativas,* Lima, Comisión Andina de Juristas, 1990; A. Camino, "Coca: del uso tradicional al narcotráfico", en *Coca, cocaína y narcotráfico. Laberinto de los Andes,* pp. 104-105. En este punto habría que seguir más de cerca a las fábricas de pinturas, algunas industrias textiles y el comportamiento de la industria química internacional en general (Alemania y Estados Unidos).

Capítulo 3. Estado, economía e ilegalidad en Colombia

Elementos de diversa índole han asistido tanto al contrabando como a la inmoralidad en Colombia: en primer lugar, el país cuenta con grandes y desprotegidas costas equidistantes de los grandes centros financieros y de consumo mundial, las cuales facilitan la salida ilegal de productos y la entrada de contrabando de mercancías, insumos y armas (vieja práctica que se remonta a los tiempos de la Colonia). La accidentada y compleja geografía del país, junto con una relativa "debilidad del Estado" que se manifiesta desde el siglo pasado, ha hecho posible la existencia de núcleos territoriales "al margen de la ley" indistintamente ocupados desde las guerras civiles dependiendo de las coyunturas históricas, bien por guerrilleros, bandoleros, cuatreros, contrabandistas, paramilitares o bien por comerciantes de psicotrópicos (marihuana y cocaína). En segundo término, la existencia de una clase política que durante largos períodos se ha repartido de manera excluyente las bondades y privilegios del burocratismo estatal, la generalizada laxitud en el control del gasto público y la flagrante corrupción oficial y privada han contribuido en gran proporción al desenvolvimiento favorable de la ilegalidad y al desarrollo de lo que en general podría denominarse una "cultura de la ilegalidad": en todos los estratos sociales hoy es común el uso de una práctica, empleada por generaciones, que tiene que ver con el soborno a todos los niveles. "El ají", "la palada", "la mordida" son expresiones utilizadas con frecuencia para hacer alusión al soborno; gentes de toda condición social recurren a diario a este mecanismo para que un agente de tránsito no aplique la multa correspondiente que ha sido fijada en caso de una determinada infracción, para que una institución adquiera sus productos o servicios o le asigne una licitación, u otros fines similares porque con el soborno siempre se persigue la consecución de beneficios propios (de individuos o colectividades). En tercera medida, la existencia de una sociedad civil caracterizada por bajos niveles organizativos —de tipo social y político— y permanente marginalidad económica y social; y, finalmente, el fraccionamiento de las fuerzas armadas y la escasa profesionalización que poseen algunos de sus sectores[1].

Con frecuencia la actividad económica se encuentra afectada por una economía ilegal o subterránea (contrabando, por ejemplo) que se desarrolla paralelamente a la legal u oficialmente admitida, de tal forma que cuando se habla de la existencia de "otra economía" se hace referencia a las activi-

1 Sin lugar a dudas, a esta situación ha contribuido la "debilidad del Estado", que se expresa en los vicios ya mencionados y en la no presencia de una sociedad civil con niveles de organización social y política representativos.
Varios estudios hacen referencia a la "debilidad del Estado" y a sus efectos en las actuales violencias: H. Vélez, *El Estado expropiado* (1923-1953), Popayán, ponencia VII Congreso de Historia de Colombia, 1990; Gonzalo Sánchez, "Guerra y política en la sociedad colombiana", en revista *Análisis Político*, Nº 11, Bogotá, Instituto de Estudios Políticos y Relaciones Internacionales, Universidad Nacional de Colombia, 1990; F. González, "Precariedad del Estado y fragmentación del poder", en revista *Análisis*, Nº 3, Bogotá, Cinep, 1989; del mismo autor, "Hacia un nuevo colapso parcial del Estado", en revista *Análisis*, Nº 1, Bogotá, Cinep, 1988; "Un Estado en construcción", en revista *Análisis*, Nº 2, Bogotá, 1989; F. Zambrano, "El miedo al pueblo", en revista *Análisis*, Nºs 1 y 2, Bogotá, Cinep, 1988, 1989.

dades productivas no registradas o subregistradas por las cuentas nacionales, o a aquellas transacciones económicas que no aparecen en las estadísticas oficiales por efectuarse "fuera de la ley" (ofrecen mayores márgenes de utilidad). A través de la historia, parte de las economías ilegales que en distintos períodos han aflorado en uno y otro país ha sido instigada por sectores del capital "legal" que, conscientes de los mayores márgenes de ganancia que producen las economías ilegales, invierten excedentes legales para estimular esta clase de economías.

No puede desconocerse que la actividad económica ilegal existe en Colombia desde hace mucho tiempo y que se entremezcla con los orígenes de la nacionalidad: ya a finales del siglo XVIII, en las *Relaciones de mando de los virreyes*, el virrey Guirior se quejaba de las grandes caletas de contrabando que afectaban la cerrada economía colonial y que, según él, se encontraban localizadas principalmente en La Guajira, Urabá y la Costa Pacífica (curiosamente, los mismos sitios en donde a partir de los años setenta habría de darse el gran auge del contrabando de marihuana y cocaína).

En el país convergen factores geográficos, políticos, económicos y sociales que han propiciado la próspera actividad productora y comercializadora de cocaína que, al igual que la de la marihuana, se halla erigida sobre la crisis de las cinco grandes regiones ya mencionadas, y que de una u otra manera se encuentran ligadas a economías ilegales.

Sin lugar a dudas, la economía ilegal de la cocaína está sustentada sobre la misma base de ilegalidad en que surge (contrabando) y se desarrolla —situación que además de facilitar su sostenimiento, por los riesgos que acarrea el negocio, disminuye el número de competidores, acrecentando por ende los márgenes de ganancia que llegan a superar enormemente los de la economía legal—, adoptando muchas de sus prácticas: con base en los sistemas empleados para el contrabando, para el transporte y embarque de marihuana y cocaína, sus empresarios han establecido los propios.

Si bien en la década de los setenta la economía subterránea en Colombia se vio intensificada[2] y acelerada por la marihuana, y en la de los ochenta por la cocaína, su desarrollo fue facilitado y amparado por los tres grandes antecedentes sobre los cuales se instauró, a saber:

1. Vieja práctica del contrabando tanto extractivo (azúcar, café, cemento, esmeraldas, etc.) como introductorio (de electrodomésticos, licores, cigarrillos, alimentos, máquinas, armas, etc.), por sectores de las costas norte y Pací- fica, frontera con Panamá, fronteras con Ecuador y Perú, con Brasil (Leticia) y con Venezuela (Maicao, Cúcuta).
2. Vieja y arcaica mafia esmeraldífera, con su violencia y contrabando en sectores del centro del país (Boyacá y Cundinamarca).
3. Debilidad estatal que se manifiesta, entre otras cosas, en la existencia histórica "al margen de la ley" de núcleos territoriales que han sido ocupados por distintos grupos "ilegales"[3].

2 R. Junguito, "La economía subterránea. La política monetaria", ponencia VII Congreso Nacional de Economistas, Armenia, febrero de 1980. *Véase* también "La otra economía", en revista *Coyuntura Económica*, Bogotá, Fedesarrollo, 1980; "Los perjuicios del narcotráfico a la economía colombiana", en *El Espectador*, Bogotá, agosto 19 de 1984; N. Fajardo, "La sociedad colombiana y la influencia del narcotráfico en su desarrollo", en *Cuadernos de Ideología*, Nº 3, Bogotá, PCC, marzo de 1990, pp. 36-41; M. Arango y J. Child, *op. cit.*

3 Darío Betancourt y Martha Luz García, "Los cinco focos de la mafia colombiana (1968-1988). Elementos para una historia", en revista *Folios*, Segunda Época, Nº 2, Bogotá, Facultad de Artes y Humanidades, Universidad Pedagógica Nacional, 1991. *Véanse* también F. Sarmiento y C. Krauthausen, *op. cit.*; M. Arango y J. Child, *op. cit.*; N. Fajardo, *op. cit.*

Todos los relatos y estudios coinciden en afirmar que los primeros negociantes, que hacia 1968-1970 entablaron contacto con los comerciantes y compradores norteamericanos para los embarques iniciales de marihuana de la Sierra Nevada, fueron antiguos contrabandistas (profesión muy común y legendaria en esta región)[4] de electrodomésticos, cigarrillos y whisky (palestinos y judíos del puerto libre de Colón eran los habituales surtidores de los contrabandistas costeños) que se caracterizaban por conocer a la perfección las rutas y caletas del Caribe y las Antillas. Y sobre las sutilezas de este mundo ilegal (contrabando) y la corrupción se construyeron las primeras redes de comercio y transporte de marihuana y cocaína:

> En octubre de 1972 pasé al Atlántico, también como jefe del F-2, donde viví otras experiencias cruciales en mi vida. Allá me di cabal cuenta de que el problema del contrabando y la droga era con los peces gordos y que el grado de inmoralidad dentro de la policía era tremendo. Fue cuando por primera vez me ofrecieron 300 mil pesos de soborno cuando cogí a Darío Mejía, presidente del Club de Caza y Tiro, con cinco kilos de cocaína. Él era amigo íntimo del comandante de la policía que se movilizaba en su carro e iba a fiestas en su casa. Mejía, claro está, se safó [sic] por el tráfico de influencias.
>
> Más tarde capturé en Puerto Colombia a Pablo Lafaurie, hermano del viceministro de Justicia y de la reina del carnaval de Barranquilla, con un cargamento multimillonario de marihuana, pistas de aterrizaje y 25 tanques de gasolina. Con él cayeron otras personalidades de la alta sociedad, de apellidos De Castro y Carbó, este último hijo del gerente del Banco de la República, junto con cinco gringos. Me ofrecieron un millón de pesos para sobornarme. Después, capturé a otra gran figura de Barranquilla, Naseres Daes, contrabandista de renom-

4 Relatos y charlas con testigos. *Véanse* J. Cervantes, *La noche de las luciérnagas*; Juan Gossaín, *La mala hierba*; revista *Alternativa*, Bogotá, Nºs 12, 20, 27, 42, 44, 49, 138.

> bre, a quien le cogí un cargamento de marihuana y documentación que demostraba que él trabajaba para la CIA[5].

Durante la administración López, mientras se consolidaba la producción de marihuana (foco costeño), con la llamada "ventanilla siniestra" del Banco de la República, se dio respaldo indirecto a las mafias que pudieron *lavar* sus dólares y legalizar sus fortunas. Y a causa del ingreso de gran cantidad de dólares negros por concepto de comercialización de marihuana y cocaína, lo mismo que por contrabando tanto hacia afuera (ganado, azúcar, esmeraldas, café, cemento, etc.) como hacia adentro (cigarrillos, whisky, alimentos procesados, electrodomésticos), el dólar negro se situó prácticamente a la par con el oficial. La excesiva especulación con el dinero, el surgimiento de diversas entidades financieras y el desestímulo a la inversión industrial estuvieron íntimamente ligados con el inmenso flujo de dólares, producto de los negocios de las mafias y del contrabando:

> En el cuatrienio 74-78, durante el cual continuó en ascenso el contrabando, en sólo "exportaciones" ilegales de ganado para Venezuela, el país perdía anualmente 2.175 millones de pesos, un promedio de 800 reses diarias; pero lo más sorprendente era que dicho contrabando se hacía con expertos funcionarios del ICA y del DAS rural, cotizados como los mejores conocedores de las trochas de La Guajira y el Arauca.
>
> En 1975, en ocho días salieron contrabandeados del país 23.657 bultos de cemento y 103.954 bultos de azúcar hacia la vecina Venezuela, por rutas que tenían más de 15 retenes aduaneros, lo que implicaba que además de la complicidad de las aduanas, los guardias departamentales y la policía, detrás de las operaciones estaban los grandes productores nacionales

5 Revista *Alternativa*, Nº 118, Bogotá, junio de 1977, p. 17. Este reportaje, con el título de "La podredumbre viene de arriba", es profundo en nombres, casos y situaciones de casi todas las regiones del país. *Véanse* igualmente los informes sobre contrabando y mafia publicados por la revista *Alternativa*, Nºs 42, 43, 44 de 1975.

de los mencionados productos, al igual que intermediarios de las altas jerarquías de los dos partidos políticos y los altos jefes militares. Unos y otros movían sus fichas e influencias, ya para garantizar el buen éxito de las operaciones, ya para desviar una investigación que se había iniciado. Sin embargo, la acción más grave de este complejo estaba en la proyección y desenvolvimiento del mismo, pues las rutas de salida de marihuana y cocaína eran a la vez puertas de entrada de contrabando y dólares negros e insumos químicos para el refinamiento de cocaína. Entre 1968 y 1988, el contrabando y las mafias en Colombia crecieron de manera vertiginosa, estructurándose una verdadera pirámide económica y social de la ilegalidad con una base muy grande, pues una gran cantidad de colombianos habían venido subsistiendo con los jornales generados por la producción y comercio de marihuana, cocaína, esmeraldas y todas las formas de contrabando que han contribuido a la generalización de la economía informal, mientras que su cúspide se estrechaba no sólo por el gigantesco capital de los grandes *caporines*, sino por lo invisible y sutil de sus gestores, ya que salvo algunas excepciones, de 1988 a esta parte, la represión, la cárcel y las recriminaciones sociales y morales han sido para la base, es decir, para el pueblo, no para los grandes jefes.
Es apenas obvio, pues, que la acción de las autoridades se dirige fundamentalmente contra la base de la pirámide; es decir, contra ese inmenso subproletariado que vive del tráfico ilícito de drogas o de vacas. Esto explica también que por más personas que capturen a este nivel, y cada día capturan más, el negocio sigue creciendo y creciendo. Es que al gran patrón, el que sostiene el crimen y recibe sus mayores utilidades, nada ni nadie lo tocan...[6].

Hacia 1976 la actividad económica ilegal era tan intensa que algunos diarios de circulación nacional registraban el auge de lo que llamaron tres grandes mafias: la del contrabando, la del tráfico de drogas y la del comercio de esmeraldas, que inclusive habían logrado colocar sus propios

6 Revista *Alternativa*, Nº 27, Bogotá, febrero-marzo de 1975.

agentes en la administración estatal y el Congreso[7]. La corrupción que afectaba numerosas instituciones del Estado, los Seguros Sociales, la Aduana, la Administración de Impuestos, etc., comenzó a ser denunciada y atacada: Luis Carlos Galán reveló la muerte de un honesto funcionario público, Rafael Rubio Pupo, quien, habiendo aceptado la dirección de la oficina de impuestos con sede en Barranquilla y ante la ola de peculados y serrucho, realizó una serie de investigaciones y denuncias que llevaron a que la primera semana de octubre de 1976 fuera acribillado en un hotel de Barranquilla en donde se alojaba. Pero el caso más conocido en el país por el despliegue de su denuncia fue el del incendio, por parte de manos criminales, de una oficina del Capitolio Nacional, perpetrado para frustrar las investigaciones que se estaban llevando a cabo contra los malos manejos del presupuesto del Congreso.

De los alcances del delito y la ilegalidad en Colombia en gran medida puede responsabilizarse al Frente Nacional, pues no logró contrarrestar los efectos psicológicos y morales de la Violencia sobre toda una generación cuya infancia traumática e invadida de frustración engendró, sin lugar a dudas, resentimientos que respaldaron su inserción en la sociedad a través de actos delictivos, de infracciones a la ley.

Según un estudio realizado por la prestigiosa revista *The Economist*, Colombia es el quinto país más corrupto del mundo y uno de los primeros en América Latina, situándose por encima de los países centroamericanos[8].

7 Luis Carlos Galán, "Los desafíos de las mafias", en revista *Nueva Frontera*, Nº 101, Bogotá, 1976. *Véanse* también Pierre Kopp, "La structuration de l' offre de drogue en reseaux", y "Les drogues, la corruption et les théories economiques: Les analyses formelles des marchés de la drogue", *Revue Tiers Monde*, t. XXXIII, Nº 131, juillet-septembre, 1992; Jean Cartier-Bresson, "Elements d' analyse pour une économie de la corruption", *Revue Tiers Monde*, t. XXXIII, Nº 131, juillet-septembre, 1992.

8 "Corrupción", en revista *Semana*, Nº 462, Bogotá, 1991. Según este artículo, en 1990 en las diferentes dependencias estatales se robaron cien mil millones de pesos.

A partir de 1970 los viejos fenómenos de corruptela e ilegalidad, al igual que el contrabando (tanto el ingreso como la salida de productos), fueron enormemente activados por las bonanzas marihuanera y coquera: del año 1975 en adelante la acumulación de reservas "negras" comenzó a incrementarse en forma significativa pasando de 262,7 millones de dólares en 1975, a 465,2 millones en 1976 y 467,9 millones de dólares en 1977. La dinamización de actividades económicas ilegales puede evidenciarse aún más si se equiparan las anteriores con las reservas efectivas o legales en los mismos años: 117,7 millones de dólares para 1975, 618.5 millones para 1976, y 663,8 millones para 1977, comparación que confirma que en un alto grado la acumulación de reservas fue debida a las reservas provenientes del mercado "negro" que fueron captadas a través del banco emisor ("ventanilla siniestra" del Banco de la República).

La afluencia de dólares provenientes del comercio de marihuana y cocaína, y su posterior transformación en moneda nacional, produjo un verdadero impacto sobre la estructura económica del país. Y como los controles aplicados tanto en Estados Unidos como en Colombia comenzaron a dificultar la legalización y conversión de los dólares provenientes del negocio de psicotrópicos que, a diferencia de los obtenidos en los primeros años de la década del setenta, ya no lograron ingresar como billetes o como contrabando, pues aparecieron sutiles formas para su monetización.

Durante la administración López la estabilidad monetaria sufrió una de las primeras convulsiones, ya que los dólares "negros" captados a través de la "ventanilla siniestra" del Banco de la República que escapaban al control de la Junta Monetaria presionaron la emisión creciente de pesos colombianos para comprar y *lavar* las divisas. Entre otros mecanismos útiles para el lavado se encuentran el aumento de las exportaciones ficticias cobijadas por el Plan Vallejo, el cual permitía importar tecnología y materias primas que una vez procesadas serían reexportadas, y el Certificado de Abono Tributario, CAT, que establecía un subsidio del 12% del valor de las exportaciones efectivas, en títulos para el pago de impuestos[9].

El incremento de los rubros en las exportaciones del período comprendido entre 1975 y los años ochenta, antes que reflejar un aumento en la producción industrial manifiesta un acrecentamiento tanto de los productos de la "bonanza marimbera" como de la refinación de cocaína; si bien es cierto que básicamente de la marihuana y la cocaína se alimentó la economía ilegal de los años setenta y ochenta, respectivamente, para finales de los ochenta y comienzos de los noventa estas economías habían logrado un alto margen de legalización, encontrándose situadas en diversos sectores tradicionales y nuevos de la economía legal: el agro, las finanzas, el comercio, la construcción y la industria.

Según Francisco Thoumi[10], cuyo estudio presenta un profundo análisis en cifras de la economía colombiana y la implicación del comercio y tráfico de drogas ilegales en ésta, el crecimiento de la economía subterránea fue una de las principales características del desarrollo colombiano de los últimos veinte años. Según esto, hacia 1985 la economía subterránea fue responsable de un 8,7% más del PIB que en los años base de 1974-1976. La gran magnitud de este cálculo da por sentado que esta economía estaba creciendo más que la legal y que así mismo se había convertido en el sector económico más importante de ese período. La gran cantidad de contrabando proporciona otra indicación del tamaño de la economía subterránea, pues se calcula que aunque fluctuó de año en año, el contrabando entre 1980 y 1987 alcanzó mil millones de dóla-

9 M. Arango y J. Child, *op. cit.*, p. 6.

10 Francisco Thoumi, *Economía política y narcotráfico*, Bogotá, Tercer Mundo Editores, 1994, capítulo 5. *Véanse* también: Nelson Fajardo, *op. cit.*; Santiago Gutiérrez, *El contrabando de importación*, 1980-1987.

res por año; es decir, cerca del 22% de las importaciones registradas en 1988. Contrariamente a esto, aunque la evasión de impuestos a la importación se ha considerado como comportamiento socialmente aceptable, que incluso ha sido ratificado por las diferentes amnistías tributarias, la debilidad en la recolección de impuestos y los incentivos para su evasión eran tan grandes, y los evasores tan creativos, que apareció un mercado para pasivos y costos ficticios[11].

Sin embargo, existen otras formas *socialmente aceptadas* de violar la ley, y el contrabando es una de las más obvias, así como el ocultamiento de capital o el consumo de bienes y servicios ilegalmente vendidos.

Por otra parte, las divisas circulaban de manera bastante abierta y "el Banco Central redujo en varias oportunidades los requisitos para la compra de divisas comprando las del mercado negro durante varios años a través de la denominada *ventanilla siniestra*"[12]; las ventas se justificaban pragmáticamente, pues la tasa de cambio del mercado negro ha estado por debajo del oficial, y esto se ha visto como parte de las políticas cambiarias llevadas a cabo por varios gobiernos. Esta práctica fue, justamente, la que facilitó el *lavado* de activos a través del tiempo y, por ende, contribuyó a la falta de respeto a la ley. Aunque en varias ocasiones esta práctica se ha abandonado, como en 1984, después del asesinato del ministro Lara Bonilla, ha reincidido, pues las necesidades pragmáticas de la política económica prevalecieron sobre los impedimentos morales.

En conclusión, la práctica y la aceptación extendidas de la violación de las leyes económicas, y de la importancia de la economía subterránea en Colombia, podrían resumirse así:

11 F. Thoumi, *op. cit.*, capítulo 5.
12 *Ibíd.*, p. 201.

— La economía subterránea en Colombia es grande, y aunque no existan datos concretos de su tamaño, por lo menos se tiene claro que ha crecido más rápido, desde la década del setenta, que la economía formal.
— La debilidad del Estado es evidente al mostrar su incapacidad para hacer cumplir las leyes y el respeto y lealtad hacia éstas.
— La mayor parte de la actividad económica ilegal en Colombia no posee un estigma social, habiéndose institucionalizado en muchos casos, a la vez que, como práctica, se ha legitimado en un proceso en el cual, con frecuencia y de manera aparentemente pasiva, el mismo gobierno ha participado.
— Las mismas leyes, regulaciones e instituciones del Estado convirtieron algunos activos, sobre todo de propiedad raíz, en un instrumento para ocultar capitales.
— Muchas transacciones económicas *ensucian* el dinero; es decir, convierten ingresos y capital legalmente obtenidos, en ilegales y ocultos, de la misma manera que muchas actividades también *lavan* recursos. En otras palabras, estas acciones son simplemente la forma "aceptada" de hacer negocios en el país, pero, sobre todo, las políticas gubernamentales han contribuido a la aceptación de estas prácticas.

Así, la deslegitimación del régimen político ha estado acompañada por un proceso similar en el campo económico, en el que las actividades económicas ilegales se transforman en legítimas, mostrando, en consecuencia, la debilidad del Estado.

PENETRACIÓN ECONÓMICA DE LOS CAPITALES DE LA MAFIA

Mientras Bolivia aporta un 35% de la hoja de coca que se produce a nivel mundial y Perú un 55%, Colombia participa apenas con el 10% restante de esta producción. Partiendo del hecho de que fundamentalmente Colombia es un país refinador de cocaína y como bien lo anota un reciente estudio

> (...) una medida bastante exacta del valor agregado colombiano en la producción de alcaloide dirigido al mercado de los Estados Unidos puede obtenerse teniendo en cuenta el precio total de la cocaína refinada en laboratorios colombianos a precios en puertos de embarque, y sustrayendo a éste el valor de los insumos importados y el costo de la cocaína confiscada antes del envío (entre los insumos se incluyen tanto la pasta y la base importadas de Perú y Bolivia, como los químicos utilizados para su procesamiento)[13].

En los estudios que asumen que el valor global de cocaína producida en Colombia durante el período comprendido entre 1980 y 1988 es de 25.000 millones de dólares, los autores no deducen las "pérdidas" por decomisos ni los gastos por concepto de pasta y químicos adquiridos, con los cuales la cantidad real es del orden de los 4.000 millones de dólares[14].

Aunque precisar los importes de cada etapa del proceso de transformación de pasta o base en cocaína es una tarea difícil si se tiene en cuenta que cuando se hace alusión a la cocaína se abordan actividades ilegales, cifras más "exactas" que las que poseen los gobiernos latinoamericanos proceden de entidades norteamericanas como la DEA (Drug Enforcement Agency), la CIA (Central Intelligency Agency) y el Departamento de Estado, las cuales manejan información muy completa sobre los diferentes países andinos involucrados. Y

13 Carlos G. Arrieta, Luis J. Orjuela *et al.*, *Narcotráfico en Colombia. Dimensiones políticas, económicas, jurídicas e internacionales*, Bogotá, Ediciones Tercer Mundo-Uniandes, diciembre de 1990, p. 50.

14 *Ibíd.*, p. 20.

dada la visión geopolítica que ellas esconden y la manipulación de que pueden ser (y son) objeto[15], junto con la reproducción ausente de crítica que de las diversas noticias relacionadas con "la droga" hacen los medios de comunicación, la realidad sobre las "drogas ilegales" ha sido alterada. Admitir la frecuente afirmación según la cual el mercado de "drogas" abastecido por Colombia, Perú y Bolivia asciende a 150.000 millones de dólares —cuantificación basada en el número de consumidores y su adquisición individual—[16], cuando ni a la mitad de esta suma llegan los ingresos nacionales de los tres países juntos, es aceptar que la totalidad de sus economías se halla dominada por las "drogas".

Si bien es cierto que la alteración de los montos de los recursos que ingresan al país por concepto de exportación de cocaína (ellos son muy inferiores a los reportados) es un hecho, también lo es que el efecto global de éstos en el comportamiento económico ha contribuido a amortiguar la crisis económica que, sin lugar a dudas, es menos difícil en Colombia que en otros países del área con menor influencia de los dineros "ilegales". Según un estudio llevado a cabo por Mario Arango, en Colombia las inversiones derivadas del negocio de la cocaína se dividen así: bienes raíces urbanos y campestres, 45%; ranchos de ganado, 20%; comercio, 15%; construcción, 10%; servicios y recreación, 10%[17].

15 Las cifras y datos sobre las dimensiones de la producción y el comercio de cocaína no son muy confiables, pues en el caso de provenir de estudios colombianos, son muy contradictorios y se enmarcan dentro de la lógica oficial; tradicionalmente se han estimado como "ciertos" aquellos que han sido revelados por diversas fuentes norteamericanas.

16 Carlos G. Arrieta, Luis J. Orjuela *et al.*, *op. cit.*, p. 77. *Véase* también J. Tokatlian y B. Bruce, *Economía y política del narcotráfico*, Bogotá, Cerec-Uniandes, 1990, pp. 57-115.

17 Mario Arango Jaramillo, *Impacto del narcotráfico en Antioquia*, Medellín, Ed. J. M. Arango, 1988, p. 78.

A diferencia del sector financiero, en el que los efectos de los dineros procedentes de la cocaína[18] no han sido halagadores sino por el contrario negativos (auge de dólares en el mercado negro), es indudable que el sector de la construcción en las principales ciudades del país ha resultado ser uno de los mayores beneficiados, aunque la repercusión sobre el agro también ha sido bastante favorable.

Las investigaciones acerca de los efectos que generan en la economía nacional los dineros que ingresan al país como producto de la exportación de cocaína han sido realizadas fundamentalmente por miembros del sector oficial o de instituciones (tipo universidades) que poseen una visión oficialista del asunto, y es una característica común su tendencia a menospreciar estos efectos. Así, la obra titulada *El narcotráfico en Colombia*, por ejemplo, a pesar de estar muy bien documentada y hacer claridad en algunos aspectos del fenómeno de la cocaína, intenta minimizar la repercusión de los capitales de la mafia en la adquisición de propiedades en Colombia, cuando presenta el argumento un tanto falaz de que los beneficiarios de tales ventas remitirían de nuevo al extranjero las sumas logradas con este tipo de transacciones ya que no tendrían manera de justificar tan altos ingresos. Mientras razonamientos como el anterior muestran la tendencia de un grupo de estudiosos de la problemática creada en torno a la cocaína a desconocer que para los dueños de pequeñas y medianas propiedades en la mayor parte de los casos resulta realmente imposible el manejo de relaciones con centros financieros internacionales[19], otros son indicativos de la realización de acertados análisis; en este sentido pueden mencionarse los efectuados en la misma publicación en relación con los dine-

18 Carlos G. Arrieta, Luis J. Orjuela *et al.*, *op. cit.*, p. 78.

19 H. Gómez, "El tamaño del narcotráfico y su impacto económico", en revista *Economía Colombiana*, Nºs 226-227, Bogotá, Contraloría General de la República, 1990.

ros que llegan al país en razón de los llamados "ingresos por servicios laborales" de colombianos residentes en los Estados Unidos[20] (y que en verdad ocultan capitales provenientes del comercio de cocaína), o con el importante papel que cumple la subfacturación de importaciones que hacen que la contribución de la producción y comercialización de cocaína a la generación de divisas para el país sea enorme (fluctúa entre los 900 y los 1.300 millones de dólares).

Instituciones financieras

El impacto de los dineros que manejan los núcleos mafiosos no puede establecerse con base en estadísticas parciales; aunque en el estudio de Hernando José Gómez se aprecia claramente que el crecimiento de los depósitos de dineros en las instituciones de Medellín es paralelo al período de auge de la cocaína[21], los efectos de este negocio en las instituciones financieras no son fáciles de precisar porque en ellas los depósitos de dinero provenientes de la producción y comercialización del alcaloide son por muy corto tiempo y, además, porque gran cantidad de transacciones de cocaína se llevan a cabo en dinero en efectivo. Para ilustrar estos casos puede observarse detenidamente la forma como durante la "bonanza" coquera en San José del Guaviare se efectuaban numerosas operaciones con capitales de la mafia: en una entidad financiera con sede en Medellín muchos comerciantes depositaban sumas que oscilaban entre los cincuenta y cien millones de pesos que, después, mediante un giro, eran trasladadas a San José

20 En los Estados Unidos los colombianos han actuado como verdaderos núcleos socioculturales que facilitaron el engranaje económico de la mafia, al decir de Pino Arlacchi, como "diásporas comerciales". *Véase* Pino Arlacchi, "Saggio sui Mercati Illegali", en *Rassegna Italiana di Sociologia*, 1988.

21 H. Gómez, "La economía ilegal en Colombia: tamaño, evolución, características e impacto económico", en *Economía y política del narcotráfico*, Bogotá, CEI-Uniandes, 1990.

del Guaviare, en donde un emisario las retiraba rápidamente para comprar pasta de coca. Habría valido la pena averiguar si este servicio de giro bancario quedaba o no registrado en los reportes bancarios[22], lo mismo que seguir el rastro a estos dineros y determinar su destino; de todas maneras lo cierto es que el acelerado crecimiento de estos depósitos en tales instituciones ha redundado en grandes inversiones en infraestructura para las mismas (apertura de nuevas sedes, oficinas más confortables, mejores locales, sistematización), lo que a su vez ha repercutido en mejores y más oportunos servicios al público en general.

Sector agropecuario

Antes de entrar a analizar la penetración económica de los capitales de la mafia en el sector agropecuario es necesario establecer diferencias entre las tierras dedicadas a la siembra de hoja de coca (estudiadas en el capítulo 2 de este estudio) —situadas en regiones periféricas o "marginales" del territorio nacional y utilizadas básicamente por colonos o por pequeños o medianos "mafiosos" en los períodos de expansión de la demanda de cocaína—, y las grandes adquisiciones, por parte de los integrantes de la mafia de la cocaína, de terrenos situados en regiones de alta productividad agrícola y ganadera, de alguna manera integrados a los circuitos viales y comerciales.

Sin atribuir gran importancia a la presencia de la guerrilla o a la existencia de movimientos cívicos en las zonas de su interés, pues para ello han establecido alianzas con sectores de los terratenientes y el ejército, impulsando organizaciones de autodefensas y paramilitares a lo largo y ancho del país, la mafia ha hecho suyas una gran cantidad de propiedades rurales cerca-

22 Charlas de los autores con funcionarios bancarios en San José del Guaviare, período 1984-1988.

nas a pueblos y ciudades, logrando revalorizar las tierras de éstos. (En el aparte correspondiente a "Las violencias de la mafia. Autodefensas y paramilitares, sicarios, grupos de limpieza y terrorismo urbano" desarrollado en el punto 4 que atañe a "Aspectos políticos", se amplía y explica esta tesis).

Se estima que en Colombia la mafia ha logrado adueñarse de aproximadamente trece millones de hectáreas de buena tierra con un valor que alcanzaría los trescientos millones de dólares, sin incluir las mejoras realizadas; aunque no existe en el país región que no haya sido penetrada por los capitales de la mafia, sus adquisiciones agrarias se han concentrado en el Magdalena Medio, Antioquia, Córdoba, Llanos Orientales, Boyacá, Cundinamarca, Casanare, Caquetá, Putumayo, Tolima, Huila y Valle.

Los beneficios de la incursión de estos dineros se traducen, en el sector agrario, en altos índices de productividad, grandes transformaciones tecnológicas e innovaciones en pastos y frutales; y en el pecuario, con los cruces y mejoras de ganado, en mayor productividad ganadera[23].

23 Salomón Kalmanovitz, "La economía del narcotráfico", en revista *Economía Colombiana*, Nºs 226-227, Bogotá, Contraloría General de la República, 1990. Para profundizar en los aspectos agropecuarios de la mafia pueden verse: "La intendencia del Putumayo. Un emporio de coca y muerte", en revista *Colombia Hoy*, Nº 91, Bogotá, 1991; "Conflicto en Córdoba. No es como lo pintan", en revista *Opción*, Nº 22, Bogotá, 1990; M. Romero, "Córdoba: latifundio y narcotráfico", en revista *Análisis*, Nº 3, Bogotá, Cinep, 1989; "Rambo", en revista *Semana*, Nº 416, Bogotá, abril-mayo de 1990; "Morena se destapa", en revista *Semana*, Nº 380, Bogotá, agosto de 1989; "El *dossier* de Urabá", en revista *Semana*, Nº 313, Bogotá, mayo de 1988; "Masacre", en revista *Semana*, Nº 310, Bogotá, abril de 1988; "La oveja negra", en revista *Semana*, Nº 365, Bogotá, mayo de 1989; "Para variar... más violencia", en revista *Semana*, Nº 409, Bogotá, marzo de 1990; "La contrarrevolución en Urabá", en revista *Semana*, Nº 315, Bogotá, mayo de 1988; "Justicia privada", en Informe del Departamento Administrativo de Seguridad, DAS, Bogotá, noviembre de 1988; N. Fajardo, "La sociedad colombiana y la incidencia del narcotráfico en su desarrollo", en *Cuadernos de Ideología*, Nº 3, Bogotá, Partido

(continúa en la página siguiente)

En el estudio *La violencia y la expansión territorial del narcotráfico*, Alejandro Reyes anota:

> Exceptuando una gran parte del corredor minifundista de las cordilleras Central y Oriental, los narcotraficantes han intervenido activamente el mercado de tierras del resto del país. Probablemente es Antioquia el departamento donde más tierra han adquirido, pues se han reportado compras en 66 de los 124 municipios que lo integran. Las regiones principales donde ocurre el fenómeno son el bajo Cauca, Urabá, las planicies del nororiente, el Magdalena Medio antioqueño y la zona cafetera del sur. En muchos municipios cercanos a Medellín han comprado fincas de recreo.
>
> La expansión antioqueña hacia las llanuras de Córdoba ha sido reforzada por las compras de narcotraficantes del *cártel* de Medellín en las vegas del Sinú y del San Jorge (Montería, Valencia, Tierralta, Planeta Rica, Pueblo Nuevo, Buenavista y Montelíbano).
>
> En los departamentos de Magdalena, Cesar y Guajira, donde ocurrió el auge de cultivos de marihuana a mediados y finales de los años setenta, los narcotraficantes invirtieron en tierras en algunas áreas como la antigua zona bananera de Ciénaga y los alrededores de la Sierra Nevada de Santa Marta. El *cártel* de Medellín ha comprado muchas fincas en los municipios costeros de Sucre (Tolú, Toluviejo y San Onofre), donde se ubican las mejores tierras del departamento.
>
> En el Magdalena Medio se produjo la fusión entre algunos grandes explotadores de las minas de esmeraldas de Boyacá y

(Continuación nota 23)
Comunista de Colombia, PCC, marzo de 1990; "El caso de las matanzas de Trujillo. Otra mano asesina", en revista *Hoy X Hoy*, Nº 238, Bogotá, julio de 1990; A. Reyes, "La violencia y la expansión territorial del narcotráfico", en *Economía y política del narcotráfico*, Bogotá, CEI-Uniandes, 1990; Carlos Medina, "Autodefensas, paramilitares y narcotráfico en Colombia", Bogotá, Documentos Periodísticos, 1990; A. Valenzuela, *Con las manos atadas*, Ediciones Movimiento de Restauración Nacional, Morena, 1989; Fabio Castillo, *La coca nostra*, Bogotá, Documentos Periodísticos, 1991.

algunos miembros del cartel de Medellín. Como resultado, las compras de tierras por narcotraficantes se extienden a municipios del noroccidente de Cundinamarca (Pacho, Caparrapí, La Palma, Puerto Salgar, Yacopí); del occidente de Boyacá (Coper, La Victoria, Muzo, Maripí, Pauna, Chiquinquirá, San Miguel de Sierra, Otanche y Puerto Boyacá); del suroriente antioqueño (Puerto Triunfo, Puerto Nare, San Luis, Puerto Berrío); y de Santander (Cimitarra, Puerto Parra, San Vicente de Chucurí, Sabana de Torres).

Otra región de suma importancia para algunos narcotraficantes es el piedemonte de la Cordillera Oriental. Han comprado grandes extensiones en el corredor de municipios que bordea el piedemonte en el Meta (Cumaral, Restrepo, Villavicencio, Acacías, Guamal, Castilla la Nueva, Cubarral, San Carlos de Guaroa, San Martín, El Castillo, Granada, Fuente de Oro, San Juan de Arama, Vista Hermosa y Puerto Lleras); en Puerto López y Puerto Gaitán hay grandes extensiones en poder de narcotraficantes.

Actualmente hay un proceso de expansión territorial de narcotraficantes hacia el sur del piedemonte, en territorios de Caquetá y Putumayo. En Caquetá han comprado tierras en San Vicente del Caguán, El Doncello, Paujil, Florencia, Morelia, Belén de los Andaquíes, Albania y Valparaíso. En Putumayo tienen tierras en Villa Garzón, Orito, Puerto Asís, Valle del Guamuez [sic] y Puerto Leguízamo.

En otras áreas dispersas de los Llanos Orientales y la Amazonia, sin acceso por carreteras o por río, hay haciendas de narcotraficantes comunicadas sólo por vía aérea. Este tipo de territorios son un refugio ideal para operaciones relacionadas con el procesamiento y tráfico de cocaína, pues se encuentran alejados de la onda colonizadora y fuera del alcance de las operaciones regulares del control policial.

La costa nariñense ha sido objeto de interés de narcotraficantes del *cártel* de Cali para establecer plantaciones de palma africana y criaderos de camarón en los manglares. En los municipios de Tumaco, Santa Bárbara, El Charco, Olaya Herrera, Francisco Pizarro y Roberto Payán se conoce de compras de tierras de narcotraficantes. En las áreas minifundistas de Nariño no se presenta la compra de tierras por la mafia pero sí en Sotomayor y Samaniego, El Rosario y Leiva. Igual ocurre en el resto del valle del alto Patía, en los municipios caucanos de Bolívar, Balboa y Patía.

Algunos municipios al sur de Popayán han recibido inversiones de narcotraficantes, como Timbío y Sotará, pero especialmente en la región norte, que linda con el Valle del Cauca, en Buenos Aires y Santander de Quilichao.

En el departamento del Valle del Cauca el *cártel* de Cali ha comprado extensas áreas en muchos municipios. Los observadores asocian el auge ganadero que se ha visto en los últimos años con la vocación de los narcotraficantes hacia la producción bovina. En las regiones al norte del Valle (Ansermanuevo, Cartago, El Águila) y en los municipios risaraldenses de Apía, La Celia y Balboa se han reportado adquisiciones de tierras por narcotraficantes[24].

Por la forma violenta y los factores de "modernidad" que han acompañado el incremento territorial de la mafia en algunas regiones del país tales como Urabá, Magdalena Medio, Meta, Casanare, Arauca, Putumayo, Córdoba, Caquetá, etc., en las que ha habido grandes cambios y tecnificación en la producción y mayor actuación de grupos paramilitares[25] que han presionado el desalojo y acceso de nuevos actores a la tierra[26], por la continuidad espacial del conflicto y las variantes regionales impresas al mismo, en la actual expansión territorial violenta de la mafia hay ele-

24 A. Reyes, *op. cit.*

25 Gonzalo Sánchez, "Tierra y violencia. El desarrollo desigual de las regiones", en revista *Análisis Político*, Nº 6, Bogotá, Instituto de Estudios Políticos y Relaciones Internacionales, Universidad Nacional de Colombia, 1989.

26 *Véase* el anexo B de este estudio, "Grupos de paramilitares, sicarios y autodefensas". Igualmente los artículos de las revistas y libros referenciados en la nota 2.

mentos de continuidad con los fenómenos de conflicto agrario de los años treinta y cincuenta.

Para los diferentes núcleos mafiosos en Colombia el modelo de expansión territorial no es el mismo, y obedece fundamentalmente a las tendencias manifiestas dentro de la mafia que, como ya se mencionó, son tres principales: la *moderna* de Escobar y el grupo de Antioquia, la *arcaica y siciliana* de Rodríguez Gacha, localizada en centro-oriente y con base en Cundinamarca y Boyacá, y la *sutil y europeizante* del núcleo de Cali, situada hacia el occidente del país. Con gran frecuencia quienes se inclinan por esta última tendencia, continuamente acusados de activar los procesos de "limpieza social" —mediante los cuales se elimina a los absurdamente denominados "desechables"—, muy intensos durante los últimos siete años en las regiones señaladas[27], han adquirido "por las buenas" y a muy bajos precios tierras de tradicionales hacendados del Valle, Quindío, Caldas, Risaralda, Cauca y Nariño, entre otros.

Es indudable que en los últimos diez años el fenómeno comúnmente conocido como "narcorreforma agraria" ha revolucionado el campo en lo que a vías, infraestructura de servicios, transporte, empleo y mejora de salarios, diversos aspectos de la vivienda rural, tecnología, nuevas razas de ganados, aumento de la productividad, desarrollo de los frutales y otros productos agrarios, valorización acelerada de la propiedad rural en la mayor parte de regiones[28], etc., se refiere; según Óscar Borrero, entre 1982-1984 y 1989 la hectárea de tierra en Puerto Boyacá —municipio foco del paramilitarismo por excelencia— pasó de

27 M. Romero, "Córdoba: latifundio y narcotráfico", en revista *Análisis*, Nº 3, Bogotá, Cinep, 1989.

28 "La intendencia del Putumayo. Un emporio de coca y muerte", en revista *Colombia Hoy*, Nº 91, Bogotá, 1991.

$100.000 a $1.000.000[29]. Igual aconteció en los Llanos, Córdoba, Tolima, Casanare y otras regiones, y en muchos pueblos y comarcas en los que, mediante transacciones en efectivo y sobrevaloradamente[30], un mafioso se dedicó a comprar las tierras de hacendados, terratenientes o finqueros locales.

> El gran poder económico concentrado por los narcotraficantes les ha permitido afectar de forma regresiva la distribución de la propiedad rural en el país. Es suficientemente reconocida su inclinación hacia las inversiones en propiedad raíz, rural y urbana, así como en ganadería; y la realización, en varios casos, de grandes inyecciones de recursos en adecuación de tierras, montaje de infraestructura y mejoramiento de razas ganaderas. En este proceso han alcanzado, en algunas regiones, una posición de liderazgo dentro de los productores agropecuarios. Por lo demás, la concentración de tierras en propiedad de los narcotraficantes supera la superficie afectada dentro del marco legal de la reforma agraria colombiana. En efecto, a 31 de

29 De acuerdo con las tendencias de la mafia, se han especializado los grupos armados de los diferentes núcleos mafiosos: sicarios para el de Antioquia, paramilitares para el central (de "El Mexicano") y justicia privada para los del Valle (occidente). *Véanse* Darío Betancourt E. y Martha Luz García B., *op. cit.*; y *Tendencias en la mafia colombiana de la cocaína. Los núcleos antioqueño, central y valluno*, ponencia presentada en el seminario "Tendencias actuales en investigación histórico social y de las mentalidades en Colombia", Bogotá, Universidad Pedagógica Nacional, Bogotá, agosto 22-24 de 1991; "Justicia privada", en revista *Semana*, Nº 267, junio de 1987.

30 En el occidente colombiano, en la zona cafetera del Valle, Quindío, Risaralda, Caldas, etc., se han producido aceleradas transformaciones en la tenencia de la tierra y en las técnicas de cultivo; aun cuando estos procesos se han desarrollado "a las buenas", comparativamente con las "zonas marginales" descritas, han ocasionado un encarecimiento en los productos básicos (plátano, yuca, etc.) y en las frutas destinadas a los mercados de las grandes ciudades, y una mejora en los jornales de algunos sectores especializados de la agricultura (sembradores de piña, tomate, aguacate, pimentón, etc.).

diciembre de 1985 las acciones de la reforma agraria arrojaban los siguientes resultados: adquisición de 4.010 predios con una extensión de 472.585 hectáreas por compra directa; por expropiación 252 predios con un área de 65.924 hectáreas; y por cesión ingresaron 241 predios con 350.519 hectáreas; lo que arroja un total de 4.503 predios con 889.028 hectáreas. Así, después de un cuarto de siglo las estadísticas demuestran que la estructura de la propiedad rural no ha variado en forma sustantiva como efecto de la reforma agraria impulsada por el Gobierno, lo que expresa claramente la escasa voluntad política para afectar la actual distribución de la tierra en Colombia[31].

La mayor parte de los estudios realizados ha dirigido su atención a las inversiones de la mafia en las grandes propiedades agrarias, dejando de lado la apropiación de un sinnúmero de medianas y pequeñas propiedades rurales localizadas especialmente en el occidente colombiano (zona cafetera de Caldas, Risaralda, Quindío, Tolima, Valle, etc.) por parte de la mafia, la cual las ha destinado a actividades totalmente improductivas, como son las fincas de recreo, a ganadería altamente tecnificada o extensiva, o a cultivos de agricultura comercial con tecnología moderna, cambios que a su vez han sido causantes de variaciones culturales (carros suntuarios, motos, caballos, grandes fiestas), económicos (encarecimiento de los salarios en el campo, alto circulante monetario, etc.) y sociales (carestía generalizada del costo de vida para el ciudadano común)[32].

31 O. Borrero, "La finca raíz y la economía subterránea", Bogotá, Camacol, seminario "Economía ilegal, café y construcción", 8 de noviembre de 1989.

32 En 1985 llegaron a varias poblaciones del Valle del Cauca jóvenes mafiosos oriundos de uno de sus municipios, quienes después de buscar a los finqueros más tradicionales les compraron las mejores fincas, que pagaron de contado. Una idea de la "valorización" de las tierras en el departamento puede hacerse teniendo en cuenta que una finca de aproximadamente veinte plazas situada en las afueras de un poblado fue vendida en sesenta millones de pesos, y otra de cerca de diecisiete plazas fue cedida por treinta y siete millones.

(continúa en la página siguiente)

Aún no se conocen trabajos importantes relacionados con el impacto de los dineros de la mafia en la posesión de tierras en el Meta, Casanare, Putumayo, Caquetá y otros territorios hasta el momento considerados "marginales"; tampoco existen investigaciones que indiquen la repercusión de estos dineros en el sector agrario en la región andina, en tierras incorporadas a los circuitos viales y comerciales del centro del país (zona cafetera, Valle, Tolima, Huila, Cundinamarca y Boyacá), entre otros.

Actualmente los estudios más profundos sobre los efectos de los capitales de la mafia en la adquisición de tierras se sitúan en el Magdalena Medio, Córdoba y Urabá, siendo valiosa para el caso de Córdoba la tesis que Mauricio Romero plantea en su estudio mediante la cual liga, por una parte, las tierras "periféricas" de siembra de coca a las tierras integradas (tanto a los circuitos viales y comerciales, como a los núcleos de desarrollo económico del centro del país) correspondientes a grandes haciendas de la mafia; y por otra, las

(Continuación nota 32)
El impacto de los dineros provenientes de la mafia en la adquisición de tierras ha sido tan grande que hoy existe en estos municipios un grupo de intermediarios dedicados a comprar a viudas y herederos pequeñas fincas que se hallan en mal estado, las cuales venden, después de ser sometidas a pequeñas mejoras, a un pequeño o mediano mafioso por un precio hasta cuatro veces superior al del valor inicial.
En poblaciones como Darién y Restrepo, en las que hasta hace ocho años no se conseguía ningún insumo agrícola, en la actualidad existen cuatro o cinco expendios de productos agropecuarios tan bien dotados como los de la ciudad de Cali. En igual sentido, actualmente en estos municipios el sacrificio semanal de ganado asciende a un centenar de reses y veinticinco cerdos.
En las costumbres y vida de pequeñas poblaciones vallunas en las que han incursionado los pequeños y medianos "mafiosos independientes" se han operado profundos cambios: creciente construcción de casas de recreo, puesta en funcionamiento de bares, piscinas y discotecas, reactivación de las casi totalmente olvidadas "fiestas patronales", gran circulante de dinero y aumento en la demanda de productos básicos, con su consecuente encarecimiento.

rutas internas de producción de coca, a las de refinamiento y "exportación" de cocaína[33].

La tesis de Romero explicaría en gran medida los intentos paramilitares de Rodríguez Gacha y sus aliados por instaurar en otras zonas del país el modelo aplicado en Puerto Boyacá para establecer un territorio libre del comunismo, unido al Meta, Casanare, Antioquia y Córdoba: en parte, después de la destrucción de los centros cocaineros del Yarí y San Miguel la experiencia fue trasladada al Huila y al Putumayo. Con Los Macetos, grupo que contaba con cien patrulleros al mando de un sargento retirado del ejército, que prestaba vigilancia en los laboratorios de La Azulita (semanalmente producía 2.000 kilos de cocaína) y que dispensaba "justicia" eliminando basuqueros, ladrones, etc., y persiguiendo líderes populares, cívicos y "colaboradores de la guerrilla"[34], a partir de 1988 el desarrollo del paramilitarismo en el Putumayo fue altamente significativo.

Sector de la construcción

En el caso concreto de la industria de la construcción, una interesante relación que se podía observar entre la financiación de la vivienda en el país y los metros cuadrados aprobados con licencia empieza a romperse a finales de 1985, cuando las curvas comienzan a desplazarse en dirección contraria. Esta evidencia empírica ha servido a algunos observadores para mostrar una alta relación entre la actividad constructora y la economía informal. Sin querer soslayar su importancia, es claro que a partir de 1986 el sector es afectado por la acción de varios eventos que en conjunto van a aportar fuentes alternativas de financiación para la actividad edificadora. La

33 *Véanse* los trabajos ya reseñados de M. Romero y revista *Análisis*, Nºs 3 y 4, Bogotá, Cinep.

34 Revista *Colombia Hoy*, Nº 91, Bogotá, 1991.

vivienda, que tradicionalmente participaba en cerca de 75% del total edificado, empieza a descender desde 1988 cuando aportó 62%, al tiempo que las actividades comerciales, que en el período 1983-1985 no habían alcanzado a representar 5% del total edificado, pasan a representar 8% en 1986 y 9,3% en 1988. Como se sabe, en estas actividades se requiere un mayor aporte de recursos propios del constructor que no son contabilizados en las relaciones comunes como fuentes de financiación. Igual ocurre con otros (parqueaderos, consultorios, instalaciones militares), y adiciones y modificaciones que compensan las caídas en la participación de vivienda en la actividad edificadora[35].

En los últimos años, con los dineros de la cocaína en regiones como la Costa Atlántica, Costa Pacífica, San Andrés y Urabá, y en zonas de Nariño, Cundinamarca, Tolima, Llanos Orientales, etc., ha habido gran actividad constructora en los sectores turismo y recreación: hoteles, centros de convenciones, clubes campestres, condominios, centros vacacionales, gimnasios, discotecas, etcétera[36].

35 F. Giraldo, "Narcotráfico y construcción", en revista *Economía Colombiana*, Nºs 226-227, Bogotá, Contraloría General de la República, 1990.

36 Valdría la pena indagar quiénes son los propietarios de los complejos turísticos y hoteleros, clubes vacacionales localizados en las costas norte y Pacífica y en San Andrés, lo mismo que de los condominios construidos en los departamentos de Cundinamarca, Tolima y Valle; en este último, concretamente, los *chalets* del complejo vacacional que circunda al lago Calima, entre los municipios de Restrepo y Darién. De manera idéntica, clubes tipo Club Náutico y condominios del tipo de Rosa de los Vientos, en los que el costo de un lote se halla estimado en cien millones de pesos.

La dinámica de la construcción ha sido tal en el sector de Calima que en los municipios aledaños (Restrepo y Darién), en los que hasta hace unos ocho años no había una sola ferretería ni depósitos de materiales, hoy en cada uno hay instalados seis o siete; igualmente, mientras hasta hace ocho años en Restrepo sólo se contaba con una volqueta, la del municipio, en la actualidad se tienen diez que transportan arena y balasto del río Guadalajara (Buga) hasta las parcelaciones de Calima, a razón de $40.000 viaje.

Comercio e industria

Los del comercio y la industria han sido tal vez los sectores más fácilmente penetrados por los capitales de la mafia, pues en ellos siempre hay cabida para todos los niveles jerárquicos de la organización: desde jefes de núcleos hasta testaferros y segundones que de alguna manera se benefician con los dineros de los negocios de la cocaína. Una amplia gama de renglones del sector comercio han sido penetrados por estos dineros: centros comerciales, compraventa de vehículos, ventas de bicicletas y motocicletas, *boutiques*, estaciones de gasolina, ferreterías, bares, discotecas, casas de juego, gimnasios, centros de belleza, supermercados, cigarrerías, prenderías, droguerías, almacenes de repuestos, almacenes de muebles, oficinas de sistemas e informática, restaurantes de lujo y cadenas de restaurantes y pizzerías, cadenas de almacenes, joyerías, almacenes de calzado y de prendas de vestir, etcétera[37].

Los efectos de los dineros de la mafia de la cocaína se han sentido principalmente en la pequeña y mediana industria (fábricas de confecciones, manufactura del cuero, autopartes, fábricas de implementos deportivos, muebles, equipos de refrigeración, equipos para oficina, metalmecánica), y su repercusión en las industrias de químicos, pinturas y textiles se ha traducido en renovación de tecnologías y adquisición de materias primas y repuestos de contrabando.

> Yo colaboraba con Édgar en el *lavado* del dinero. Retiraba de nuestros depósitos de narcodólares sumas que iban desde tres hasta diez millones de dólares en efectivo y las remitía en nuestros vuelos hacia Colombia. Informábamos a los Ochoa sobre la salida del avión cargado de dinero, y ellos a su vez notificaban a Pablo Correa que el avión estaba en camino: tan

37 Hasta el presente se han estudiado solamente los sectores macroeconómicos, sin detenerse a indagar la incidencia sobre los pequeños y medianos comercios e industrias en donde los dineros de las mafias han penetrado a través de familiares, parientes o terceras personas.

> pronto recibían el dinero nos lo hacían saber. Los dólares siempre iban en paquetes que contenían exactamente cien billetes. Podían ser billetes de veinte o de cien dólares, pero siempre iban empacados en fajos de cien billetes de la misma denominación. Así era más fácil contarlos. Yo había descubierto que en una caja de zapatos cabía exactamente un millón de dólares en billetes de cien.
>
> Naturalmente, no todo el dinero lo enviábamos de vuelta a Colombia. El cártel también hacía las veces de banco para algunas empresas colombianas legítimas. La nómina del cártel incluía cajeros e incluso funcionarios de ciertos bancos de Miami que aceptaban depósitos de grandes sumas sin presentar el correspondiente informe[38].

En general, en las ciudades y municipios colombianos en donde ha cobrado gran fuerza la mafia, se presenta:

1. Gran valorización y movilidad de propiedad rural y urbana.
2. Creciente número de motos, lanchas y autos lujosos.
3. Gran desarrollo de la actividad comercial (almacenes, *boutiques*, ferreterías, graneros, agroquímicos, etc.).
4. Crecimiento y aumento de bares, discotecas, restaurantes, sitios de esparcimiento y diversión.
5. Vagancia, vicio y prostitución en adolescentes de uno y otro sexos.
6. Aumento del consumo de basuco y cocaína en la juventud. Aparición de vendedores minoristas o detallistas (*jíbaros*), inclusive miembros de prestantes familias de los pueblos.
7. Incremento de la delincuencia (robo, asalto) y la criminalidad (muertes directas e indirectas, lesiones personales, aparición de N.N.).

38 M. Mermelstein, *op. cit.*, pp. 132-133.

Capítulo 4. TRES TENDENCIAS EN LA MAFIA COLOMBIANA DE LA COCAÍNA

Diferentes versiones han existido en la historia de la mafia. En su versión más clásica, la mafia siciliana ha sido entendida como una sociedad cohesionada por lazos de familia que se remonta a varias generaciones, que posee normas, leyes e ideología sin codificar y que se transmite de padres a hijos; es una hermandad para el crimen y al margen de la ley. Como podrá comprenderse, esta definición encierra una actitud general frente al Estado y frente al ordenamiento jurídico. Como la mafia tiende a organizarse en sociedades en las que o el orden público es ineficaz, o los ciudadanos consideran que el Estado y las autoridades son poco eficientes, y aglutinan su poder en torno a núcleos locales, mediante la protección paternalista del magnate o el cacique, puede aseverarse que es un tipo de organización que surge en una sociedad ancestral, rústica y "feudal" en donde el Estado, ineficiente y ausente, debe ser sustituido por las fraternidades al mando de un terrateniente, de un funcionario local o de un mediano comerciante. Para tener una idea de cómo ha operado tradicionalmente la mafia siciliana, el texto de don Pietro Ulloa, procurador general de Trapani, refiriéndose en 1938 a los acontecimientos en Sicilia, es bastante ilustrativo:

> No existe empleado en Sicilia que no se prosterne ante el menor gesto de un hombre autoritario y que no trate de obtener ventajas de su cargo. Esta corrupción general ha llevado al pueblo a recurrir a remedios tan extraños como peligrosos. En muchas localidades existen fraternidades, especies de sectas que se autodenominan partidos, cuyos miembros no efectúan reuniones ni mantienen otro vínculo entre sí que su dependencia de un jefe, que en algunos lugares es un propietario terrateniente, en otros un arcipreste. Una caja común proporciona los fondos, sea para hacer nombrar un funcionario, sea para corromperlo o protegerlo, sea para inculpar a un inocente. El pueblo se entiende con los culpables. Cuando se producen robos, aparecen mediadores que realizan transacciones para que aparezcan los objetos robados. Esta fraternidad goza de la protección invulnerable de muchos magistrados de alto rango...[1].

La versión italo-norteamericana ha comprendido a la mafia como aquel crimen organizado que obtiene ganancias y beneficios, y pretende alcanzar la inmunidad jurídica mediante la aplicación sistemática del terror, la corrupción y el soborno. Como organización que opera al margen de las instituciones del Estado, tiene a su servicio un sinnúmero de personas trabajando en complejas estructuras paralelas al Estado mismo; por tanto, es en la actualidad el resultado de negocios tanto ilícitos como lícitos realizados a lo largo de varios años, y tiene como propósito a través de su actuar, ganar el control sobre amplios campos de las actividades social, económica, política y cultural de una sociedad.

Iniciada en un sociedad campesina y atrasada, la mafia italo-norteamericana logró arraigarse en la migración italiana, para luego prosperar, desarrollarse y modernizarse

1 Citado por L. Sciascia, en el prólogo de Fabrizio Calvi, *El misterio de la mafia*, Buenos Aires, Gedisa, 1987, pp. 17-18.

en la sociedad norteamericana, alcanzando complejos grados de sofisticación y versatilidad[2], y dando lugar a un sistema análogo, paralelo y complementario, según la coyuntura, al sistema capitalista, el mismo que (en su fase salvaje) le dio el impulso necesario para crecer.

Refiriéndose a la mafia norteamericana, Martin Short manifestó:

> En la actualidad la mafia es un conglomerado tan poderoso como cualquiera de las compañías importantes del mundo. El crimen organizado actúa como una sociedad multinacional en el sentido de que desarrolla mercados, explota la demanda del consumidor, impide la competencia y elimina a la oposición. Como dice Herbie Gros, un antiguo jefe de la mafia: "Existe el bajo mundo y el gran mundo, al que yo llamo el bajo mundo legal", donde la mafia usa pistolas, los negocios legítimos usan abogados. Actualmente la mafia es aún más peligrosa porque se ha hecho legítima con fuertes inversiones en negocios y gente de pantalla que habla correctísimamente y se ha educado en los mejores colegios universitarios. Ahora posee pistolas y abogados[3].

En uno y otro casos la mafia, como lo expresa Sciascia, es la corrupción de todos los poderes públicos, la infiltración del poder oculto de una asociación que favorece a sus propios miembros en detrimento del cuerpo social en su conjunto, en el poder del Estado[4].

En Colombia se presenta, hasta cierto punto, una compleja mezcla de elementos constitutivos de las dos versiones anteriores de la mafia, mezcla producto de la confluencia de diversos factores: por una parte, persisten los de tipo ancestral, cacique, gamonal y clientelista, de alguna manera ligados al campo y heredados desde el siglo pa-

2 *Ibíd.*, p. 22.
3 M. Short, *Mafia: sociedad del crimen*, Barcelona, Planeta, 1986, p. 49.
4 L. Sciascia, *op. cit.*, p. 18.

sado, hecho que permite asemejarla a la vieja mafia siciliana. Por otra, a través del tiempo han venido desarrollándose núcleos modernos, traumáticos y complejos de carácter urbano, ligados a procesos de "urbanización y desarrollo capitalista del campo", en los que sin lugar a dudas se encuentran manifestaciones de elementos de la moderna mafia norteamericana. Todos estos factores han sido estimulados por cuatro grandes constantes históricas en la sociedad colombiana: la permanencia del caciquismo, el gamonalismo y el clientelismo, la gran corrupción a todos los niveles, el contrabando y la existencia de economías ilegales constantes que, a su vez, son traspasadas y retroalimentadas por las contradicciones de un Estado "débil".

La mafia colombiana —que irrumpe como tal en los años setenta— es el resultado de la fusión de elementos ancestrales con elementos modernos, profundamente dinamizados por la producción y comercio de marihuana y más tarde de cocaína. La marihuana se enraíza en el seno de una sociedad tradicional, cuna del gamonalismo y el clientelismo, en la costa norte, y un poco más tarde, la cocaína cobra su impulso inicial en Antioquia, una de las regiones más modernas y con mayor desarrollo industrial.

No es mera coincidencia que el dúo más dinámico y a su vez traumático, conformado por los prototipos de la mafia criolla, estuviera integrado por Gonzalo Rodríguez Gacha, símbolo de la "tradición", del campo, y por Pablo Escobar Gaviria, representante del "sector moderno", de la ciudad. Sus orígenes, sus ideologías y sus "zonas de influencia" dieron lugar a dos de los grupos armados más violentos de la historia reciente de Colombia: los paramilitares y los sicarios.

Un claro ejemplo de la combinación y coexistencia de elementos ancestrales y elementos modernos en un mismo espacio lo constituye la llamada mafia valluna o caleña, quizá la que ha sido menos referenciada, protagónica y perseguida. La explicación del "funcionamiento" y "comportamiento" de la mafia del Valle[5] puede encontrarse en la existencia simultánea de elementos de diversa procedencia que tienen que ver directamente con el origen del departamento en el que todos se reclaman vallunos, el cual es producto de la asociación de las cordilleras, con su colonización antioqueña y cafetera, y la zona plana, con los blancos y mestizos, cuna de la industria azucarera y asiento de uno de los más tempranos desarrollos capitalistas.

La mafia colombiana no es, en conclusión, una organización social "pura"; es, más bien, la resultante de la confluencia de múltiples fuerzas y tendencias que giran en torno a las aspiraciones individuales de algunos de sus miembros, ya sea por su vitalidad, tenacidad, necesidad, arrojo o coyuntura social o política golpeada, y representa la frustración de las clases medias por aspectos delictivos particulares en algunos individuos.

Así como la mafia norteamericana moderna se inicia con migrantes sicilianos, se monta sobre el licor ilegal y se fortalece con el control sobre los narcóticos, la mafia colombiana se construye con la gran migración de colombianos a Estados Unidos, muy fuerte en los años setenta, y se

5 El núcleo mafioso del Valle ha sido considerado como el más sutil y el más hermético; algunos argumentan que ha pasado inadvertido rápidamente en las clases altas de la sociedad valluna. La particular configuración económica, social y cultural del Valle del Cauca fue influenciada por la colonización antioqueña tardía llevada a cabo en sus dos cordilleras, la cual imprimió al departamento una amalgama sociocultural bien característica. El llamado grupo de Cali ha sabido integrar muy bien estos dos sectores: el de la cordillera, con su habilidad paisa para los negocios, y el del plano, con su dinámica industrial.

consolida a través del control sobre la producción y distribución de cocaína[6].

Aunque alrededor del negocio de la marihuana se dieron asociaciones, fue solamente a partir de la producción y comercialización de la cocaína que se estructuró una mafia como tal. A pesar de que algunas sectas de la mafia incursionaron abiertamente como estructuras paralelas y organizadas frente al Estado, hacia los años setenta vivían un proceso de consolidación iniciado por lo menos quince años atrás, principalmente mediante la construcción de sus propias redes de transporte y distribución en los Estados Unidos y apoyado en la gran migración de colombianos (paisas) a partir de 1965.

En entrevista concedida en Panamá al diario *El Tiempo* el día 29 de julio de 1984, a raíz de los diálogos con miembros del grupo de Medellín, en uno de sus apartes el expresidente López expresó:

> Ellos dijeron que representaban a unas cien personas que constituían la cúpula de la organización de la cocaína, una organización que según ellos había tomado diez años en formarse y que trabajaban en coordinación con gentes del Brasil, Bo-

6 La mafia colombiana logró consolidar su dominio sobre la producción y comercialización de cocaína a partir del control de las rutas y mercados en los Estados Unidos; esto no habría sido posible sin la gran migración hacia Norteamérica, muy intensa a partir de 1965, de colombianos provenientes principalmente de la región occidental.
Mediante la tesis de las "diásporas comerciales", en el mismo sentido en que lo plantea el antropólogo Abner Cohen, puede explicarse la integración de los elementos migración, rutas y comercialización de cocaína por colombianos, como naciones o grupos compuestos por comunidades culturalmente dependientes entre sí, pero dispersos desde el punto de vista espacial.
El caso dado con los colombianos en Norteamérica es igual al sucedido con los migrantes italianos, los chinos y los judíos. *Véase* A. Cohen, citado por Pino Arlacchi, "Saggio sui Mercati Illegali", en *Rassegna Italiana di Sociologia,* 1988.

livia, Perú, Ecuador y con cómplices en los Estados Unidos. Según ellos, esa organización se forjó al imponerse el espíritu empresarial antioqueño sobre el de otras regiones y otros países, en un negocio que deja varios miles de millones de dólares al año. Alguno de ellos afirmó que uno de sus representados se había ganado 90 millones de dólares durante el último trimestre[7].

Teniendo en cuenta sus particularidades, para el caso colombiano se entiende como "mafia"[8] aquellos grupos que, identificados por intereses económicos, sociales, políticos y culturales, asumen una actitud ilegal frente al Estado y frente al ordenamiento jurídico que le sustenta, y que para resolver sus conflictos no recurren a los jueces ni a los entes estatales sino que, por el contrario, hacen uso de las organizaciones de sicarios creadas con el propósito de figurar como agentes locales que saben infundir respeto y aceptación. Al igual que otras mafias, la colombiana se fue fortaleciendo alrededor del núcleo familiar (padres, hermanos, tíos, primos, sobrinos, etc.) hasta penetrar otros grupos sociales. Aunque los

7 *El Tiempo*, Bogotá, julio 29 de 1984.

8 E. Hobsbawn, *Rebeldes primitivos*, Barcelona, Ariel, 1968; M. McIntosh, *La organización del crimen*, México, Siglo XXI, 1977. Para profundizar en el estudio de la mafia, *véanse* M. Short, *op. cit.*; F. Sondern, *La mafia*, Barcelona, Bruguera, 1975; F. Pasley, *Al Capone*, Bogotá, Círculo de Lectores, 1970; L. Sciascia, *Todo modo*, Bruguera, Barcelona, 1982; *El mar de color de vino*, Barcelona, 1980; C. Lamour y M. Lamberti, *La nueva guerra del opio*, Barcelona, Barral, 1973; Mario Puzzo, *El Padrino*, Barcelona, Grijalvo, 1970; *Salvatore Giuliano, el Siciliano*, Grijalvo, Barcelona, 1984; Fabrizio Calvi, *El misterio de la mafia*, Buenos Aires, Gedisa, 1987; Pino Arlacchi, *op. cit.*; "El crimen sí paga", en revista *Semana*, Nº 237, Bogotá, noviembre de 1986; Pino Arlacchi, *La mafia imprenditrice. L'etica mafiosa e lo spirito del capitalismo*, Bolonia, Il Mulino, 1983; Giovanni La Fiura, Amaelia Crisantino, Augusto Cavadi, "Mafia: Per un Approccio Multidisciplinare", en *Nueva Secondaria*, Nº 5, Gennaio, 1991; Peter Schneider, *Classi sociali, economia e politica in Sicilia*, Rubbettino, Soveria Mannelli, 1989; Raimondo Catanzaro, *Il delitto come impresa*, Padova, Liviana, 1988; Leonardo Sciascia, *Il giorno della civetta*, Torino, Einaudi, 1961; Franco Ferrarotti, *Rapporto sulla mafia da costume locale a problema dello sviluppo nazionale*, Nápoli, Liguori, 1978.

diferentes núcleos regionales de la mafia colombiana tienen sus variantes, es claro que en un comienzo, aunque en su mayor parte estuvieron conformados por sectores de clases media y baja, rápidamente lograron incrustarse en las clases altas de la sociedad, haciendo posible la ampliación de sus límites de actuación e influencia.

Puesto que como organización la mafia colombiana no se halla plenamente jerarquizada, muchos de sus miembros constituyen apenas apéndices o asociados, y múltiples grupos menores y subgrupos se mueven al margen de los grandes grupos de Medellín, Cali, Bogotá o la Costa. El hecho de no operar de manera jerárquica y centralizada hace que la mafia colombiana esté conformada por una red de agentes locales, "jefes locales" situados en un municipio, ciudad o región, quienes mediante el compadrazgo y las ayudas y donaciones ofrecidas a los pobladores, lograron popularidad y base social.

El surgimiento de la mafia en Colombia estuvo íntimamente ligado a la crisis económica y social de las élites regionales, suceso que además de facilitar el ascenso social y económico contribuyó, al agudizarse las contradicciones sociales locales (violencia, desempleo, etc.), al reclutamiento de guardaespaldas, testaferros y sicarios por parte de los primeros mafiosos. La "debilidad del Estado" y su escasa presencia regional dejaron en manos de los agentes particulares locales la solución y mediación de los conflictos, favoreciendo el surgimiento y posterior fortalecimiento del sicariato y el paramilitarismo.

ASPECTOS SOCIALES Y CULTURALES

Base social de la mafia

Las acciones de la mafia de la cocaína se sustentan sobre una base social lograda por la influencia en sectores hasta ahora al margen del Estado y de la representación de las élites tradicionales que de manera burocrática y coyuntural sólo se disputan esta representación antes de las elecciones[9]. Gozar de reconocimiento y ganar apoyo social, así como lograr el respeto y respaldo de los sectores y de las élites de los pueblos, veredas o regiones en donde se instalaban, ha llegado muchas veces a convertirse en obsesión de muchos mafiosos quienes a pesar de poseer grandes cantidades de dinero, producto de su actividad "al margen de la ley", se hallan condenados a la clandestinidad, el aislamiento, la soledad y la marginalidad, condiciones generadoras de ansiedad.

Para romper este aislamiento, ganar el respaldo de amplios sectores de la sociedad y construir en cierta medida "bases sociales de apoyo", dependiendo del núcleo mafioso y de la región de su influencia se han dado tres diferentes procesos (a los cuales no han escapado ni la expansión territorial en áeras rurales, en el caso de quienes se han centrado en el campo, ni la adquisición de bienes o propiedades urbanas, en el caso de quienes han preferido las ciudades): por una parte, el de los mafiosos rurales, quienes han logrado sus bases sociales mediante los favores, las dádivas y los compadrazgos, las obras veredales, los puentes y caminos, la instalación de los servicios de agua y luz, el mejoramiento de razas de bovinos y equinos, etc. Por otra, el de los núcleos mafiosos que para alcanzar su base social de apoyo han aplicado la fuerza y que mediante la intimidación y la ejecución de acciones armadas han configurado dos de las tendencias armadas más características de la mafia colombiana, representativas a la vez de dos de sus más significativos núcleos, el "antioqueño" y el "central", con sus sicarios y paramilitares, respectivamente. En tercer lugar, el de los mafiosos que combinan los dos métodos anteriores (los favores y la fuerza) pero que, principalmente, desarrollan actividad política[10].

9 A. Valenzuela, *Con las manos atadas*, pp. 21-45.
10 Según las reuniones y el tipo de foco mafioso.

Los orígenes de Rodríguez Gacha y Escobar Gaviria —dos de los prototipos de la mafia criolla—, sus ideologías y sus "zonas de influencia" dieron lugar a dos de los grupos armados más violentos de la historia reciente de Colombia los paramilitares y los sicarios; éstos, a su vez, son expresión de las tendencias ancestral y urbana o moderna, respectivamente. Mientras Escobar se mantuvo durante mucho tiempo amparado por la retaguardia urbana de sus sicarios —aunque posteriormente tuvo que desplazarse a zonas rurales colindantes con el Magdalena Medio, acompañado siempre por su cuerpo de guardias surgidos del sicariato—, Rodríguez Gacha se jugó el todo por el todo amparado en sus paramilitares. A pesar de que utilizando una estrategia de defensa recurrió al campo como refugio, Escobar siempre fue fiel a su estructura sicarial; Rodríguez Gacha, por su parte, a pesar de que en su última fase —de ocultamiento— tendió a urbanizarse (en la Costa), hasta el final continuó firme con su estructura paramilitar[11].

Con obras de beneficencia, generación de empleo, donaciones, etc., tanto Rodríguez Gacha como Escobar Gaviria alcanzaron una gran admiración y respaldo entre amplios sectores de la población que comenzaron a verlos no sólo como perseguidos y como hombres que se enfrentaban a lo establecido, sino, por la extracción de clase "humilde" de uno y otro personajes, como su imagen triunfante, como los exponentes altivos de sus largas "frustraciones y miserias", ya que, pese a todo, tanto el uno como el otro habían logrado ponerse por encima de ellos (sectores pobres y medios de la población colombiana), proyectándose con sus logros y sus fortunas como unos "ge-

11 G. Medina, *Autodefensas, paramilitares y narcotráfico en Colombia*, Bogotá, Documentos Periodísticos, 1990. *Véanse* también: F. Castillo, *La coca nostra*, Bogotá, Documentos Periodísticos, 1991; Carlos E. Uribe, *Se busca Pablo muerto. La guerra loca de Barco*, Medellín, 1990; Alonso Salazar, *No nacimos pa' semilla*, Bogotá, Corporación Región-Cinep, 1990; revista *Semana*, Bogotá, Nºs 247, 260, 310, 313, 330, 380, 405, 408, 416 y 426.

nuinos" representantes de sus clases. No de otra manera pueden explicarse las inmensas simpatías que Rodríguez Gacha y Escobar Gaviria produjeron entre los sectores populares, hasta el punto de que no sólo hubo madres que en sus oraciones los encomendaban a los santos de su devoción, o que cuando tenían noticias de un operativo en su contra los lloraban cual si fueran sus hijos[12], sino que en la alcaldía y los juzgados de Envigado se arremolinaban las gentes en largas colas en busca de una visita para saludar en las cárceles a sus "ídolos" en plena "guerra" contra la mafia entre 1989 y 1991.

Aunque a través de la historia el Estado, las autoridades y las élites siempre han tratado de soslayar el agrado que entre la población despierta este tipo de personajes (recuérdense los casos de "Chispas" y Efraín González, en la violencia del cincuenta), es imposible perder de vista que numerosos individuos que se ponen "al margen de la ley", quienes inclusive en muchos casos están comprometidos en crímenes horrendos, generan extraordinaria atracción en las gentes del "común" pues, pese a lo socialmente aceptado (y a su manera), ellos también construyen grandes "bases sociales de apoyo" y, quiérase aceptar o no, también "hacen historia" delinquiendo.

Si bien Escobar Gaviria, al manejar por largo tiempo las relaciones políticas de la mafia logró ser reconocido como un gran *padrino*, Rodríguez Gacha, por su parte, puede ser tildado y juzgado como un "simple bandido", aun cuando seguramente es difícil sustraerlo de los crímenes cometidos por sus paramilitares y comandos: en realidad y muy a pesar de todos, Rodríguez Gacha fue un "mafioso social".

Un fenómeno con características similares en sus orígenes a las del núcleo mafioso de Antioquia, pero con diferencias en su desarrollo y consolidación, lo presenta la llamada mafia valluna o caleña. La explicación del "funcionamiento"

12 E. Hobsbawm, *Rebeldes primitivos*, Barcelona, Ariel, 1968.

y "comportamiento" de la mafia del Valle[13], quizá la menos referenciada, protagónica y perseguida en Colombia, puede encontrarse en la presencia simultánea de elementos de diversa procedencia que tienen que ver directamente con el origen del departamento en el que todos se reclaman vallunos, el cual es producto de la asociación de las cordilleras (con su colonización antioqueña y cafetera) y la zona plana (con los blancos y mestizos), esta última cuna de la industria azucarera y asiento de uno de los más tempranos desarrollos capitalistas del país.

El "cartel de Cali" constituye, entonces, un núcleo mafioso muy distinto de los dos anteriormente reseñados: el moderno y urbano, de Escobar (el antioqueño), y el rural y ancestral, de Rodríguez Gacha (el central); por su extracción, sus relaciones, sus contactos y manera de operar, los mafiosos del Valle del Cauca se asemejan mucho más al modelo europeo: no entran en contradicción abierta ni con las autoridades, ni con la clase política, ni con las élites, y por el contrario se han estructurado como un núcleo mafioso sutil, suspicaz, frío y calculador. Con toda seguridad muchos de sus rasgos se desprenden de su origen, pues en la mafia del Valle se funden las habilidades comerciales de los habitantes de las cordilleras (de ascendencia paisa), con el cálculo y el pragmatismo del industrial (de la zona plana). En conclusión, en el caso del núcleo valluno nos encontramos ante una mafia con dos tendencias surgidas en el seno de un mismo departamento: una, la de la cordillera, y otra, la de la zona plana.

Vale la pena aclarar que las expresiones "núcleo valluno" o "mafia caleña" en realidad hacen alusión a un número indeterminado de medianos y pequeños focos mafiosos que tienen asiento en la mayor parte de los municipios del departamento del Valle y que actúan en forma independiente, es

13 *Véase* nota 5.

decir, sueltos o a manera de subnúcleos; entre éstos sobresalen los subnúcleos de Cali, Roldanillo, Tuluá, Buga y Cartago. El de Cartago, señalado como asociado al núcleo de Medellín, en la actualidad los acontecimientos nos lo presentan enfrentado al de Cali[14].

Todos los factores que de una u otra manera han favorecido la ampliación de la base social de la mafia han podido entrar en juego gracias a la escasa presencia o ausencia del Estado y a la crisis de los partidos tradicionales, muy acelerada en los años ochenta, crisis que incluso llevó a sectores del Estado, de los partidos y las fuerzas armadas a recurrir al uso de la fuerza "no legítima" para lograr mantenerse en el poder. A reforzar esta situación se sumó el creciente desarrollo económico, minero y agroindustrial manifiesto en algunas regiones del país (Urabá, Magdalena Medio, Arauca, Córdoba, Casanare, Caquetá y Putumayo, entre otras) el cual, al decir de algunos —no sólo por la violencia que le acompaña sino por el escaso bienestar que proporciona a las capas bajas y medias de las regiones en las que se da a conocer y en las que de alguna forma a merced de las contradicciones anotadas la mafia se ha incrustado—, representa lo que ha dado en llamarse "capitalismo salvaje".

En una estructura como la colombiana en la que existe una inequitativa política fiscal, en la que en lo económico hay concentración del ingreso, en la que la participación política se ha mantenido restringida (al menos hasta la nueva Cons-

14 Para profundizar sobre el llamado "cartel de Cali" o "cartel del Valle" *véanse La Prensa*, Bogotá, junio de 1991; *Time International*, Nº 26, julio de 1991; entrevistas y relatos obtenidos por los autores de este ensayo, con: "El Comerciante", Cali, junio de 1989 y julio de 1990; "El Cajero", Cali, enero y julio de 1991; "El Mueco", Cartago, junio de 1990 y julio de 1991; "El Flaco", Roldanillo, abril de 1991; "Pelusa", Tuluá, julio de 1991; charlas sostenidas por los autores durante el período comprendido entre 1988 y 1991, en diversas poblaciones del departamento del Valle, con: "Chuzo", "Puñalada", "Media Vida", "Pecas", "El Gacho" y "El Mono".

titución, que aún está por reglamentarse) y en la que son extremadamente difíciles las posibilidades de acceso de las nuevas fracciones de clase que buscan con afán expresarse social y políticamente, tanto la guerrilla, como los paramilitares, los sicarios, los mafiosos y aun la delincuencia común no pueden verse sino como una expresión de la lucha de clases y fracciones, como actores sociales, políticos y culturales que luchan por abrirse paso en tan restringido modelo de sociedad y de Estado[15].

En el caso específico de la cocaína, la mafia no constituye una totalidad social, económica y política pues, dadas las particularidades del negocio y los países que compromete, son muy grandes los niveles de diferenciación social, económica, política y cultural: por citar un ejemplo, en la medida en que un recolector de hojas de coca en el Caquetá difiere de un *lavador* de dólares y de un consumidor en Miami, es necesario hacer manifiesta su distinción. Y en el plano nacional si bien la diferenciación de la mafia y los sectores sociales que compromete está dada por las regiones y los diversos núcleos (en el curso de esta investigación se han propuesto cinco), no pueden desconocerse las estructuras familiares, sociales y culturales sobre las cuales se gestaron estos grupos mafiosos; por tanto, la estructura mafiosa de una región no puede traspasarse mecánicamente a la de otra, como pretenden algunos. A través de un foco mafioso no puede verse a los demás: una cosa es la mafia costeña (representante de los sectores medios y bajos de la sociedad, construida sobre la vieja herencia de la organización clánica de algunas regiones —La Guajira, parte del Cesar y Magdalena—, a su vez heredada de la antigua estructura indígena de la región, que se

15 Carlos G. Arrieta, Luis J. Orjuela *et al.*, *op. cit.*, pp. 210-212. *Véanse* también: revista *Nueva Sociedad*, pp. 114-116; *La irrupción del paraestado. Ensayos sobre la crisis colombiana*, Germán Palacio (comp.), Bogotá, Fondo Editorial Cerec, 1990.

reprodujo y se adaptó a la del negocio de la marihuana, y sobre una estructura gamonal, caciquil y machista característica también de algunos sectores de la Costa[16]), otra distinta es la estructura mafiosa de la cocaína en diversos sectores de la costa norte, y otra, aún más diferente, son los focos mafiosos de Antioquia, Valle, Cundinamarca y Boyacá.

La mafia antioqueña, por ejemplo, se entronca sobre una sociedad tradicional en la que el padre y la madre cumplen papeles ejemplarizantes y socializadores en demasía, en la que a través del tiempo han existido el racismo y el menosprecio por el mestizo, el negro y el indio, y en la que el culto al dinero y a "ser alguien en la vida" han sido costumbres transmitidas con enorme significado, hasta el punto de que en cierta medida se han convertido en facilitadoras del ascenso social y de clase. Aunque la mafia antioqueña fue conformada por sectores de las clases media y baja que con gran dificultad lograron ascender en tan conservadora y racista sociedad —la cual, al no resignarse a perder dócilmente su tradicional hegemonía ha contribuido a imprimir violencia a las manifestaciones de la mafia—, la crisis económica de las élites tradicionales le fue abriendo espacio dentro del complejo tejido social antioqueño hasta la conformación de una red de complicidades y lealtades manejadas mediante el dinero o la fuerza de las armas, según la coyuntura; en este sentido son valiosas las afirmaciones que hiciera Pablo Escobar en una entrevista concedida a una importante revista colombiana:

> Una estrategia eminentemente política, jurídica y publicitaria. Representé a los Extraditables en Panamá cuando yo era extraditable todavía, con los doctores López Michelsen y Jiménez Gómez. Pero en el país no gobernaba un líder inteligente y por

16 Guillermo Daza, "Marihuana, sociedad y Estado en La Guajira", tesis de grado, Bogotá, Departamento de Sociología, Universidad Nacional de Colombia, 1988.

eso llegó la lucha militar de los Extraditables, con todas las consecuencias conocidas[17].

La mafia valluna, al hallarse compuesta por sectores medios y altos de la élite tradicional y levantada sobre una sociedad producto de un complejo mestizaje (mientras en la zona plana priman la mezcla de blanco y negro y los núcleos blancos, en las cordilleras se encuentran descendientes de la colonización antioqueña tardía, caucanos y nariñenses), ha logrado insertarse de manera sutil en la sociedad:

> El estilo administrativo de Cali es cerebral, calculador y engañoso. Al estilo de las grandes dinastías comerciales mediterráneas (...) El código de conducta es estricto: ropa poco llamativa, automóviles tipo familiar, discretos, la embriaguez y la fiestas ruidosas están prohibidas[18].

El núcleo central o de "El Mexicano" —el más arcaico y más parecido en su estructura a la vieja mafia siciliana—, construido sobre el tradicionalismo y el compadrazgo de la sociedad boyacense y la cundinamarquesa, pero especialmente sobre la antigua mafia de las esmeraldas, es el producto de la fusión de dos mafias; es el resultado del ascenso de sectores bajos, antiguos peones y minifundistas que, convertidos en guaqueros y rebuscadores de la zona esmeraldífera, con el tiempo ingresaron al negocio de la cocaína.

Las declaraciones de José Gonzalo Rodríguez Gacha, "El Mexicano", dan una idea de la procedencia de los miembros del foco central, al referirse a la dura vida que le ha *tocado* a todo el que se considera triunfador, y de igual manera hace caer en la cuenta de que si la plata que él logró conseguir la

17 Revista *Semana*, Nºs 479 y 481, Bogotá.
18 Revista *Time*, Nº 26, 1º de julio de 1991. Para profundizar en el estudio del núcleo del Valle, *véanse* también: "El Rodríguez modelo 93", en revista *Semana*, Nº 204; revista *Semana*, Nºs 477, 489, Bogotá; *La Prensa*, Bogotá, junio 30 de 1991; *Newsweek*, Nº 46, noviembre 13 de 1989.

tuvieran las familias más ricas del país, se diría que es dinero bien habido, pero como él, descendiente de familia humilde, es quien la ha conseguido, "entonces es una plata mal conquistada, es una plata mala"[19].

Como ya se anotara en el aparte en el que se propone la categoría *mafia* para abordar el fenómeno de la cocaína en Colombia, al igual que la mafia clásica (siciliana), en sus comienzos la mafia colombiana se circunscribió al ámbito familiar (padres, hermanos, primos, tíos, sobrinos, ahijados, etc.) y posteriormente se fue ampliando a los compañeros de estudio, de barrio, etc., hasta incursionar en distintos grupos y fracciones de clase, reivindicando en buena medida la movilidad de clase y el ascenso social. Por tanto, el mafioso se hace, se desarrolla y se consolida en un complejo proceso económico, social, político y cultural en el que se combinan muy bien la astucia, la hipocresía (doble moral), la mentira, la frialdad y la dureza[20].

Recomposición y ascenso de clases

En la década de los setenta el viejo país —que había salido de la violencia de los cincuenta y que exhibía primacía rural— comenzó un acelerado proceso de urbanización cuyo avance fue paralelo al gran desarrollo de una economía ilegal que se manifestó en el incremento del contrabando y las ventas ambulantes, entre otras cosas. La escasez de empleo, la insuficiente prestación y mala calidad de los servicios públicos, y

19 *Semana*, Nº 398. Para conocer más acerca de la extracción social y personalidad de "El Mexicano", *véanse* los comentarios que sobre él hizo Lehder en revista *Semana*, Bogotá, Nº 490.

20 Si para Thompson las clases se hacen en la lucha, el mafioso se erige como un anticlase que se hace en la lucha por el capital, y como un pequeño "núcleo popular" que se pone por encima de la masa hasta separarse e incluso volverse en contra de ella. *Véase* R. Thompson, *Tradición, conciencia y revuelta de clase*, Barcelona, Editorial Crítica, 1985.

en general las precarias condiciones de vida de la gran mayoría de los colombianos fueron tan evidentes, que a finales de la década del setenta, para que una familia de las capas medias pudiera mantener el mismo nivel de vida que poseía a finales de la década del sesenta y que era procurado por el trabajo de un solo miembro de la misma, fue necesario el trabajo de dos o más personas del grupo familiar. En este sentido es muy ilustrativo el estudio publicado por ANIF en 1980, en el cual para referirse a la clase media se utiliza la expresión "la cenicienta clase media", aludiendo así el hecho de que en 1979 un 37% de los profesionales y técnicos percibía ingresos mensuales inferiores a $8.500, y uno de cada diez profesionales tenía ingresos por debajo del salario mínimo[21]; y en los estratos "bajos", la pauperización obligó a vincular al mercado del trabajo, además del padre, a la madre y a los hijos menores[22].

Del estudio de Mario Arango, quien encuestó a veinte "narcotraficantes" antioqueños, puede obtenerse una muestra de las relaciones de pobreza y pauperización de las clases sociales sobre las que se sustentó el ascenso de la mafia en Colombia. Los resultados obtenidos fueron:

— 19,95%, pertenecientes a estratos sociales medio y bajo;
— 11,55%, pertenecientes al estrato social medio y bajo urbano;
— 8,40%, pertenecientes al estrato social medio y bajo rural;
— 1,50%, pertenecientes al estrato social alto[23].

Si por una parte los niveles de empobrecimiento de los sectores medios y bajos de la sociedad fueron propicios para el florecimiento de las economías ilegales (tanto de aquellas deri-

21 Ernesto Samper, "La cenicienta clase media", en *Carta Financiera*, ANIF, Nº 46, julio-septiembre de 1980.
22 *Ibíd.*
23 M. Arango, *Impacto del narcotráfico en Antioquia*, p. 106.

vadas del contrabando como de las que surgieron en los años setenta y ochenta; es decir, de la de los psicotrópicos: marihuana y cocaína, alrededor de los cuales los grupos mafiosos establecieron su modelo productivo que en torno a la pobreza y aun a la miseria de amplios sectores sociales olvidados por el Estado y las élites, ha sido generador de inmensas cantidades de dinero), por otra el bloqueo impuesto a los canales de ascenso para las capas medias que condujo a la búsqueda y utilización por parte de éstas de otros mecanismos para mejorar sus niveles de vida y para expresarse social y políticamente, facilitó a la mafia la obtención de extensas "bases de apoyo social", contribuyendo indiscutiblemente al incremento de su influencia (con la demanda de "mulas", "técnicos", "testaferros", "químicos", "guardaespaldas", "cuidanderos", etc.).

Sobre un crecimiento económico además de débil y lento, que no irradia sus beneficios hacia las amplias masas, la mafia buscó los puntos "estratégicos" para actuar e invertir: en aquellas zonas rurales del país más aisladas y marginadas de los beneficios del Estado, regiones de colonización, regiones con escasa infraestructura y habitadas por poblaciones con bajos niveles de cohesión social, la mafia se hizo presente para sustituir al Estado, ofreciendo empleo, seguridad, servicios públicos, etc., a amplios grupos de individuos hasta ahora al margen de la economía legal, a los cuales indujo a la siembra de marihuana y cocaína (a cambio de maíz, yuca, plátano, etc., que no había por dónde transportar ni vías para "sacarlos"), productos que además de superar hasta en diez veces los precios de los tradicionalmente cultivados[24], no era necesario trasladar a otros puntos para su comercialización, pues los compradores iban hasta allí a adquirirlos.

La aceptación y el rechazo de la mafia de la cocaína por parte de la sociedad colombiana están dados, respectivamente,

24 *El Tiempo*, Bogotá, octubre 7 de 1990. *Véase* el aparte correspondiente a "Mafia y sector agropecuario".

por la capacidad de sus dineros para inundar las distintas esferas de la sociedad interviniendo, como anteriormente se expresó, en la dinamización de la economía; y por los obstáculos insalvables existentes para sus miembros, a quienes no se les permite insertarse ni social ni políticamente en ciertos niveles de esta sociedad. Son los tropiezos en esta inserción los que han conducido a la mafia no sólo a su expansión territorial (adquisición de tierras) sino al ejercicio de la violencia, a la realización de acciones armadas a través de paramilitares, de sicarios, o de los llamados "grupos de limpieza":

> Este proceso de movilidad social cobija, además, como producto de la llamada economía subterránea, a una capa social que ha tenido notables repercusiones en la actual coyuntura política, económica y social del país. Se trata de la "clase emergente", que creció al amparo de las ganancias que arrojan las actividades ilícitas, tales como el contrabando y la producción y comercialización de drogas. La significación de esta nueva clase en la vida nacional radica en que el origen de su riqueza, poderío, escala de valores y estilo de vida contraría los preceptos éticos que la clase dirigente colombiana ha impuesto tradicionalmente en el país. El conflicto político que generan estos dos códigos éticos en pugna ha causado un impacto de tal magnitud en las estructuras colombianas, que ha agudizado las dimensiones de la crisis del régimen político. En la búsqueda de reconocimiento social los narcotraficantes han permeado todas las instituciones, han alterado los patrones de consumo, han sesgado notablemente los procesos de urbanización de las principales ciudades del país y, al profundizar los niveles de violencia, han puesto en evidencia la debilidad del Estado colombiano[25].

Para su reinserción en la sociedad colombiana, la denominada por algunos estudiosos como "burguesía gangsteril" ha adoptado diversos mecanismos: desde pasar inadvertida

25 Carlos G. Arrieta, Luis J. Orjuela *et al.*, *op. cit.*, pp. 208-209.

y actuar con sutileza, caso del "núcleo de Cali", que al parecer en su intento por ejercer influencia en la sociedad valluna (élites tradicionales y sectores campesinos a través de los cuales adquirió tierras en el departamento) no encontró mayor resistencia, hasta declarar abiertamente la guerra tanto a la clase política del país que se opuso a su legalización y aceptación, como a los sectores sociales que interferían en estos propósitos: la guerrilla, la izquierda, el sindicalismo y organizaciones populares, cívicas, etc., recurso muy común utilizado por el núcleo mafioso central o de "El Mexicano"[26].

En medio de las contradicciones que ha sostenido y sostiene con el gobierno, las fuerzas armadas, los cuerpos de seguridad del Estado y con la izquierda en general, en alianza con el ala más reaccionaria de la burguesía tradicional, con la pequeña burguesía arribista, con sectores de la tecnocracia, de los terratenientes y de las fuerzas armadas que desde hace mucho tiempo añoran un modelo de Estado autoritario y de mano dura para el país[27], la mafia colombiana de la cocaína ha enfrentado a las élites tradicionales y a la clase política, y ha acelerado los procesos de recomposición y ascenso de clase.

Aunque sin lugar a dudas la contradicción de la mafia con el Estado colombiano (representante de los intereses de las élites tradicionales) está dada básicamente por su naturaleza ilegal que la obliga a construir y mantener un aparato armado —a los ojos de la burguesía, una pérdida del ejercicio legítimo de la fuerza— tanto para la protección y solución de las contradicciones intermafiosas, como para hacer frente a sus oponentes en la sociedad y el Estado, en muchas ocasio-

26 Todos los grupos mafiosos colombianos comenzaron a "coquetearle" a la clase política del país, y posteriormente emprendieron la lucha contra el Tratado de Extradición. De manera hábil, más tarde combinaron la negociación con la guerra.

27 *Véanse* los casos de Morena y Acdegam en Puerto Boyacá.

nes las fuerzas armadas y los cuerpos de seguridad del Estado han establecido y mantenido asociaciones con los grupos mafiosos para atacar a la guerrilla o a la izquierda en general. Con ésta a su vez, a pesar de ser enemigos estratégicos, en cuanto ambos constituyen "grupos al margen de la ley", también de acuerdo con la coyuntura la mafia ha sostenido alianzas para oponer la acción armada del Estado en su conjunto.

Y frente a los Estados Unidos, si bien es cierto que en ocasiones y según la coyuntura política del momento, la mafia de la cocaína en Colombia —plenamente de acuerdo con el modelo de sociedad norteamericana— ha adoptado una postura "antimperialista" (caso de su lucha contra el Tratado de Extradición entre Colombia y los Estados Unidos), su contradicción con el gobierno norteamericano no es política (los dos coinciden en afirmar que su enemigo estratégico común es fundamentalmente la subversión, la izquierda) sino económica[28].

La cultura de la mafia

Los grupos mafiosos existentes en Colombia reflejan de una u otra manera las pautas culturales —fácilmente reconocibles, independientemente del foco mafioso de que se trate— de aquellas regiones sobre las que se estructuraron, a saber: valluna, costeña, antioqueña, santanderana y cundiboyacense, las cuales a pesar de los diversos orígenes de clase, las grandes cantidades de dinero que manejan, los anhelos de aceptación social y el aislamiento forzoso de sus miembros, continúan manifestándose. Así como por la reivindicación y revitalización que han tenido las guayaberas con los actuales diseños, materiales y colores introducidos por la "burguesía gangsteril" en la región, y por el impulso dado por los mafiosos costeños a los grupos vallenatos (en cada parranda ellos

28 Revista *Semana*, Bogotá, diciembre 19 de 1989.

han contado con su propio conjunto que dentro de sus canciones no deja de expresar inmenso agradecimiento a su "benefactor")[29], han sido posibles nuevas demandas de guayaberas[30] y activación y mayor despliegue de la música vallenata (lo que coincide con el "auge de la marihuana"), respectivamente, con la dinamización y readaptación de viejos rituales de la tradición antioqueña (aunque muchos de ellos durante bastantes años no habían sufrido transformación alguna, hasta hace muy poco estuvieron a punto de extinguirse) por parte de grupos mafiosos del departamento, han sido recuperados tanto el culto a la madre, como el carriel, el poncho, el sombrero, la música carrilera, el tango, la "casa de campo", y las chivas o buses escalera, y revivido una enorme pasión por los carros viejos, los caballos, las tierras y la comida "paisa", entre otros.

Si bien es cierto que mientras los mafiosos del núcleo central, con "El Mexicano" como máximo exponente, han logrado reivindicaciones culturales de la zona esmeraldífera tales como las botas "texanas", el sombrero "llanero-texano" con plumas en la parte frontal, el gusto por los camperos y la especial atracción por las propiedades rurales, los mafiosos vallunos han resucitado el gusto por la fritanga, la música "salsa" y los buenos bailaderos (en Juanchito los mafiosos han transformado cantidad de modestos sitios de baile en modernas, lujosas y sofisticadas discotecas)[31], también lo es que entre gustos y atuendos de quienes conforman los diferentes grupos mafiosos no existe gran diferencia, hasta el punto de que puede generalizarse y afirmarse que todos ellos tienen predilección por las joyas (con piedras preciosas

29 Guillermo Daza, *op. cit.*

30 Darío Betancourt y Martha Luz García, "Los cinco focos de la mafia colombiana (1968-1988). Elementos para una historia", revista *Folios*, Bogotá, Universidad Pedagógica Nacional, p. 23.

31 Entrevistas de los autores con habitantes y testigos.

muchas veces, preferentemente diamantes), los carros lujosos, los animales (caballos, toros), las propiedades (rurales y urbanas), las obras de arte (pinturas, esculturas), los muebles, y la decoración[32].

Al ser la mafia uno de los mayores demandantes de productos suntuarios altamente costosos y uno de los grupos más consumidores de la sociedad, en la medida en que se han incrementado los capitales generados con el negocio de la cocaína en todas las regiones de influencia de la mafia y en la mayor parte de las ciudades intermedias y pequeñas del país, han aparecido y crecido tanto almacenes —tales como los San Andresitos— colmados de cuanto pueden y desean adquirir estos individuos (equipos electrónicos, por ejemplo), como lugares especialmente dispuestos para satisfacer sus "necesidades", es decir, las relacionadas con la cantidad de tiempo libre que deja su "actividad" ilícita: discotecas, videojuegos, etc., sitios que junto con la introducción de modas "estrafalarias" y "nuevos valores" (culto al dinero, a los bienes y propiedades, a la vida fácil, etc.), han perturbado y transformado la vida cotidiana de aldeas, pequeños municipios y ciudades de Colombia.

En muchos pueblos y regiones del país nuevamente han cobrado fuerza de expresión los "rezanderos", curanderos, magos y brujos populares; en la actualidad se levantan vigorosas algunas creencias que tímidamente habían logrado sobrevivir a los embates de la ciencia y la "modernidad"; se incrementa la religiosidad, reaparecen cultos a distintos santos y santas de la Iglesia católica —muchos de los cuales han sido tomados por los mafiosos como sus bienhechores—, etc.; todo lo anterior es indicativo del desarrollo de una ideología ancestral y contestataria ligada a los antepasados y a la costumbre. En este sentido, diversos rituales y prácticas de

32 Observaciones directas en las regiones con influencia de la mafia; entrevistas y charlas con los pobladores.

magia, brujería y religiosidad popular —en ocasiones nuevos y bastante artificiales, a veces importados también— a menudo efectuados por personajes de los grupos mafiosos, responden en alto grado al aislamiento y vida azarosa que la vida clandestina les impone, y hacen parte de un proceso histórico de tradiciones populares (con frecuencia, otros sectores sociales "al margen de la ley" los han utilizado)[33].

Como efecto de la cultura de la mafia, detrás del sicariato, el paramilitarismo y los grupos de limpieza se encuentra presente una "subcultura" en la que contradictoriamente hay presencia de componentes de viejas culturas regionales (religiosos, ancestrales) y de elementos propios de una sociedad consumista ofrecidos por la "cultura de la mafia"; un ejemplo de este tipo lo constituye la compleja mezcla de la música *rock-rituales de la muerte*[34].

ASPECTOS POLÍTICOS

Mafia y partidos políticos

Habiendo recurrido al clientelismo y al gamonalismo para manejar sus electorados y repartirse los beneficios de la burocracia, en sus prácticas los partidos Liberal y Conservador colombianos difícilmente pueden diferenciarse de la mafia de la cocaína a la cual han recurrido miembros de tales partidos en variadas ocasiones.

Si se tiene en cuenta que la mafia en Colombia se constituyó y creció alrededor del núcleo familiar, inicialmente, y que luego en su desarrollo y ampliación graduales fue involucrando tanto a agentes de los partidos como a grupos económicos locales y regionales que empezaron su ascenso hacia las esferas departamentales y nacionales, no puede

33 Entrevistas con testigos y pobladores.
34 Alonso Salazar, *op. cit.*

comprenderse por qué la reacción de asombro de diversos sectores en el momento en que algunos individuos de la mafia de la cocaína pretendieron aliarse con políticos tradicionales y ser incluidos en las listas de Senado y Cámara, o en su defecto, intentaron establecer sus propios movimientos. Veamos a continuación los casos del movimiento de Carlos Lehder Rivas y el de Pablo Escobar Gaviria.

El 19 de julio de 1983 en el diario *El Espectador* —de circulación nacional— apareció una propaganda política pagada en la que se presentaban las bases ideológicas del Movimiento Latino Nacional, MLN[35], dirigido por Carlos Lehder Rivas (individuo que iniciara giras por el departamento de Risaralda para manifestar su lucha abierta contra el Tratado de Extradición, para atacar la clase política tradicional, la banca privada, el diario *El Tiempo* y a Julio César Turbay Ayala), movimiento del cual afirmaba su director tenía certificada una circulación de 60.000 ejemplares del periódico *Quindío Libre*, y gozaba de amplia acogida en la región cafetera, en especial en el Quindío (decía poseer en este departamento cerca de diez mil simpatizantes).

Desde su periódico, el MLN mostraba desacuerdo con el Tratado de Extradición; en la siguiente transcripción, correspondiente a una de las acostumbradas denuncias contenidas en el diario objetando tal convenio, es clara la posición de quienes formaban parte del movimiento:

> El caso del Tratado de Extradición es el caso de violación de la libre autodeterminación de los pueblos, de la soberanía nacional y el caso más evidente de la intervención extranjera. Nos oponemos contra la extradición de latinoamericanos y de co-

35 *El Espectador*, Bogotá, junio 10 de 1983, p. 10A. Para profundizar sobre el Movimiento Cívico Latino Nacional, *véase* María Briceño, Ángel Cortés y Jorge Bedoya, "Las terceras fuerzas políticas en Colombia. El Movimiento Cívico Latino Nacional 1982-1986", tesis de grado, Bogotá, Departamento de Ciencias Sociales, Universidad Pedagógica Nacional, 1993.

lombianos hacia las cárceles imperialistas y no sólo nos oponemos, sino que luchamos contra la extradición con nuestras armas, con nuestra ideología; con nuestras armas que es [*sic*] el amor, la paz, la educación, la cultura y eventualmente nuestras finanzas[36].

El día 21 de julio del mismo año, mientras el MLN postulaba candidatos propios en diferentes municipios de la zona cafetera[37], Lehder anunciaba —en una edición especial del *Quindío Libre* que fue distribuida por las principales calles de la ciudad de Bogotá— su decisión de lanzarse como candidato al Concejo de Bogotá. Y en el mes de septiembre, una vez enterado de que había sido solicitado en extradición por el gobierno norteamericano y que se había dictado orden de captura en su contra, pasó a la clandestinidad, desde donde pretendió mantener vivo su movimiento, cometido que no logró. Argumentando que el MLN había cumplido con la denuncia del tratado y de ser objeto de persecuciones por parte del ministro Lara Bonilla y los cuerpos de seguridad del Estado, hizo pública la disolución del mismo[38].

Más o menos por la misma época en que apareció el Movimiento Latino Nacional de Lehder, en Medellín hizo pre-

36 *Quindío Libre*, Armenia, septiembre 10 de1983.

37 *El Heraldo*, Barranquilla, julio 21 de 1983. *Véanse* también: revista *Semana*, Nº 61, Bogotá, julio, 1983; revista *Semana*, Nº 64, Bogotá, julio-agosto de 1983.

38 Revista *Semana*, Nº 72, septiembre 20-26 de 1983.
Una vez enterado de que el ministro de Justicia Lara Bonilla dictaría orden de captura contra él, viajó a Medellín y se hospedó en casa de un amigo suyo apodado "El Sano" en donde se sentía seguro. En esta ciudad recorrió varias avenidas en las que hizo denuncias al tratado y gritó abajos al ministro.
Después de leer en *El Colombiano* que ya había sido librada orden de captura en su contra, el 7 de septiembre Lehder alistó rápidamente las maletas y se dirigió a la pista de una hacienda en Necoclí (para despistar utilizó un automóvil Renault 4 pues, según palabras suyas dirigidas a uno de sus hombres, "A un mafioso no lo buscarían en un carro pobre"); de allí voló al Vichada para continuar rumbo al Brasil.

sencia el Movimiento Civismo en Marcha, fundado y dirigido por Pablo Escobar Gaviria, quien, aprovechando la popularidad alcanzada con su movimiento dedicado a la realización de obras de tipo social en barrios y comunas pobres de "la capital de la montaña" y que le valió el mote de "Robin Hood paisa", se postuló como suplente del entonces aspirante a la Cámara por el Nuevo Liberalismo, Jairo Ortega. Expulsado del Nuevo Liberalismo por su negativa a retirar el nombre del pretendiente a suplente Escobar Gaviria, finalmente Ortega junto con Escobar resultaron electos de manera independiente, osadía que llevó a que el Nuevo Liberalismo emprendiera una lucha a muerte contra el "narcotráfico"; los debates que en esta dirección se adelantaron en el Congreso precipitaron el retiro de Escobar Gaviria de la Cámara de Representantes, corporación que, por recomendación de la Comisión de Acusaciones y debido a los requerimientos por parte del Juzgado Décimo Superior de Medellín en donde cursaba proceso en contra de Escobar por el asesinato de dos agentes de seguridad[39], había tomado la determinación de levantar su inmunidad parlamentaria.

Tanto el abandono de la Cámara por Escobar Gaviria como las acusaciones de Lara Bonilla contra Ortega fueron respondidos por ellos con un contradebate que Ortega adelantó en el Senado contra el ministro, en el cual se hizo pública la ayuda de un millón y medio de pesos que Lara Bonilla habría recibido de manos de Evaristo Porras, "narcotraficante" que ya había pagado tres años de condena en el Perú. No obstante argumentarse que se trataba de una celada tendida por Ortega en respuesta a su despido del Nuevo Liberalismo, sus denuncias y el ofrecimiento de entregar, a manera de prueba, una confusa grabación[40] (en ella abundan intimida-

39 *El País*, Cali, octubre 27 de 1983.

40 *Véase* transcripción de la grabación en revista *Semana*, Nº 68, agosto 23-29 de 1983.

des sobre el negocio de la cocaína, los núcleos rivales y los movimientos políticos constituidos por los grupos mafiosos en "la búsqueda de su legalidad y reconocimiento social") en la que al parecer en el antiguo Hotel Hilton de la ciudad de Bogotá el ministro Lara y el señor Porras intercambiaban información relativa tanto a donaciones para la campaña del primero, como concerniente a las actividades económicas y políticas de Pablo Escobar (según la conversación grabada, este individuo "puede comprar con su dinero a los senadores que quiera, sacar por Antioquia los votos que desee, y lanzar a Santofimio para la presidencia de la república"), no dejaron bien librado al señor ministro de Justicia. En vista de los resultados de la confrontación en que se había empeñado el Nuevo Liberalismo, el ministro Lara Bonilla, junto con Luis Carlos Galán y su movimiento, no tuvieron otra alternativa que sostenerse y conformarse con la mencionada "celada" de la mafia, mientras que con justificaciones de tipo moralista, que en nada aclararon la situación, el gobierno debió congelar el debate iniciado sobre "los dineros calientes". Parte del comunicado que en rueda de prensa leyó Lara Bonilla para referirse al caso, decía:

> No es la preocupación por la permanencia o no en el cargo de un empleado, sino las consecuencias funestas para el país que traería dejar en manos de los narcotraficantes la calificación moral de los dirigentes políticos y de los funcionarios del Estado[41].

Este argumento, si bien de ninguna manera desvirtuaba en parte o totalmente las acusaciones presentadas contra el ministro, sí recogía el sentimiento general del gobierno, Galán Sarmiento, los medios de comunicación y los sectores políticos, aunque defender la moralidad pública constituye en

41 Revista *Semana*, Nº 69, Bogotá, agosto-septiembre de 1983.

cualquier época tarea muy difícil para los partidos tradicionales.

Antes de concluir los comentarios acerca de la primera batalla entre la mafia y la clase política colombiana, a continuación pueden leerse algunas líneas relacionadas con las palabras de Lara Bonilla emitidas en su comunicado alusivo a las denuncias de la mafia en su contra, y que corresponden a un artículo aparecido en una prestigiosa revista del país:

> En Colombia, convivimos con algo de características semejantes, que podríamos denominar el agujero de la mafia. Al igual que su gemelo espacial, en esta especie de remolino de dineros calientes fallan todas las leyes de la lógica y carece de sentido el concepto de la moral. Quien se acerca demasiado a esta especie de "aspirador de conciencias" es succionado por éste y atrapado para siempre (...)
>
> ¿Cambiaría en algo las cosas saber cuántas campañas políticas han sido financiadas por las mafias de la droga? No. La artillería de la sociedad, por el contrario, debe dirigirse en otra dirección, que es la del poder corrupto, y hacerse a la idea de que mientras queden hombre dispuestos a regalar millones de pesos habrá siempre hombres dispuestos a recibirlos[42].

A partir del frustrado o inconcluso debate acerca de "los dineros calientes", se hicieron muchas acusaciones que relacionaban los dineros provenientes del negocio de la cocaína con actividades políticas y otras. Así, por ejemplo, en calidad de parlamentario, en octubre de 1983 Rodrigo Lara Bonilla denunció la vinculación de los dineros de la mafia a seis equipos profesionales de fútbol, y acusó a varios parlamentarios (dos de La Guajira, dos del Magdalena, uno del Atlántico, uno de Córdoba y uno de Antioquia) de tener nexos con el "narcotráfico"[43].

42 *Ibíd.*

43 *El Espectador*, Bogotá, octubre 22 de 1983. *Véase* igualmente *El Heraldo*, Barranquilla, octubre 25 de 1983.

Otro caso conocido por la opinión pública fue aquel en que se imputaba a Ernesto Samper Pizano haber recibido alrededor de veinticinco millones de pesos con destino a la financiación de la última campaña presidencial de López Michelsen[44], a pesar de lo cual y con el propósito de establecer la relación entre los "dineros calientes" y la campaña presidencial recientemente terminada, el mismo Samper —secretario general del Partido Liberal en la época— propuso que a través del Tribunal de Cuentas se dieran a conocer los ingresos de la campaña.

A las diferentes denuncias les siguieron diversos anuncios de lazos del mismo tipo. A manera de ilustración pueden citarse el de enero de 1984 cuando por "tráfico de drogas" el representante a la Cámara Carlos Nader Simmonds fue sentenciado en los Estados Unidos a seis años de prisión; en febrero del mismo año, en Caracas, fue vinculado al "tráfico internacional de narcóticos" el senador nortesantandereano Félix Salcedo Baldión; aquel en el que la justicia norteamericana condenaba por "lavado de dineros provenientes del narcotráfico" al exsenador colombiano Luis Pinto. Pero la revelación más impactante del año y que obtuvo una rápida respuesta de los distintos sectores inculpados y otros más no señalados fue la que hiciera el secretario del Celam, monseñor Darío Castrillón Hoyos, según la cual en Colombia políticos muy conocidos y miembros representativos del ejército y la policía habrían recibido dineros de la mafia. Las declaraciones de monseñor produjeron algunas destituciones en el ejército y en la policía, y generaron diversas reacciones: tanto el procurador de las fuerzas militares, general Nelson Mejía Henao, como el presidente de la Cámara, Daniel Mazuera Gómez,

44 *El País*, Cali, julio 19 de 1983.

por ejemplo, exigieron al prelado dar los nombres de los implicados[45].

Al amparo del estado de sitio decretado a raíz del asesinato del ministro de Justicia Lara Bonilla (abril de 1984), el gobierno presentó al Congreso algunos proyectos de ley: el correspondiente a la reforma al Estatuto Nacional de Estupefacientes; el que pretendía crear una comisión para la investigación de la procedencia de los "dineros calientes" y su infiltración en las actividades políticas, económicas y gremiales; aquel mediante el cual se buscaba la cesación del dominio de los bienes muebles e inmuebles dedicados al "narcotráfico" y el que se ocuparía de que las tierras confiscadas a los "narcotraficantes" pasaran al Incora[46].

El 21 de agosto de 1984, mientras en el Senado se llevaba a cabo un acalorado debate en el que se cuestionaban las medidas adoptadas por el gobierno para controlar el "narcotráfico" y en el que los parlamentarios José Ignacio Vives y Germán Bula Hoyos criticaron duramente los excesos de estas medidas y la "cacería de brujas" iniciada —que al decir de ellos mancillaba la honorabilidad de personas inocentes—, la Asamblea del Quindío aprobaba, con siete votos a favor y uno en contra, una propuesta que en oposición al Tratado de Extradición presentara el diputado Gustavo Adolfo Ramírez, perteneciente el Movimiento Latino Nacional, MLN, de Lehder Rivas.

Posteriormente tuvieron lugar otras acusaciones, siendo significativa aquella que hiciera el diario *El Tiempo* en contra del senador y candidato a la designatura Eduardo Mestre a finales de 1986 por supuestos vínculos con Gilberto Rodríguez Orejuela (este miembro de la "mafia valluna" ha-

45 *El Espectador*, Bogotá, julio 27 de 1984. *Véanse* también: *El Tiempo*, Bogotá, julio 27 de 1984; *La República*, Bogotá, julio 31 de 1984.

46 *El Colombiano*, Medellín, septiembre 6 de 1984; *véase* también la edición de septiembre 17.

bría facilitado a Mestre un crédito tendiente a obtener el control de la Corporación Financiera de Boyacá), y que logró impedir el nombramiento del mismo como designado a la presidencia de la república y opacar su carrera política[47].

Pero en cuanto a infiltración de dineros de la mafia en la actividad política nacional todo indica que, en efecto, un núcleo liberal del Magdalena Medio mantuvo clara alianza y recibió apoyo (financiero y en armas) de al menos un sector de la mafia, el de "El Mexicano"; a partir de la región de Puerto Boyacá y resguardándose en la Asociación de Campesinos y Ganaderos del Magdalena Medio, Acdegam, para enfrentar "el boleteo" de las FARC inicialmente y con el concurso tanto de los ganaderos como del Batallón Bárbula —incluso con sectores del ejército con los que acordaron traer instructores israelíes y británicos y extender sus acciones a los departamentos de Córdoba, Urabá, Antioquia, Casanare, Meta, Huila, Caquetá y Putumayo—, este núcleo liberal se dio a la tarea de constituir grupos de autodefensa[48].

Después de este experimento paramilitar en Puerto Boyacá y zonas aledañas, y luego de expulsar a las FARC y de diezmar a la Unión Patriótica y a otros grupos de izquierda, en el primer semestre de 1989 los sujetos Iván Roberto Duque, secretario general de Acdegam, junto con Armando Valenzuela Ruiz (sociólogo de profesión) y Fernando Vargas (abogado) lanzaron el partido político Movimiento de Restauración Nacional, Morena, de tendencia derechista; como ideólogos los tres afirmaban tener asegurados los votos de 250.000 campesinos liberales del por ellos orgu-

47 "El escándalo Mestre", en revista *Semana*, Nº 231, Bogotá.
48 Carlos Medina, *op. cit. Véanse* también A. Valenzuela, *op. cit.*; revista *Semana*, Nº 390, Bogotá; revista *Hoy X Hoy*, Nº 190, Bogotá.

llosamente llamado "primer territorio anticomunista de Colombia"[49].

En alguna declaración concedida, Duque sostuvo:

> Yo he conversado con algunos políticos. Con el doctor Tito Rueda Guarín; tuve la oportunidad de hacerle llegar por interpuesta persona el mensaje al doctor William Jaramillo Gómez; he conversado con el doctor Norberto Morales Ballesteros y a ellos les he expresado cuál es el criterio que asumiría el pueblo del Magdalena Medio en el próximo debate electoral. Porque si usted quiere que le hable con concreción, debo afirmarle que el pueblo del Magdalena Medio perdió la fe en la clase política liberal o conservadora. Nosotros no podemos seguir admitiendo, frente al fenómeno de la violencia que sufre el país y a este remanso de paz que es esta zona, que no haya quién, a sabiendas de haberse usufructuado de la clase electoral del Magdalena Medio, hubiese respondido por la serie de infamias que ha sufrido este pueblo. Este es nuestro dolor y ese es el motivo fundamental para descartar a la clase política y para constituirnos en un movimiento renovador[50].

Una vez dado a conocer al público el movimiento Morena, sus ideólogos se ocuparon de denunciar una serie de amenazas dirigidas contra ellos y de solicitar la protección de las autoridades argumentando que como su intención era enfrentar las calumniosas afirmaciones según las cuales los habitantes del Magdalena Medio eran paramilitares y "narcotraficantes", daban luz a un movimiento político, desarmado y legal que se oponía al comunismo, y se declaraban abiertamente de derecha. Después de llevado a cabo un debate que suscitó tanto posiciones a favor como en contra, los principales ideólogos del "nuevo movimiento" se fueron replegando estratégicamente, al tiempo que los candidatos

49 Revista *Hoy X Hoy*, Nº 190, Bogotá. *Véanse* revista *Semana*, Nº 390, Bogotá; Fabio Castillo, *op. cit.*; Carlos Medina, *op. cit.*; A. Valenzuela, *op. cit.*
50 Revista *Hoy X Hoy*, Nº 190, Bogotá.

iban recibiendo adhesiones de parte del mismo (caso Durán Dussán) y las iban manejando cautelosamente[51].

Las violencias de la mafia. Autodefensas y paramilitares, sicarios, grupos de limpieza y terrorismo urbano

Sin perder de vista la intensificación que por efecto del "narcotráfico" ha tenido la violencia colombiana en los últimos siete años, las violencias de la mafia —declaradas durante el período 1983-1985, que corresponden en realidad a respuestas a manifestaciones de tipo económico, político y social— se hallan íntimamente ligadas a diversas transformaciones acaecidas en el país, transformaciones que constituyen la base para el análisis del grado de conflicto y desequilibrio vigentes en Colombia durante el lapso comprendido entre 1984 y 1991. Ellas son:

1. Crecimiento "desbordado" de la guerrilla, muy significativo durante la administración Turbay Ayala (1978-1982); Estatuto de Seguridad; represión generalizada y avance de la guerra sucia por parte del gobierno.
2. Dinámica agroindustrial, agropecuaria y minera en regiones como Antioquia, Córdoba, Magdalena Medio, Meta, Casanare, Caquetá, Putumayo, Arauca, Valle del Cauca, Caldas, Quindío y Risaralda.
3. Auge de la producción de marihuana y cocaína.
4. Gran desarrollo de las luchas sociales que se expresaron principalmente en la forma de paros cívicos y marchas campesinas e indígenas.
5. Aumento de la delincuencia "común" rural y urbana debido al incremento de la *lumpenización*, el raponeo, la dro-

51 Para profundizar en el debate, *véase* "Morena se destapa", en revista *Semana*, Nº 380, Bogotá.

gadicción, etc., como consecuencia a su vez de la creciente urbanización y "modernización" del país, muy intensas en 1975; surgimiento de las organizaciones Escuadrón de la Muerte y la Mano Negra, conformadas por miembros del F-2 y otros cuerpos del Estado.

6. Aprobación del Tratado de Extradición entre los gobiernos colombiano y norteamericano, con el propósito de "combatir" el creciente desarrollo de la mafia colombiana de la cocaína.
7. Consolidación de la mafia de la cocaína y materialización de tres de los cinco grandes focos de la mafia en el país, a saber:

— Antioqueño: con influencia sobre regiones de Antioquia, Córdoba, Chocó, Caldas, Risaralda, Quindío, Magdalena Medio y norte del Valle del Cauca.
— Central o de "El Mexicano": con desarrollos territoriales sobre diferentes zonas de Cundinamarca, Boyacá, Meta y Magdalena Medio (compartido con el foco antioqueño).
— Valluno: con ejercicio de dominio sobre zonas del Valle del Cauca, Nariño, Cauca, sur del Chocó, Putumayo, Amazonas, Quindío y Risaralda (estas dos últimas compartidas con el foco antioqueño).

El núcleo antioqueño, en la medida en que ha comprometido amplias áreas rurales y se ha alimentado de Medellín (una de las ciudades más importantes de Colombia), ha ejercido y ejerce influencia sobre áreas tanto rurales como urbanas; a diferencia del foco valluno u occidental, el cual se consolidó sobre una de las regiones más urbanizadas del país, que tiene en su seno prósperas ciudades como Cartago, Manizales, Armenia, Pereira, Buga, Tuluá, Cali y Palmira, el núcleo antioqueño, junto con el foco central, se arraigó en tierras que se distinguen por ser zonas de influencia guerrillera.

A su vez, el foco valluno se caracteriza por la escasa presencia guerrillera en sus zonas de influencia (en sectores del Valle, Quindío y Risaralda) y por la gran urbanización en las mismas, con un consecuente crecimiento de la delincuencia común[52].

Los "grupos de limpieza" que actúan de manera hábil y sutil, principalmente en el Valle del Cauca, son organizaciones armadas pertenecientes a los diferentes núcleos mafiosos del departamento; encargados (como los grupos sicariales) de saldar cuentas dentro de un núcleo mafioso, entre subgrupos mafiosos, en alianza con sectores de la policía, los industriales, comerciantes y propietarios rurales, se han dado a la tarea de eliminar físicamente (y en ocasiones hasta de torturar) a ladronzuelos, prostitutas, raponeros, basuqueros, expendedores de "drogas", limosneros y homosexuales.

Tomando como punto de partida nuestra tesis según la cual la violencia de finales de la década de los ochenta se halla construida sobre la evolución "mafiosa" de dos grandes vestigios de la violencia de los años cincuenta, los "pájaros" del occidente y los matones de oriente, podrá observarse que, aunque como consecuencia del secuestro de Martha Nieves Ochoa, la modalidad "pajaril" fue retomada por los focos antioqueño y valluno para dar origen a la organización Muerte a Secuestradores, MAS[53], no fue sino desde el establecimiento de la alianza con los grupos de guardaespaldas de

52 Un muestreo de los homicidios perpetrados durante el año 1983 en Cartago (al norte del Valle), población que con sus cuatro juzgados superiores cubre las áreas de influencia de Obando, Alcalá, Zarzal, Roldanillo, El Cairo, Versalles, La Unión, Toro, La Victoria, El Dovio, El Águila, Argelia y Ansermanuevo, mostró un total de 351 asesinatos (casi uno por día). A partir de este año, el número de muertes por causas violentas fue creciente hasta llegar a perpetrarse entre dos y tres diariamente.

53 Mylene Sauloy, "Historia del narcotráfico colombiano a través de sus relaciones con el poder", en *Quinto Congreso de Historia de Colombia* (libro de ponencias), Bogotá, Icfes, 1986, pp. 523-559. *Véase* también Fabio Castillo, *op. cit.*

cada jefe mafioso cuando evolucionó hacia el moderno sicariato. Bien pronto (1983-1985), con la separación del núcleo valluno, la alianza foco antioqueño-foco valluno sufrió una ruptura ocasionada por las diferencias existentes entre los dos (relacionadas con el control del mercado y las estrategias de lucha para enfrentar el Tratado de Extradición), las cuales condujeron finalmente a que el foco valluno asumiera una lucha política mucho más sutil y "pacífica" y a que sobre los focos central y antioqueño recayera todo el peso de la guerra que el gobierno colombiano "declarara" a la mafia. La lucha contra el tratado junto con la dimensión y sofisticación del negocio ilegal obligaron al núcleo antiqueño a recurrir permanentemente al sicariato (para amedrentar, saldar cuentas y arrollar la competencia) en el plano urbano, ahora convertido en el punto determinante del enfrentamiento con el Estado.

Por su parte el núcleo central —desprendido en cierta medida y aliado incondicional del núcleo antiqueño—, constituido por rebuscadores de la zona esmeraldífera y por peones rurales de Cundinamarca y Boyacá con gran apego por el campo, concentró su dominio en zonas rurales del Magdalena Medio, Meta y Casanare, regiones en donde la guerrilla ha tenido gran influencia, circunstancia que lo llevó a transformar a los antiguos matones de la zona esmeraldífera y a las autodefensas de Puerto Boyacá —auspiciadas por Acdegam y el Batallón Bárbula— en los modernos grupos paramilitares. Esta evolución ha sido más evidente después de que en 1981 se creara el MAS, pues a través de la triple alianza, ejército-ganaderos-mafia, se ha hecho más fácil la obtención de los recursos necesarios incluso para contratar mercenarios extranjeros (británicos e israelíes) para la guerra sucia, las acciones de comando y el terrorismo[54].

54 Carlos Medina, *op. cit.*; igualmente, Fabio Castillo, *op. cit.*

A partir del sicariato, el paramilitarismo y los grupos de limpieza, comenzó a expandirse la retaguardia que habría de enfrentar la "guerra", y a darse una combinación de acciones rurales (con paramilitares), urbanas (con sicarios), de terrorismo urbano o de limpieza, según las necesidades de cada foco mafioso, la coyuntura o las contradicciones.

Las diferentes manifestaciones de las cuatro formas de violencia de las mafias colombianas de la cocaína, expresadas en el paramilitarismo, el sicariato, los grupos de limpieza y el terrorismo urbano, se construyeron fundamentalmente a partir de los guardaespaldas y matones reclutados en la delincuencia de los bajos fondos de la década del setenta ("camajanes", "cabrones" y "chulos") quienes, por las "necesidades" ilegales del negocio, operaban dentro de cada núcleo mafioso. A su vez, según la región y el núcleo mafioso, estos grupos de delincuentes se fusionaron y alimentaron de las violencias locales, siendo activados y modernizados desde el año 1981 con la creación del MAS (a partir de diez de los mejores hombres que cada jefe mafioso colocó en la reunión de Cali), razón por la cual éste constituyó el núcleo base de todos los grupos (violentos) posteriores y de todas las formas de violencia de los distintos focos mafiosos. Antes de la existencia del MAS, la guerra sucia y las muertes por razones de "limpieza" eran llevadas a cabo por sectores de los cuerpos de seguridad del Estado; el MAS "privatizó" y dinamizó estas formas de violencia.

Sin embargo, la violencia de la mafia ha sido favorecida por dos procesos contradictorios que con mucha fuerza han aflorado en los últimos diez años; por una parte, los intentos de *institucionalización*: Consejería de Paz, Defensorías de Derechos Humanos, negociación con grupos guerrilleros, Constituyente y nueva Constitución; y por otra, procesos *pa-*

rainstitucionales: guerra sucia, desapariciones, paramilitares, matanzas, limpieza, etc.[55]

Puesto que el *modus operandi* de la mafia es muy particular (ilegal y con conexiones internacionales) y la gran capacidad corruptora que posee le hace posible, a través de las grandes sumas de dinero que capta y maneja, disponer de una "máquina" de guerra, miedo y soborno, la violencia de la mafia tiende a verse meramente como una expresión calificada de la violencia de la delincuencia "común", o como una violencia organizada, y no a entenderse como una "violencia" *sui generis* que se sitúa como puente entre las violencias y las delincuencias tradicionales —tanto de las de arriba como de las de abajo, las de "cuello blanco" y las del lumpen—, en el análisis de las violencias de la mafia colombiana debe profundizarse mucho más pues en la medida en que ella penetra en el tejido social, no sólo todas las formas de violencia y de delincuencia quedan conectadas sino que sufren un enorme aceleramiento[56].

> Pero no se puede olvidar que lo que caracteriza a la mafia es siempre la violencia, la intimidación y el atentado. No es la droga ni otros negocios de fachada más o menos legales. Ya no se puede distinguir entre la pequeña delincuencia, que se tiende a justificar por razones sociales, y la gran delincuencia, ya que las dos están absolutamente ligadas, y es su relación con la segunda lo que potencia la primera[57].

Aun cuando en Colombia no se han desarrollado investigaciones acerca de las violencias de las mafias y mucho me-

55 *La irrupción del paraestado. Ensayos sobre la crisis colombiana*, Germán Palacio (comp.), *op. cit.*, pp. 159-165.

56 Es necesario entender que, con la mafia, la violencia adquiere una dimensión diferente por sus conexiones y aceleramientos.

57 Egurbide Perú, palabras de Giuseppe Coco, viceministro italiano de Justicia, en "Tentáculos y aspiraciones de los mafiosos", *El Espectador*, Bogotá, septiembre 29 de 1991.

nos sobre el tipo de homicidios efectuados por los grupos mafiosos, el escrito de Umberto Santino titulado "L'Omicidio mafioso", en el que el autor plantea una tipología de las formas de homicidio más comunes utilizadas por la mafia de Palermo (Italia), constituye un aporte extremadamente valioso en la medida en que permite realizar estudios comparativos para el caso de Colombia. Las cinco formas que Santino presenta en su escrito son:

1. Homicidio mafioso interno: hace referencia al acaecido dentro de cada núcleo mafioso con el fin de saldar cuentas y mantener el "orden" y las normas del grupo.
2. Homicidio mafioso externo: a su vez, presenta tres modalidades básicamente:
   a) política
   b) económica
   c) ejemplarizante
3. Homicidio mafioso necesario al ejercicio criminal de la mafia: básicamente como acción "ilegal".
4. Homicidio mafioso tipo *vendettas* transversales: realizados contra exmiembros de la mafia que ahora colaboran con la justicia.
5. Homicidio mafioso al margen de la matriz mafiosa, aun cuando residualmente ligado a ella[58].

La aplicación de la clasificación hecha por Santino al caso colombiano y su posterior análisis deja ver que en sus etapas de crecimiento, inserción, guerra, diálogos con la sociedad y el Estado, los distintos focos de la mafia en Colombia también han efectuado estos tipos de homicidios: el primero lo ha llevado a cabo el sicario común; el homicidio

58 Umberto Santino y Giorgio Chinnici, "L'Omicidio mafioso", en *La violenza programmata. Omicidi e guerre di mafia a Palermo dagli anni' 60 ad oggi*, Milano, Centro siciliano di documentazione "Giuseppe Impastato", Franco Angeli, 1991, pp. 199-201.

político lo ha realizado un sicario más sofisticado, en ocasiones en alianza con núcleos calificados de los paramilitares (entrenados por mercenarios extranjeros), en operaciones tipo comando; el homicidio ejemplarizante ha sido ejecutado por núcleos de "terrorismo urbano", caso Drogas La Rebaja, y atentados dinamiteros a centros comerciales; para los tipos de homicidios números 3, 4 y 5 han sido utilizados básicamente sicarios.

Las mafias han venido efectuando diferentes tipos de homicidios:

— Los internos, inherentes a su ilegalidad.
— Los desarrollados por fuera de la organización, para ajustar cuentas intergrupos o contra funcionarios que se oponen.
— Los desarrollados contra líderes sindicales, personalidades, etc.
— Las acciones contra el Estado.
— Las acciones paraestatales.

Es necesario, pues, no perder de vista que con las mafias se presentan unas condiciones *sui generis* para el desarrollo de variadas formas de violencia, ya que con la irrupción del fenómeno mafioso:

— Se conectan todas las violencias, tanto las de "cuello blanco" como las del lumpen.
— Se aceleran los procesos sociales "normales" y se dinamizan, transforman y distorsionan los procesos sociales regionales y locales.
— Hay una gran sofisticación de las distintas expresiones de la violencia, en cuanto a armas, medios de comunicación, transporte, etc.
— Se internacionalizan los conflictos y las acciones (conexiones, armamento, escondites, etc.).
— Se fraccionan y entran en contradicción y al servicio de uno y otro bandos, las autoridades y sobre todo los cuer-

pos de seguridad del Estado (DAS, F-2, G-2, GOES, policía, ejército, armada, etc.).

Autodefensas y paramilitares

De origen y actuación rural, las autodefensas y los paramilitares son grupos armados asociados al núcleo mafioso central o de "El Mexicano" resultantes de la fusión de dos organizaciones con carácter delictivo: la de las esmeraldas y la de la cocaína[59]. Su surgimiento se halla íntimamente ligado a los hechos ocurridos en el centro-oriente del país a partir de los años setenta cuando sobre el antiguo foco de la violencia de los cincuenta en el departamento de Boyacá, grupos bandoleros que por acción de las esmeraldas habían sido transformados en "matones de la zona esmeraldífera" entraron a ser dinamizados por la mafia de la cocaína. Junto con las autodefensas del Magdalena Medio manifiestas con la aparición de Acdegam y contando con el respaldo del Batallón Bárbula y con dineros e infraestructura aportados por el núcleo mafioso central, desde Puerto Boyacá estos matones se consolidaron como uno de los más estructurados y violentos focos

59 Fabio Castillo, *op. cit.*, pp. 197-207; Camilo López, Tito Pérez, Martín Rodríguez y Dinardo Rojas, "Narcotráfico y paramilitarismo en la región de Rionegro (Cundinamarca), un estudio de caso (1980-1990)", tesis de grado, Bogotá, Departamento de Ciencias Sociales, Facultad de Artes y Humanidades, Universidad Pedagógica Nacional, 1992.
"El Mexicano", al igual que otros mafiosos, logró consolidar una amplia base social de apoyo entre los habitantes de las zonas de influencia. Estos apoyos por parte del pueblo se inscriben en las frustraciones de las amplias masas que, sumidas en la miseria y la explotación, ven en quien es capaz de "sobresalir", de ponerse por encima de ellos, a un realizado, a un hombre "hecho", a un fiel exponente de su clase y su condición, y por tanto objeto de la admiración, el respeto y la protección, sin importar o entender que se encuentre "al margen de la ley".
A este respecto *véanse* G. Veloza, *La guerra de los carteles de la cocaína*, G. S. Editores; Fabio Rincón, *Leyenda y verdad de "El Mexicano"*; revista *Semana*, Nºs 106, 378 y 398, Bogotá.

del paramilitarismo en Colombia[60]. Y una vez como grupos armados se han reproducido, desplazado y fusionado con los de Antioquia, Córdoba, Santanderes, Meta y Casanare.

En Córdoba, la alianza entre terratenientes, ganaderos, ejército y mafiosos fue impulsada por Fidel Castaño, "Rambo", quien por retaliaciones con las Fuerzas Armadas Revolucionarias de Colombia, FARC —generadas a raíz del secuestro y posterior asesinato de su padre—, en alianza con los paramilitares del Magdalena Medio y Urabá y bajo la sindicación de ser simpatizantes y auxiliares del Ejército Popular de Liberación, EPL, y las FARC, efectuó diversas masacres de pequeños campesinos y jornaleros rurales[61]. La asociación de grupos de derecha con sectores del ejército no sólo desencadenó acciones contra simpatizantes de la guerrilla y la izquierda, sindicalistas y líderes cívicos, sino que a la vez que se constituyó en el soporte de muchos mafiosos, fue un instrumento de presión utilizado en contra de algunos sectores sociales aliados para obligarles a vender sus tierras, produciéndose así en estos territorios una verdadera "mafio-reforma agraria" por arriba[62].

60 Varios trabajos profundizan en los paramilitares y en sus nexos con el "narcotráfico" y el ejército. *Véanse* Carlos Medina, *Autodefensas, paramilitares y narcotráfico en Colombia. Origen, desarrollo y consolidación. El caso de Puerto Boyacá*, Documentos Periodísticos, Bogotá, 1990; Fabio Castillo, *op. cit.*; C. López, Tito Pérez *et al.*, *op. cit.*

61 Martha González, *Conflicto agrario y narcotráfico. El caso de Córdoba*, Bogotá, Cider–Uniandes, 1993.

62 El anexo B corresponde a una tabla sinóptica de actuación de grupos de autodefensas, paramilitares y sicarios por territorios, zonas, regiones, departamentos, ciudades o municipios.
Para profundizar sobre estos aspectos, *véanse*: A. Valenzuela, *op. cit.*; Informe del DAS, Bogotá, noviembre 30 de 1988; revista *Semana*, Nº 313, Bogotá; revista *Foro*, Nº 6, Bogotá; I. Rementería, "La violencia en el Magdalena Medio", *Pasado y presente de la violencia en Colombia*, Bogotá, Cerec, 1988; "Los ejércitos de la mafia", en *El Tiempo*, Bogotá, junio 31 de 1988.

Sicarios

Definidos como criminales de origen y actuación básicamente urbanos, íntimamente ligados al núcleo mafioso antioqueño, los sicarios efectúan sus acciones en forma individual o en pequeños grupos y están emparentados con los antiguos matones del occidente colombiano de la violencia de los años cincuenta, los "pájaros", cuya modalidad —la "pajaril"— fue adoptada hacia los años setenta por terratenientes y hacendados de diversos departamentos del sur y noreste del país (Cauca, Caquetá, Córdoba, Sucre, Cesar y Magdalena) para oponerla a los crecientes movimientos campesinos, de indígenas y sindicales, logrando con ella inclusive la eliminación física de muchos de los líderes de éstos.

Así mismo, con el auge de la marihuana y la cocaína, los "pájaros" fueron "redescubiertos" y revitalizados en Antioquia, Valle y todo el eje cafetero para servir de apoyo a la mafia, fundamentalmente a partir del surgimiento del grupo Muerte a Secuestradores, MAS, con lo que se generaron entonces variadas formas de sicariato[63].

Desde los años setenta, en el occidente colombiano se produjo una dinámica social de ascenso económico de fracciones de clase acompañada de sutiles formas de violencia; manifiestas en las ciudades de Cali, Buenaventura, Buga, Tuluá, Cartago, Armenia, Pereira, Manizales, Medellín, entre

63 Alonso Salazar, *No nacimos pa'semilla; La bola de nieve. El proceso de las bandas juveniles en Medellín*, mimeo, Corporación Región; Relatos orales. *Véanse* también: "Los niños sicarios", en "Lecturas Dominicales" de *El Tiempo*, Bogotá, abril 15 de 1990; "La conexión militar, Andrés Gutiérrez, el niño sicario que asesinó a Jaramillo", en *Voz*, Bogotá, abril 5 de 1990; "Todo empezó así: sicariato", en *La Prensa*, Bogotá, abril 30 de 1989; "El muerto de prueba", en *La Prensa*, Bogotá, noviembre 13 de 1988; "Un viaje al universo del sicario", en *El Tiempo*, Bogotá, abril 9 de 1989; "El 'sicariato' siembra el terror en Antioquia", en *El Siglo*, Bogotá, septiembre 13 de 1988; "Matriarcado y sicarios", en *El Tiempo*, Bogotá, mayo 27 de 1990; revista *Semana*, Nºs 260, 310, 313, 426, Bogotá.

otras, de alguna manera estas formas de violencia fueron lideradas por núcleos ilegales de cuatreros, secuestradores, contrabandistas, reducidores e incipientes traficantes de marihuana y cocaína, quienes a su vez originaron y fueron consolidando tres ejes de delincuencia e ilegalidad, a saber: el de Medellín-Urabá-Panamá, el de Cali-Buenaventura-Panamá y, como puente entre los dos, el de Cartago-Armenia-Pereira, los cuales igualmente dieron nacimiento a tres conocidos focos de refinación y comercialización de cocaína: el antioqueño, el valluno y el subnúcleo del noreste del Valle (Cartago, Armenia y Pereira).

Los mafiosos tendieron el puente entre los viejos "pájaros", latentes hasta ahora (prestándoles servicios a fracciones del Partido Conservador en los pueblos y veredas del Valle del Cauca): el moderno sicariato, para el caso de la mafia antioqueña, y los grupos de limpieza, para la mafia valluna.

A partir de los "pájaros" y matones se conformaron los primeros grupos de guardaespaldas y pistoleros para sustentar la ilegalidad del negocio de la cocaína, siendo el secuestro de Martha Nieves Ochoa (perpetrado el 12 de noviembre de 1981 por un comando del Movimiento 19 de abril, M19) el acontecimiento que precipitaría el lanzamiento del MAS como una organización de sicarios "profesionales" al servicio de la mafia, conformada para luchar contra el secuestro y por la defensa de los intereses económicos, patrimoniales y familiares de los ricos mafiosos: en una reunión celebrada en Cali la mafia anunció que 223 de sus miembros habían depositado la suma de *dos millones de pesos cada uno y diez de sus mejores hombres para combatir la subversión y la industria del secuestro*[64].

64 Desde una avioneta, mientras se jugaba un partido de fútbol en el estadio Pascual Guerrero en la ciudad de Cali, fueron lanzados volantes con los anuncios del MAS.

Con las primeras acciones del MAS, que dejaron más de quinientos muertos, la mafia dio una idea de lo que sería el sicariato, modalidad que posteriormente —y como consecuencia de la ruptura entra la mafia antioqueña y la del grupo de Cali generada por el asesinato del ministro de Justicia Lara Bonilla— fue desarrollada y consolidada por el núcleo mafioso antioqueño, que la convirtió en el símbolo de su accionar, mientras los diferentes grupos y subgrupos mafiosos del Valle, principalmente mediante los "grupos de limpieza", orientaban su acción criminal hacia la llamada "limpieza social" (con esta práctica se eliminan aquellos individuos que, según ellos, son indeseables para la sociedad: menesterosos, cartoneros, prostitutas, homosexuales, basuqueros, etc.).

Grupos de limpieza

Aun cuando en ocasiones actúan en zonas rurales, en particular en territorios agroindustriales muy ligados al auge de la mafia, estos grupos de asesinos —fundamentalmente urbanos, conocidos también con el nombre de Escuadrones de la Muerte— han tenido gran presencia en el occidente colombiano en las ciudades de Cali, Buga, Tuluá, Cartago, Armenia, Manizales, Pereira, y a lo largo del río Cauca, cobrando fuerza a partir de la década de los ochenta en forma paralela al crecimiento de las mafias. Fueron tantos los cadáveres que comenzaron a bajar por el curso del mencionado río en el norte del Valle y Risaralda, que para recoger los muertos hallados en el "Río de la Muerte" —como comenzó a ser llamado— las autoridades debieron crear una patrulla fluvial de vigilancia y control, pues la administración municipal de Marsella estaba "quebrada" por costear el rescate, autopsia y entierro de las víctimas. La situación creada se tornó tan difícil en estas regiones que se llegó hasta el punto de que algunos pescadores y barqueros se dieron a la tarea de empujar con palos a los cadáveres, facilitándoles así continuar su larga y macabra marcha de ahogados eternos de una región y un país que ya ni siquiera sepultaba a sus muertos, mientras que ciertos areneros y pescadores de Buga, Tuluá, Roldanillo y Cartago —tal como lo manifestaron en charlas sostenidas con los autores de este texto—, *valiéndose del hecho de que en muchos casos los allegados de las víctimas pagaban por la identificación y rescate de sus familiares desaparecidos, optaron por un cambio de "profesión"*. Todo ello debido, por una parte, a la amenaza de muerte que pesaba sobre quien rescataba o denunciaba un muerto[65], y por otra parte, aprovechando la insinuación hecha por las mismas autoridades para liberar al municipio de los cadáveres que se enredaban en el remolino o recodo existente en las inmediaciones de Roldanillo.

Un desprevenido análisis de publicaciones de artículos y estadísticas asociados al fenómeno de violencia de "limpieza social" demuestra que actividades referidas a esta modalidad son más intensas en los meses de junio, julio y agosto, período "intercosecha" (tiempo que transcurre entre el fin de una cosecha y el principio de otra) caracterizado por niveles de desempleo más elevados y, por ende, un incremento de las acciones de delincuencia común. Todos los anteriores elementos son los que han posibilitado, tanto a nivel urbano como rural, prácticas de tipo "limpieza social" efectuadas por asociaciones de comerciantes, hacendados, finqueros, policías y mafiosos que han llevado a que en el occidente colombiano no haya tal vez población de la que pueda decirse no registra cotidianamente un muerto "N.N.", ya sea ladrón, basuquero, cuatrero, etc. El grado de aceptación ciudadana de este tipo de violencia ha sido tal que en reuniones sostenidas en Cali con el gobernador y con el comandante de la policía,

65 Charlas y entrevistas: El "Mono", Roldanillo, mayo de 1990; "Chorola", Cartago, abril de 1991. *Véanse* también: *El Tabloide*, Tuluá; *El Caleño*, Cali; "Tuluá: ciudad del miedo y el silencio", en *El Espectador*, Bogotá, agosto 25 de 1991; Arturo Alape, "¿A quién le importa la muerte ajena?", en *El Espectador*, Bogotá, agosto 25 de 1991.

algunos burgomaestres, de acuerdo con comentarios de alcaldes y personeros municipales de varias poblaciones del Valle del Cauca, insistían en que les fuera enviado el agente X —afamado por parecerse a "Rambo"— por una temporada, con el fin de "limpiar la población"[66].

Como puede observarse, el modo de actuar de estos grupos de "justicieros" no es fácil de desligar de las prácticas sicariales, de los ajustes de cuentas entre mafiosos, de las actividades propias de sectores de la delincuencia común ni de las retaliaciones y acciones sumariales de las fuerzas policiales del Estado; a pesar de su complejidad, y como ha sido comprobado por numerosas investigaciones, la mayor parte de estas acciones de "limpieza" son atribuibles a comerciantes, finqueros, hacendados, etc., en complicidad con autoridades locales, grupos de "moralistas" y otros sectores sociales ricos y enriquecidos que ven en los desvalidos, en los pobres, en las prostitutas, en los homosexuales, en los drogadictos, etc., un "parche", un "lunar", una "amenaza" que es necesario extirpar, "eliminar".

Terrorismo urbano

El terrorismo urbano con bombas fue muy intenso en el país, después de las declaratorias de las llamadas "guerras a la mafia", y se dirigió básicamente contra sedes políticas, centros comerciales, entidades financieras, oficinas del Estado o de los cuerpos de seguridad, y aviones (para el caso de cometer asesinatos de altas personalidades).

El carácter confuso y contradictorio del fenómeno "terrorismo urbano" en Colombia ha llevado a crear sospechas acerca de la existencia de una mezcla de acciones de la mafia,

66 Charlas sostenidas con testigos y con autoridades civiles de poblaciones del occidente colombiano en el período comprendido entre diciembre de 1990 y julio de 1991.

cuerpos de seguridad del Estado (pugnas entre ellos), la DEA, grupos de derecha y aun de grupos guerrilleros; no deja de ser sospechoso que muchas acciones de terrorismo urbano, tanto las dinamiteras como las relacionadas con los asesinatos de los dirigentes izquierdistas Antequera, Jaramillo y Pizarro —los más relevantes dentro de la cadena de homicidios perpetrados contra simpatizantes de la izquierda colombianos—, se encuentren asociadas con el momento de inicio de diálogos con la mafia, con la negociación o entrega guerrilleras, o con la realización de elecciones, mostrando al menos la posibilidad de la intromisión de sectores de la DEA, las fuerzas armadas o grupos de derecha. Esta probabilidad crece cuando se consideran dos circunstancias: la primera, el hecho de que la mafia hubiera buscado asesoría para su guerra en miembros retirados y activos de los distintos cuerpos de las fuerzas armadas: aquí se recuerdan la masacre de los Altos del Portal (llevada a cabo al norte de Bogotá por el Grupo de Operaciones Especiales del Ejército, el cual actuó bajo las órdenes y necesidades de "El Mexicano"), el caso del agente del F-2 Luis Carlos Quintero Cruz (después de aliarse con la mafia y contribuir, al parecer, en el asesinato de varios de sus compañeros en Pereira, terminó en una prisión en los Estados Unidos acusado del asesinato del informante de la DEA Adde Barry Seal, crimen aparentemente ordenado por la mafia antioqueña)[67].

En segundo término, el hecho de que las acciones, infiltraciones y pagos de dineros de la mafia a sectores de las fuerzas armadas y de la policía ocasionaron el resquebrajamiento de estas instituciones, sumiéndolas en contradicciones y en mutuas recriminaciones, sospechas y acusaciones: al

67 Se cumple aquí la tesis de que quienes combaten a la mafia se vuelven "mafiosos", mientras que quienes eran mafiosos se tornan "señores", "legales". Para analizar algunos casos *véase* A. Dussán Bahamón, *Mi guerra en Medellín*, Bogotá, Intermedio Editores, 1991.

parecer, se dio asesoría y apoyo "táctico" y "estratégico" a uno u otro foco mafioso por parte de algunos miembros del DAS, el F-2 y el G-2, no sólo de cara a los intereses de cada cuerpo secreto sino, según la coyuntura (electoral, guerrillera, etc.), a las acciones llevadas a cabo a nombre de la mafia (asesinar candidatos de izquierda, poner bombas en ciertos sitios y momentos, etc.). Lo anterior es claramente visible si se analiza el giro estratégico de Pablo Escobar, puesto en práctica con el secuestro de periodistas, que condujo a la negociación y primera entrega, acontecimientos que pueden interpretarse como su tránsito de la delincuencia común a la delincuencia política[68].

De la conciliación a la guerra y de los diálogos a la entrega

Como bien lo ha expresado Iván Orozco, la negociación con la mafia ha estado enmarcada dentro del esfuerzo de los distintos grupos que la conforman por no ser vistos más como "delincuentes comunes" y ser reconocidos como "delincuentes políticos". Puesto que antes de 1984 la clase política colombiana, los sectores sociales y los diferentes gobiernos no habían manifestado una posición firme frente a la mafia —por sus capitales y relaciones de negocios, por el "rechazo" público a ciertos comportamientos suyos, y sobre todo por su intento de penetración política y sus aspiraciones de poder—, sus pretensiones son perceptibles apenas a partir de ese año. Aunque ciertamente los primeros puntos de ruptura entre la mafia y el gobierno se dieron con el Tratado de Extradición y el asesinato del ministro de Justicia Rodrigo Lara Bonilla, no

68 Al respecto puede consultarse: I. Orozco Abad, "Los diálogos con el narcotráfico: historia de la transformación fallida de un delincuente común en un delincuente político", en revista *Análisis Político*, Nº 11, Bogotá, Instituto de Estudios Políticos y Relaciones Internacionales, Universidad Nacional, 1990.

hay que desconocer la inquietud del ciudadano común y corriente que se pregunta por qué siempre que hubo intento de diálogo o cada vez que uno de ellos se llevaba a cabo se ejecutaba un asesinato conmovedor e impactante o se perpetraba un acto violento o una acción "terrorista" atribuible o atribuida a la mafia. Puede sospecharse que muchas de estas acciones fueron realizadas por miembros de la DEA, de sectores de las fuerzas armadas o de los organismos secretos del Estado, o por núcleos de derecha interesados en pescar en río revuelto.

En las etapas de "guerra", negociación y entrega ha existido cierta miopía por parte de sectores de la sociedad y el gobierno, que muy tarde comenzaron a comprender no sólo la fragilidad y peligrosidad de la declaratoria de guerra a un enemigo invisible que había alcanzado mucha influencia en gran parte de la estructura económica, política y social del país, sino la ineficacia de una lucha frontal contra un fenómeno trasnacional que se alimenta y sustenta en el gran consumo de cocaína llevado a cabo en las naciones industrializadas, las cuales presionan el combate en las zonas de producción antes de contrarrestar sus mafias legales de producción de insumos y lavado de dólares, y el riesgo de la internacionalización del conflicto por la posible injerencia extranjera en "nuestra guerra" contra la mafia.

Fases del proceso

1. De la "aceptación" de la mafia al Tratado de Extradición (1979) y a los intentos de legalización (1981).
2. Los diálogos y la guerra llevados a cabo durante la administración Betancur (1982-1986).
   - Primera "guerra": después del asesinato del ministro Lara Bonilla (30 de abril de 1984).
   - Diálogos de Panamá: mayo de 1984.
3. Diálogos y "guerra" durante la administración Barco
   - Los diálogos Vallejo-Montoya: julio de 1988.

— Segunda "guerra": después del asesinato del precandidato presidencial liberal Luis Carlos Galán Sarmiento (Soacha, 18 de agosto de 1989).

4. Los decretos y las entregas: durante la administración Gaviria (1990-1991)
   — Expedición del decreto 2047 mediante el cual se señalan los requisitos necesarios para que opere la no extradición de colombianos: 5 de septiembre de 1990.
   — Constitución del grupo de Los Notables: octubre de 1990.
   — Expedición del decreto 2372, aclaratorio del 2047: 8 de octubre de 1990.
   — Reivindicación del secuestro de siete periodistas por Los Extraditables: 30 de octubre de 1990.
   — Entrega de Pablo Escobar Gaviria, jefe del núcleo de Antioquia: 19 de junio de 1991.
   — Fuga de Escobar y nueva declaratoria de guerra a través del Bloque de Búsqueda.
   — Muerte de policías. Muerte de "Tyson".
   — Vuelven las bombas.
   — Negociación y represión.
   — Negociaciones con el núcleo de Cali.
   — Muerte en Medellín de Pablo Emilio Escobar Gaviria, 2 de diciembre de 1993.

DOS PROTOTIPOS DE LA MAFIA CRIOLLA

José Gonzalo Rodríguez Gacha, "El Mexicano" o "Don Andrés"

"El Mexicano" se caracterizó por su tendencia a una mafia arcaica, rústica y rural, la más parecida a la mafia siciliana clásica, por su gran apego al campo y por su origen; peón y rebuscador de esmeraldas de la región cundiboyacense, desarrolló para su consolidación un aparato armado rural: el paramilitarismo.

Nacido en Pacho el 18 de mayo de 1947, vivió de niño uno de los períodos más aciagos de la historia colombiana, la Violencia; hijo de una familia humilde tradicional y conservadora, al terminar tercero de bachillerato bien pronto se enroló en la fila de los rebuscadores de futuro, situación que lo llevó a deambular por distintos lugares y trabajos; de mesero en un restaurante de la calle 14 de Bogotá, pasó a buscador de esmeraldas a la sombra de un lugarteniente de Gilberto Molina. Después de conocer los pormenores del negocio de las esmeraldas, se pasó al tráfico de cocaína hacia 1976[69].

Conservador y anticomunista convencido y a la sombra, pues sin protagonismo político adquirió un gran poder en su zona de influencia, llegó hasta el punto de poner y quitar alcaldes y políticos para los cuerpos colegiados, patrocinando a los que se acomodaban a sus proyectos de consolidarse como jefe y señor de toda la provincia de Rionegro y sacando de por medio a los que no comulgaban con sus mandatos[70].

Gran emulador de la cultura mexicana, no sólo por la influencia temprana de las películas, rancheras y corridos, sino por los períodos de residencia en este país, ya como esmeraldero, ya como traficante; esta cultura encarnaba muy bien sus ideales conservadores, machistas, tradicionales y reflejaba de alguna manera no sólo sus angustias y miserias, sino que hacía eco de las frustraciones y los triunfos de los secto-

69 Otros aseguran que se inició en las esmeraldas con Alfonso Ceballos, quien lo empleó como correo de gemas a Miami y México. Rodríguez Gacha le hizo a Ceballos muchos trabajos como matón contra el clan de los hermanos Murcia. A este respecto *véanse*: Fabio Castillo, *Los jinetes de la cocaína*, Nºs 378 y 398, Documentos Periodísticos, Bogotá, 1987; *Semana*, Bogotá, 1989.

70 Camilo López, Tito Pérez, J. Rodríguez y Dinardo Rojas, "Narcotráfico y paramilitarismo en la región de Rionegro, Cundinamarca. Un estudio de caso, 1980-1990", tesis de grado, Bogotá, Universidad Pedagógica Nacional, Facultad de Artes y Humanidades, Departamento de Ciencias Sociales, 1992.

res populares de los que siempre se sintió orgulloso de pertenecer y representar.

> No, yo me siento muy realizado y me siento muy realizado porque lo que he querido lo he alcanzado, y he luchado por un pueblo, aunque nadie lo crea, porque alrededor mío hay mucha gente, y la gente mía se siente orgullosa de mí y yo me siento orgulloso de mi gente; trabajamos por una causa, luchamos por esa causa y todo el mundo nos defendemos, todo el mundo nos ayudamos y todo el mundo vamos a ver si salimos adelante. Esta es una situación muy delicada, pero la guerra está casada[71].

Su origen humilde y popular lo llevó a practicar una especie de filantropía con los pobres y necesitados de Pacho y otras regiones; recuérdense los regalos navideños para los niños de su pueblo, las reparticiones de dinero en efectivo a los necesitados de Pacho y a los damnificados del desastre de Armero; no hay que olvidar que estas actuaciones han sido características de todos los representantes "genuinos" de las clases populares, que poniéndose por encima de ellas al sobresalir con sus triunfos, criminalidad o fortuna, intentan no distanciarse mucho de las mismas, haciendo ostentación de su bondad, desprendimiento y sencillez, lo que a su vez les permite conquistar respaldo y base social de apoyo.

> Y es que uno de los más señalados atractivos del bandido era, y es, el de que se trata de un muchacho joven que ha salido adelante, compensación viva del fracaso de la masa en elevarse por encima de su pobreza y de su condición inerme y sumisa[72].

71 Entrevista concedida por Gonzalo Rodríguez Gacha a un periodista colombiano semanas antes de su muerte, publicada por la revista *Interviú* de España y reproducida en algunos apartes por la revista *Semana*, Nº 398, Bogotá, 1989.

72 E. Hobsbawm, *Rebeldes primitivos*, Barcelona, Ariel, 1974, p. 41.

En la medida en que fue avanzando en el negocio de la cocaína, Rodríguez Gacha fue acumulando un enorme poder y una gran fortuna que al momento de su muerte se calculaba en más de mil millones de dólares; "El Mexicano" pasó por varias fases o etapas: rebuscador, esmeraldero, traficante, terrateniente y paramilitar.

Por el tipo de negocios que manejaba, se encontró con Pablo Escobar y con los hermanos Ochoa, con quienes integró la cúpula del llamado cartel de Medellín; por su conservadurismo, por su radicalismo y por privilegiar la acción armada para la resolución de los conflictos intermafiosos y con el Estado, "El Mexicano" pasó a ser el jefe del ala militar del grupo antioqueño, una vez que la mafia se enfrentó abiertamente con el gobierno a partir de 1984, conformando uno de los grupos paramilitares más grandes y terroristas del país, con un millar de hombres, que centró sus operaciones en el Magdalena Medio[73].

> ¡Ah, no!, es que nosotros somos todos. Es que nosotros estamos unidos. Los únicos que no están unidos a nosotros son cuatro de Cali. Son un grupo minoritario de Cali, pero el resto de caleños están con nosotros. Los dos Rodríguez, Santacruz, Herrera no están con nosotros. Del resto, todos los carteles están con nosotros. La gente de Barranquilla está con nosotros, la de Bucaramanga está con nosotros, la de Pereira, la de la Costa Atlántica, la colonia latina española está con nosotros, la de Nueva York... Todo el mundo lo llama a uno. De Europa, de México nos llaman, porque es que estamos defendiendo una causa de todos[74].

"El Mexicano" casó una serie de guerras y enfrentamientos aun con sus antiguos amigos y aliados, y al momento de su muerte se enfrentaba abiertamente con el gobierno, con la

73 *Semana*, Nº 398, Bogotá, 1989, p. 27.
74 *Ibíd.*, p. 31.

DEA, con el general Maza, con el grupo mafioso de Cali, con los esmeralderos, con las FARC, con la UP, etcétera.

Los conflictos con las FARC se agudizaron por los obstáculos que representaba para Rodríguez Gacha la presencia de la guerrilla en el Meta, Guaviare y Magdalena Medio, no sólo para su expansión territorial, sino porque la guerrilla de las FARC le cobraba impuestos sobre las siembras, sobre los laboratorios y por el tránsito por sus territorios; esta circunstancia lo llevó a enfrentar al sector "asociado" a las FARC, la UP, que fue prácticamente extinguida por acción de los paramilitares en alianzas con el ejército y la derecha.

Inicialmente había contado con el apoyo de sectores esmeralderos, pero éstos le dieron la espalda en favor de la DEA cuando Rodríguez Gacha, mediante una serie de planes estratégicos, quiso apoderarse a toda costa de la zona esmeraldífera, para unir sus tierras de Pacho con las del Magdalena Medio, buscando una salida hacia el mar por Antioquia y Córdoba.

Este nuevo frente de lucha tuvo como consecuencia la masacre de Sasaima, en la que murieron Gilberto Molina y 14 personas más, luego la muerte de Verónica Rivera, "La reina de la coca", la bomba que destruyó las oficinas de Tecminas, el asesinato de un sobrino de Carranza y el allanamiento del edificio Altos del Portal, para deshacerse de Ángel Gaitán Mahecha, esmeraldero al servicio de la DEA, por dar pistas sobre el paradero de "El Mexicano"[75].

> Es que yo no estoy casando peleas. Pero es sencillo. ¿Por qué nosotros peleamos con los esmeralderos? Yo lo veo todo muy claro: ellos estaban andando con la DEA. Lo que pasa es que usted sabe que un poder enfrentado a otros poderes tiene muchos problemas[76].

75 Gonzalo Guillén, *Guerra es War*, Bogotá, Intermedio Editores, 1993, pp. 32 a 42.

76 Entrevista a Rodríguez Gacha, reproducida por *Semana*, Nº 378.

Una de las fachadas de los paramilitares de "El Mexicano" fue sin lugar a dudas Acdegam, que enlazaba los municipios de Cimitarra, Puerto Olaya, Puerto Berrío, Puerto Nare, Puerto Boyacá, Puerto Triunfo, Puerto Salgar, La Dorada, Yacopí y Pacho en un solo eje estratégico para producir y embarcar cocaína al amparo de sus paramilitares. No obstante lo anterior, el obstáculo para hacer más efectivo este bloque, para cerrarlo completamente, lo constituía su escasa presencia en la zona esmeraldífera, lo que llevó a Rodríguez Gacha a presionar sobre los dominios de Molina y Carranza, que conectaban los municipios de La Palma, Muzo, Otanche, Quípama y San Pablo de Borbur[77].

"El Mexicano" se caracterizó por ser un mafioso arcaico, con un profundo apego por la tierra y la tradición. Sus propiedades agrarias estaban situadas en la región de Rionegro, en el Magdalena Medio y en los Llanos Orientales; en el Magdalena Medio se destacaron las fincas Isla de la Fantasía, La Fe, La Nutria, La Albania y Sortilegio; en la región de Rionegro poseía las haciendas Cuernavaca, Mi Mazatlán, La Sonora, La Esperanza, Llano Grande, El Antojo, Santa Rosa, Isla Azul, El Vergel, Freddy I, Freddy II y Chihuahua.

La mayor parte de estas propiedades estaban dedicadas a la ganadería y mantenían gran cantidad de terrenos baldíos. Sin embargo, todas presentaban innovaciones agropecuarias y una serie de construcciones suntuosas[78].

La gran cantidad de propiedades y el dinero, el gran número de lugartenientes, testaferros, cuidanderos, guardaespaldas y paramilitares que se lucraban directamente del dinero de "El Mexicano", así como los que se beneficiaban indirectamente, contribuyeron a crear una leyenda en torno al personaje, acrecentada con las acciones de Rodrí-

77 Camilo López y otros, tesis de grado, *op. cit.*, p. 72.
78 *El Tiempo*, Bogotá, agosto 26 de 1988, p. 8A, y octubre 15 de 1989, p. 1B.

guez Gacha, que se esforzó a su manera por crear una base social de apoyo entre sectores sociales al margen de las políticas del Estado.

> Así que, paradójicamente, la ostentación en el gasto por parte del bandolero, como los Cadillacs chapados de oro y los dientes incrustados de diamantes del arrapiezo que ha llegado a campeón del mundo de boxeo, sirve para vincularse a sus admiradores, y no a separarle de ellos; siempre y cuando no se aleje demasiado del papel heroico que le ha sido impartido por las gentes[79].

Como acontece casi siempre con los que se han enfrentado al Estado y las autoridades, estas leyendas lo presentaban como un hombre "bueno", trabajador, sencillo y generoso, perseguido por ser de origen humilde y ayudar a los pobres; esta visión de las acciones de los hombres desde abajo, y construida desde la imaginería del común de la gente, quedó reflejada en una serie de canciones populares, como la compuesta e interpretada por los "Rangers del Norte" en memoria de Rodríguez Gacha con el título de *Fue un quince de diciembre* y que en sus estrofas dice:

> Era un quince de diciembre
> por el año ochenta y nueve
> cuando Chalo se encontraba
> celebrando en su morada
> por las ideas de su pueblo
> por las que siempre luchaba (...)
> Su familia está muy triste
> y también los de su pueblo
> pero Gacha no está muerto
> él está en un bello sueño

79 E. Hobsbawm, *op. cit.*, p. 41.

él está en el infinito
en ese mundo bonito[80].

En el mismo sentido hay composiciones en honor del caballo Túpac Amaru, de Pacho, de su hijo Freddy, etcétera[81].

Pero sobre todo en la memoria de sus antiguos lugartenientes y auxiliadores, en la mente de sus seguidores, en las zonas de influencia, se considera que "El Mexicano" no ha muerto, sino que éste, junto con las fuerzas militares y el gobierno, hizo el montaje de su muerte para evadir la persecución y salir favorecidos todos, presentando los resultados que exigía la sociedad, mientras que Rodríguez Gacha se encuentra "anónimo", disfrutando de sus inmensas riquezas[82].

Gonzalo Rodríguez Gacha fue acribillado el 15 de diciembre de 1989 en las inmediaciones de Tolú, fiel al lema de Los Extraditables: "Mejor una tumba en Colombia que una celda en Estados Unidos". No son claras las circunstancias en que se produjo su muerte. La versión oficial se la adjudica el Cuerpo Élite de la Policía Nacional, pero un informante, antiguo miembro del grupo de Cali, apodado "El Navegante", afirma que fue un agente de la DEA quien efectuó el tiro de gracia. Finalmente, hay quienes afirman que el mismo Gacha, al verse cercado, se disparó, quedando abierto el espacio para la leyenda, pues para muchos quien murió en la acción fue en realidad el doble de Gonzalo Rodríguez Gacha, "El Mexicano" o "Don Andrés".

Pablo Emilio Escobar Gaviria, "El Doctor" o "El Patrón"

Dijimos que Escobar era un mafioso "moderno", uno de los que habían construido la tendencia mafiosa más parecida a

80 Camilo López y otros, tesis de grado, *op. cit.*, p. 90.
81 *Ibíd.*, pp. 90 a 95.
82 Leyenda recogida en la región de Rionegro por los autores de la tesis de grado, Camilo López y otros, *op. cit.*, p. 88.

la norteamericana, caracterizada por ser básicamente urbana, con grandes conexiones y desarrollos internacionales, y sustentada sobre un aparato militar urbano de sicarios y milicias.

Pablo Emilio Escobar nació el 1º de diciembre de 1949 en la hacienda Fátima de la vereda El Tablazo, municipio de Rionegro, en donde su padre trabajaba como cuidandero de fincas y su madre, al terminar los estudios en la normal, se empleó como maestra de escuela[83].

El propio Pablo Emilio Escobar, al rendir indagatoria ante un juez de Medellín que lo investigaba por uno de los primeros negocios de "tráfico" de drogas, se describió así:

> Mi nombre es Pablo Emilio Escobar Gaviria, natural de Rionegro, Antioquia. Hijo de Abel y Herminda, de 26 años de edad, estado civil casado, de profesión negociante, residente y cedulado en Envigado, actualmente comerciante en el ramo de comisiones en venta de vehículos particulares; siempre he trabajado independientemente en el ramo de las comisiones de negocios y me he dedicado a la ganadería y la agricultura en general, en una finca de mi papá en Rionegro.
> Pueden verificar mi conducta Humberto Vargas, quien trabaja en la Gobernación, y Federico Montoya. Poseo un capital de $180.000 a $200.000, representado en vehículos, unas 10 vacas y sembrados agrícolas. Yo vendía en Turbo artículos de marmolería y lápidas. Mis ingresos son más o menos $8.000 mensuales[84].

En 1951 su madre se trasladó a Medellín, a trabajar en la Secretaría de Educación, iniciando un recorrido itinerante por varios municipios de Antioquia, hasta que en 1961 se ra-

83 Facsímil de la partida de bautismo, reproducida por Luis Cañón, *El Patrón. Vida y muerte de Pablo Escobar*, Bogotá, Planeta, 1994, p. 33.

84 Aparte de uno de los primeros sumarios iniciados contra Pablo Escobar, citado por Manuel Vicente Peña, "Primeros pesos", en *La Prensa*, Bogotá, diciembre 5 de 1993, p. 3.

dicó en la capital del departamento, en uno de sus barrios periféricos.

En 1962 Pablo Emilio inició su bachillerato en el Liceo Antioqueño; allí mismo no sólo consolidó una entrañable amistad con su primo Gustavo Gaviria, sino que se dedicó al liderazgo estudiantil y a ciertas actividades de trabajo con la comunidad[85].

Es indudable que las dificultades para terminar los estudios y la pérdida del cupo en el liceo aceleraron su entrada en el mundo del rebusque, que lo situaron muy temprano en el negocio de lápidas robadas, las cuales se vendían a muy buen precio en Panamá; en la ruta de las lápidas, en Puerto Turbo, había toda clase de negocios de contrabando, a lo que no escapaban las demandas de marihuana y cocaína por parte de marinos y de pequeños mafiosos[86].

Quienes le han seguido el rastro a la vida delictiva de Escobar le adjudican alguna participación en el secuestro del filántropo antioqueño Diego Echavarría Misas, el 8 de agosto de 1971, ya que junto al cerebro de la operación, Néstor Trejos Marín, "El Mono Trejos", aparecían Mario González Franco, María Cárdenas de González y Camilo Zapata, más tarde integrantes con Pablo Escobar del grupo mafioso de Antioquia[87].

En 1974 Escobar aparece comprometido en el robo de varios vehículos Renault, y finalmente, pese a las coartadas, es enviado a la cárcel de La Ladera, en donde perfecciona sus contactos delincuenciales y vislumbra las grandes posibilidades del negocio de la cocaína.

85 Luis Cañón, *op. cit.*, pp. 46 a 48. *La Prensa*, Bogotá, diciembre 5 de 1993.
86 Luis Cañón, *op. cit.*, p. 52.
87 *La Prensa*, Bogotá, diciembre 5 de 1993; Luis Cañón, *op. cit.*, pp. 55 a 57; C. Arrieta y otros, *Narcotráfico en Colombia*, Bogotá, Tercer Mundo Editores, Uniandes, 1990; F. Castillo, *La coca nostra*, Documentos Periodísticos, 1991.

En 1976 Escobar fue detenido en Medellín junto con Gustavo de Jesús Gaviria, con un cargamento de 39 kilos de cocaína, miles de dólares y varios automotores; según informes del DAS, para aquella época Escobar ya lideraba una organización que recibía cocaína y pasta de coca en Tulcán, Ecuador; luego la transportaban camuflada en camiones de carga hasta Medellín, para ser embarcada hacia los Estados Unidos. Después de un operativo con agentes encubiertos montado por el DAS, Escobar fue capturado cuando trataba de arreglar la devolución de la cocaína confiscada; dos de los detectives que participaron en el operativo aparecieron días más tarde muertos, mientras que los abogados de Escobar hacían esfuerzos por sacarlo de la cárcel.

De nuevo en libertad, Escobar se entregó de lleno a montar la infraestructura de su organización: laboratorios para el refinamiento de cocaína, contactos en Perú y Bolivia para abastecerse de pasta y, sobre todo, perfeccionamiento de las rutas, tanto las de transporte de pasta del sur como las de exportación de cocaína hacia los Estados Unidos; se entregó de lleno a manejar sus inversiones legales en finca raíz, automóviles, etcétera.

Podría decirse que entre 1976 y 1982 Escobar pasó inadvertido para el conjunto de la sociedad colombiana, mientras acumulaba capital y construía su gran emporio de refinamiento y exportación de cocaína.

En 1982 Pablo Escobar se dedica a la política y aparece en la lista del abogado liberal Jairo Ortega Ramírez, quien más tarde se identificaría con el Nuevo Liberalismo de Luis Carlos Galán. En efecto, Escobar logró la suplencia de Ortega en la Cámara de Representantes, lo que implicaba no sólo un importante triunfo político de su movimiento Civismo en Marcha, sino un logro personal y de imagen que lo consolidaba y le "limpiaba" sus andanzas pasadas, aun cuando muy pocos las conocían.

A pesar de su gran fortuna, Escobar no olvidó jamás su origen popular y su condición inicial humilde. El movimiento cívico y la fundación Medellín sin Tugurios no sólo eran caudal electoral, sino mecanismo para ganar base social entre los sectores marginados de Medellín que más tarde en plena guerra le darían todo su respaldo, con los sicarios, las milicias o como simple escondite. El mismo Escobar así lo entendía, pues ante una manifestación en el barrio Santander la noche del 8 de enero de 1983 se expresó de la siguiente manera:

> Muchas gracias a toda esta comunidad por el recibimiento tan bonito que nos hacen en la noche de hoy. Muchas gracias al padre Betancur por esas palabras generosas que tiene para con nosotros. En realidad nosotros no somos nuevos en el civismo. Nosotros venimos haciendo civismo desde hace quince años y nosotros tenemos programas sociales desde hace más de 16 años. Así que puedo decirles a todos ustedes que estudié en el Liceo Antioqueño, de la Universidad de Antioquia, y así como estudiante fundé el Consejo de Bienestar Estudiantil que procuraba darle a los estudiantes sus pasajes y sus libros para que pudieran estudiar. Fuimos fundadores de un Consejo de Bienestar Estudiantil siendo nosotros unos niños estudiantes que íbamos al colegio con los zapatos rotos porque sinceramente no teníamos una posición económica destacada...[88].

A partir de la expulsión de Ortega y por ende de Escobar del Nuevo Liberalismo, de la pérdida de su investidura en la Cámara y, sobre todo, de la arremetida desatada por el gobierno de Belisario Betancur contra los grupos mafiosos después del asesinato del ministro de Justicia Rodrigo Lara Bonilla el 30 de abril de 1986, la irrupción de Pablo Escobar en la primera plana de los diarios y de las noticias es ampliamente conocida; podría decirse que no dejará de ocupar este

88 Luis Cañón, *op. cit.*, pp. 96 a 97.

lugar, este "liderazgo", hasta el día de su muerte, el 2 de diciembre de 1993.

Pablo Emilio Escobar Gaviria, "El Doctor", tuvo una vida plena e intensa como líder estudiantil, ladrón de lápidas, jalador de carros, traficante de cocaína, corredor de autos, negociante, propietario de extensas haciendas, dueño de grandes propiedades urbanas, representante a la Cámara, etc., pero por sobre todo fue un gran estratega de la mafia, que logró darle una dimensión y proyección internacional como nunca antes le había impreso mafioso alguno. Todo este proceso lo logró siendo fiel a una regla de oro, la combinación de las acciones legales con las ilegales, de la acción política con la acción armada. Para la primera él y sus asesores se idearon el movimiento de Los Extraditables, para la segunda nunca dudó del poder de sus sicarios, de sus comunas, de su barriada, de sus famosas oficinas, de sus secuestros, asesinatos y carros bombas[89].

Nunca antes en la historia de Colombia un personaje había despertado tantas reacciones contradictorias, tanta admiración y tantos odios. Pero la irrupción de Pablo Escobar no puede verse al margen de las contradicciones políticas, económicas y de clase de la sociedad, pues anduvo por muchos de los caminos que tiene que recorrer cualquier colombiano para subsistir. De ladrón "común" se convirtió en pequeño traqueto y fue ascendiendo de clase hasta volverse un "patrón", un "doctor" en una sociedad extremadamente cerra-

89 Para un seguimiento de las acciones, luchas, guerras y fugas de Pablo Escobar pueden consultarse: L. Cañón, *op. cit.;* F. Castillo, *op. cit.;* G. Guillén, *op. cit.;* Carlos Uribe, *Se busca a Pablo... muerto.* Sin pie de imprenta, Medellín, 1990; Anónimo, *Un narco se confiesa y acusa,* Bogotá, Colombia Nueva, 1989; Fabio Rincón, *He aquí Pablo Escobar,* sin pie de imprenta, 1991; Fabio Rincón, *El libro sellado de Pablo Escobar,* Bogotá, Aquí y Ahora Editores, 1994.
Véanse también las revistas *Semana* Nºs 106, 241, 332, 388, 389, 395, 403, 407, 429, 457, 477, 478, 527, 534, 537 y 555, entre otras. A propósito, *Semana* fue la que más números y carátulas le dedicó a Pablo Escobar.

da, elitista, clasista y racista, para lo cual no dudó en manejar muy hábilmente sus dos mecanismos de acción: la legalidad con sus favores, préstamos y dinero; la ilegalidad con sus bandas de sicarios.

Pero quizás lo que más diferencia a Escobar de otros delincuentes es que logró con su terquedad, su obsesión, su liderazgo, con Los Extraditables, los sicarios, las bombas, los secuestros, los asesinatos, la negociación y la entrega hacer el recorrido social y "criminal" completo, pasando de delincuente común a delincuente político[90].

La vida de Pablo Emilio Escobar, como hemos dicho, fue plena de episodios y acontecimientos, pero los que pueden dar mayores elementos para un análisis de su vida son los sucesos referentes a su muerte y posterior entierro. En efecto, Pablo Emilio Escobar Gaviria, "El Doctor", el poderoso, después de su larga y azarosa huida, después de romper múltiples cercos tendidos por miles de hombres armados con sofisticados equipos, incluyendo radares y rastreadores norteamericanos y agentes de la DEA, después de ver caer a gran cantidad de sus socios y sus lugartenientes, después de enfrentar a los mafiosos de Cali, después de eludir a Los Pepes, fue finalmente abatido sobre el tejado de una vivienda al occidente de Medellín, sin zapatos, vistiendo *jeans* y camiseta y con barba poblada. Al enfrentarse a las autoridades, alcanzó a gritar: "A mí no me cogen vivo"; portaba una MT5 y su pistola Sig Sauer de 9 mm, la misma que había depositado cuando se entregó en La Catedral; se le encontró un crucifijo de oro incrustado en el hombro izquierdo.

Más tarde su madre y su hermana manifestarían a los medios de comunicación que a Pablo Escobar no lo habían ma-

90 I. Orozco Abad, "Los diálogos con el narcotráfico: historia de la transformación fallida de un delincuente común en un delincuente político", en revista *Análisis Político*, Nº 11, Bogotá, Instituto de Estudios Políticos y Relaciones Internacionales, Universidad Nacional, 1990.

tado, sino que él se había suicidado; al igual que con la muerte de "El Mexicano", se dejó abierta la puerta para la especulación y la leyenda, siempre presenta en la vida y en la muerte de estos personajes que han hecho historia delinquiendo[91].

Escobar se encontró con la muerte no sólo buscando una segunda entrega, sino acorralado, esperando algún contacto con su familia, que en los últimos días deambulaba escondida, buscando protección y asilo internacional contra los enigmáticos y dudosos Pepes. Quedan varios elementos de sospecha flotando en el ambiente: ¿Por qué su familia estaba precisamente en Residencias Tequendama al momento de su muerte? ¿Por qué una llamada realizada por Escobar a Residencias Tequendama el 2 de diciembre de 1993 fue la que le costó la vida y no las llamadas de los anteriores días? ¿Qué papel desempeñó la Fiscalía General de la Nación en la demora de la visa para Alemania y en la localización de su familia en las Residencias Tequendama y con qué fin? ¿Quienes integran realmente Los Pepes y qué papel desempeñaron en este desenlace?

No es bueno cerrar este análisis de la vida y muerte de Pablo Escobar sin hacer un comentario sobre el tratamiento dado por el gobierno, las fuerzas armadas y los medios de comunicación a su muerte y a su posterior entierro.

Los noticieros de televisión pasaron imágenes grotescas y morbosas del cadáver de Escobar una y otra vez, asociándolo con todos los crímenes y asesinatos ocurridos en el país en los últimos quince años, al tiempo que minimizaron y trataron de ocultar las gigantescas manifestaciones populares

91 Al igual que los bandoleros de los años cincuenta, al igual que Efraín González, al igual que "El Mexicano", con Escobar también ha circulado la leyenda de que no está muerto, sino que quien murió fue su doble. Estos relatos, mitos y leyendas hacen parte de la imaginería popular que no quiere resignarse a que sus "héroes" mueran.

que acompañaron el cadáver de Pablo Escobar al cementerio Monte Sacro. Gentes sencillas de las comunas lloraban el cadáver de su "héroe" portando pancartas y vociferando protestas contra el gobierno y las autoridades. El féretro prácticamente fue secuestrado por la multitud que coreaba consignas como "Pablo, amigo, el pueblo está contigo", "Sí señor, cómo no, el gobierno lo mató", canciones como "Amigo", de Roberto Carlos, "Cuando un amigo se va", de Alberto Cortez, y el famoso corrido "Cruz de madera", con los acordes de mariachis y tríos mientras que otros gritaban, otros tantos lloraban y muchos otros no creían lo sucedido[92].

Volvamos sobre un punto ya mencionado: una cosa es la imagen que de un personaje como Pablo Escobar pretenden proyectar el gobierno, algunos sectores de la sociedad y los medios, y otra muy distinta la que construye la imaginería popular en apartados lugares y regiones en donde nunca fue visto como delincuente sino, por el contrario, como un representante, como un luchador auténtico y genuino de su clase, de sus tradiciones y de sus costumbres. Para amplios sectores sociales de las comunas y de muchas regiones del país, Pablo Escobar era uno de los suyos que, no obstante haber logrado proyectarse por encima de su condición miserable y marginada, no olvidó jamás su humilde y popular origen. Por este motivo su sentir, su imagen y su visión de su

92 Para profundizar en los datos y análisis de su muerte y entierro, *véanse*: *El Espacio*, Bogotá, diciembre 3, 4 y 6 de 1993; *La Prensa*, Bogotá, diciembre 3 y 5 de 1993; *El Espectador*, Bogotá, diciembre 3 y 5 de 1993; *El Tiempo*, Bogotá, diciembre 3, 5 y 6 de 1993; *Cromos*, Bogotá, suplemento especial, diciembre 6 de 1993; revista *Cambio 16*, Bogotá, diciembre 6-13 de 1993; revista *Semana*, Bogotá, diciembre 6-13 de 1993; revista *Colombia Hoy*, Bogotá, febrero de 1994, Nº 120. A nuestro modo de ver, en esta revista se encuentran los mejores análisis sobre el significado de la muerte y el entierro de Escobar.

héroe no pueden ser los mismos que proyectan el Estado, los medios y otros sectores de clase de la sociedad colombiana[93].

En este orden de ideas, las clases sociales altas no les podían perdonar a Rodríguez Gacha, "El Mexicano", y a Escobar Gaviria, "El Doctor", su intento de llegar, por asalto y a mano armada, a usurpar las exclusividades políticas, culturales y simbólicas que da el poder, pues debió bastarles con haber logrado amasar, con su audacia y arrojo, grandes e incalculables fortunas.

> Lo que no ha permitido el Estado (o los sectores a los que representa) es que con el poder económico se aspire a cambiar la estructura tradicional del poder político, ni que al amparo del "bien" político y del "bien" económico se desafíen los símbolos culturales del "bien" o del prestigio de la cúspide de la pirámide social, aun como mera caricatura de ellos[94].

En otras palabras: construyan poder económico, que nosotros manejaremos el poder político que lo regula, parece haber sido el mensaje de la burguesía a los mafiosos del grupo central y del grupo de Antioquia que venían generando ruidosa violencia desde abajo, con sus sicarios y paramilitares.

Muertos Rodríguez Gacha y Escobar Gaviria, los dos líderes mafiosos que más lucharon a su manera para alcanzar el poder político que la burguesía ha negado a amplios sectores de la sociedad colombiana, el Estado, el gobierno y las altas clases sociales se aprestan a negociar con la mafia valluna que, a diferencia de la otra, surgió como mafia desde arri-

93 A través del manejo ideológico, el gobierno y los medios de comunicación tratan de construir una imagen desde arriba, "distorsionada" de los hechos y acciones, mientras el pueblo, desde abajo, "resiste" y "contesta" a su manera estos mensajes.

94 Gabriel Restrepo, "Espejito, espejito, dime la verdad", en revista *Colombia Hoy*, Nº 120, febrero de 1989, Bogotá.

ba, y nunca le ha disputado a la burguesía su poder político. Es decir, que los dólares serán bienvenidos siempre y cuando se queden en el marco de la inversión económica y no pasen a financiar aventuras "temerarias" y armadas que desestabilicen las estructuras del Estado.

Capítulo 5. Los cultivos y las mafias de la amapola en Colombia

Historia de la amapola, el opio y la heroína

La adormidera o amapola (*Papaver somniferum*), planta originaria del Asia Menor que se da muy bien entre los 500 y los 2.000 metros, resistente a las heladas pero vulnerable a las sequías[1], posee unas flores muy apreciadas por su extraordinaria belleza, y un fruto o cápsula del cual se extrae un líquido de propiedades farmacológicas muy definidas: la incisión de las cápsulas permite el flujo de un látex blanco lechoso llamado "meconio", compuesto conocido también como pasta de opio que al oxidarse adquiere un color oscuro; éste, para facilitar su secamiento, se recoge en recipientes con base amplia.

Se considera que cada mata de adormidera es capaz de producir aproximadamente cinco gramos de opio bruto, y que el rendimiento por hectárea fluctúa entre los veinte y los cuarenta kilos. Con éste se fabrican "panes", preparados que luego son envueltos en pétalos de la misma planta; puesto que el opio bruto no es utilizable, es sometido a refinación mediante operaciones muy particulares hasta la obtención de la sustancia llamada "chandoo", la cual contiene diversos alcaloides, siendo los más importantes la morfina (10%), la

1 Alejandro Miroli, *Droga y drogadictos*, Buenos Aires, Lidiun, 1986, p. 43; Leonidas Gómez, *Cartel. Historia de la droga*, Bogotá, Grupo Editorial Investigación y Concepto, 1991, p. 53.

papaverina (1%), la codeína (0,5%) y la tebaína (0,2%); esta mezcla permite que pueda ser digerida o fumada.

Ya en el paleolítico se consumía la adormidera. En China, en el III milenio a.C. los emperadores Shen Nung y Kwan Ti conocieron y emplearon el opio; en Sumer, en el V y en el IV a.C., la adormidera se representó en tablillas de arcilla; las inscripciones del papiro de Ebers, II milenio a.C., indican que la planta ya era conocida por los egipcios, mientras los bajorrelieves asirios del siglo IX a.C. exhiben sacerdotes portando en sus manos racimos de adormideras.

Para los griegos, quienes la conocieron en el siglo IX a.C., estaba consagrada a la diosa Deméter (Ceres para los romanos), representada llevando cápsulas de adormidera en la mano. Haciendo referencia a la planta, en *La Odisea* (rapsodia IV-219) cuenta Homero que en el banquete que ofreció Menelao con motivo de la llegada de Telémaco, Helena

> echó en el vaso de vino que estaban bebiendo una droga contra el llanto y la cólera, que hacía olvidar todos los males. Quien la tomare, después de mezclarla en la crátera, no logrará que en todo el día le caiga una sola lágrima en las mejillas, aunque con sus propios ojos vea morir a su madre o a su padre o degollar con el bronce a su hermano o a su propio hijo[2].

En el año 485 a.C. Heródoto describió el procedimiento empleado por los escitas para la obtención del opio; Hipócrates (460-377 a.C.) consagró su uso terapéutico, y Teofrasto (327-287 a.C.) lo designó con el nombre de meconio, a la vez que describió las clases de adormidera conocidas.

En Roma fue empleado por Asclepíades (124-96 a.C.), Pedaneo Diascórides (siglo I d.C.) y Claudio Galeno (siglo II d.C.), y en *Las Georgias* Virgilio hizo alusión a la adormidera. Una de las más importantes contribuciones de Roma a la te-

2 A. Miroli, *op. cit.*, pp. 53 y 54.

rapéutica fue la llamada Triaca Magna, antigua y prestigiosa medicina compuesta por 57 sustancias estimulantes y antisépticas entre las que se contaba la amapola, que habiendo sido inventada por Mitrídates y perfeccionada por Andrómano (siglo I d.C.) fue utilizada durante toda la edad media y el Renacimiento.

En cuanto a los árabes, aplicaron el opio y el *cannabis* tal como se halla descrito en *Las mil y una noches*. Rhazes (850-923) —el más famoso médico del mundo islámico—, Avicena (980-1037) y Avenzoar (1073-1162) devolvieron al opio el lugar que le correspondía en la medicina, siendo precisamente los médicos árabes quienes introdujeron el opio en España, país desde donde se difundió hacia todo el continente europeo.

Paracelso (1490-1541) —uno de los más grandes reformadores de la medicina— fue el primero en utilizar el opio en forma de tintura, el "láudano", presentación que se generalizó para fines médicos.

Desde el siglo XVI y durante dos siglos, los opiáceos constituyeron los fármacos favoritos de cirujanos y médicos, hasta el punto de que muchísimos pacientes resultaron "narcotizados" por el suministro de altas dosis de estos productos. La popularidad del opio llegó a ser tal que en varias de sus obras Shakespeare dejó constancia de las grandes virtudes de la sustancia[3].

En 1670 Thomas Sydenham (1624-1689) preparó un licor conocido como "láudano de Sydenham", mezcla de opio con vino, azafrán, canela y clavo que durante varios siglos se utilizó como cura para la disentería. Por la misma época el abate Rousseau fabricó también su famoso láudano.

Con el ánimo de tratar el asma, en el año 1700 Le Mort —profesor de química de la Universidad de Leyden— obtuvo un elixir a base de opio al que bautizó "elixir paregórico".

3 *Ibíd.*, pp. 54-55.

Para 1742 el médico y discípulo de Sydenham, Thomas Dover (1660-1743), logró unos polvos compuestos por opio e ipecacuana que comercializó con su mismo nombre, los cuales, como tenían la propiedad de calmar todos los dolores, empezaron a ser utilizados sin atender las indicaciones de Dover. Buscando un rápido alivio para sus padecimientos, así como obtener efectos psicodislépticos, los consumidores aumentaron las dosis aconsejadas y se registraron las primeras muertes e intoxicaciones, razón por la cual el opio dejó de ser considerado como la panacea, para ser juzgado como tóxico peligroso.

Dadas las prohibiciones del *Corán* para ingerir bebidas alcohólicas, entre los árabes se ha difundido el consumo de opio y el *cannabis*. En Persia, actual Irán, donde desde la edad media se ha cultivado la adormidera, diversos son los preparados que de ella se encuentran: en infusión o "kokema" (sustituye al vino), en forma de píldoras (*achen begui*) o mezclada con *cannabis* o nuez vómica (*bang y pust*), aunque a partir de 1928 se introdujeron dos nuevas presentaciones, una para consumo interno o "Teriak-I-Lulé" (pasta enrollada preparada con jarabe de uva y opio); la otra, la denominada "Teriak-I-Tchunó", posee un opio mucho más refinado que la hace ideal para fines de exportación[4].

Posterior al hábito de ingerir opio (opiofagia) fue el de fumarlo, costumbre que poco a poco se generalizó y que hizo prosperar los famosos fumaderos en todo el Oriente; al tiempo que éstos adquirían diferentes nombres según la región, varias expresiones comenzaron a emplearse para referirse al opio fumado: la chara, en Túnez; el kif, en Arabia; el isar, en Persia; el chang, en la India; el chandoo, en China.

El opio es conocido en la China desde el II milenio a.C.; ya en el siglo VIII a.C., el poeta Su Tung-por definía el opio como "bebida de Dios", y en la recopilación de las obras escritas du-

4 *Ibíd.*, pp. 55-56.

rante el imperio de la dinastía Han (202 a.C. al 220 d.C.) se relacionaban sus virtudes. Para el siglo VIII, Cheng Tsang-shi describió con detalles la planta de la adormidera.

A causa de la prohibición de fumar tabaco impartida por el último emperador de la dinastía Ming, Chong Zhen, la práctica de fumar opio se extendió por la China y se hizo común el término "King mi" (barro de oro) para aludirla[5].

Con el inicio del comercio marítimo entre Europa y los países de Oriente los mercaderes introdujeron el opio, en especial los venecianos quienes se convirtieron en los principales traficantes. En el año 1600 los ingleses establecieron una compañía para negociar con los países del Asia Oriental, la East India Company; al llegar a la India descubrieron las enormes ventajas que podían derivar de la producción y venta de opio, y establecieron allí cultivos para vender (intercambiar) opio en la China. Posteriormente los ingleses lograron el monopolio de la producción en la India y, a pesar de los edictos imperiales prohibitorios, ventajas para su comercialización en China. Otra de las compañías inglesas famosas por la comercialización de opio fue la Jardine & Matheson and Company, la cual, contando con el respaldo del parlamento inglés, protagonizó un aberrante tráfico de opio hacia China.

En 1830 el gobierno chino adoptó medidas extremas: expulsó a los comerciantes extranjeros y decapitó a los contrabandistas chinos. En 1833 decretó nuevas medidas de represión sin beneficios significativos, y en 1839, a pesar de que el emperador Tao Kueng se dirigió a la reina Victoria, la Cámara de los Comunes no consideró el problema, por las enormes sumas de dinero que se movían en tan jugoso negocio.

5 *Historia de China*, Redacción de Colección China, Beijing, China, 1984, p. 99.

Con la destrucción en Hong Kong de veinte mil cajas de opio por parte de los chinos, en 1840 se desencadenó la primera guerra del opio, y dos años más tarde fueron derrotados los chinos, mientras mediante el Tratado de Nankin los ingleses obtenían concesiones sobre el tráfico de opio. En 1856 estalló la segunda guerra del opio que duraría hasta 1858; fue entonces cuando mediante el Tratado de Tientsín se otorgaron muchas más ventajas a los británicos y cuando para beneficio económico de los ingleses se legalizó el tráfico del opio en China. Un año más tarde, en 1859, comenzó la tercera guerra; con la firma del Tratado de paz de Pekín (hoy Beijing) las ventajas fueron de nuevo para los ingleses.

Durante 1729 y 1830 los británicos introdujeron 28 mil cajas de opio a la China, número que entre 1840, primera guerra del opio, y 1859-1860, tercera guerra, se hizo unas siete veces mayor pues pasó a ser de 187 mil. Para 1880 se estimó la cifra de dos millones de fumadores de opio, siendo notorio el incremento del cultivo de amapola en el territorio chino; se calcula que para las primeras décadas del siglo XX el total de opiómanos sobrepasaba los cuarenta millones. Desde entonces y hasta el presente, a pesar de las prohibiciones, los acuerdos celebrados con los británicos en 1907, y las convenciones de Shanghai (1909) y La Haya (1912), en China no han dejado de producirse y consumirse ni el opio ni sus derivados[6], razón por la cual la lucha revolucionaria desencadenada en China a partir de la revolución de 1911 debió emprender una cruzada en su contra. Por su parte, en 1927 Chang Kai-chek declaró el comercio del opio como monopolio del Estado, a la vez que estableció el consumo obligatorio de la píldora antiopio fabricada por un consorcio alemán. La decisión del monopolio estatal fue compartida por algunos de los socios de Chang, entre ellos Hsiso-lin, su socio en la casa Jardine & Matheson.

6 *Beijing Informa*, Nº 29, julio 23 de 1991; *China Hoy*, Vol. XXXIII, Nº 2, febrero de 1992.

Con el triunfo de la revolución y la llegada de Mao Tse-tung al poder se emprendió la lucha contra el consumo del narcótico y se inició la persecución de los barones del opio, razones por las cuales muchos antiguos traficantes, entre ellos algunos exmiembros del Kuo Min Tang de Chang Kai-chek, quienes en el futuro tendrían mucho que ver con el desarrollo de los cultivos de amapola y con la refinación de heroína en el llamado "triángulo de oro"[7], escaparon hacia regiones fronterizas de Birmania, Laos, Camboya, Tailandia y Vietnam.

El opio comenzó a usarse en América en el siglo XVIII como agente terapéutico y analgésico contra el cáncer, en casos de enfermedades venéreas, para los cálculos biliares, la disentería, la diarrea, el vómito, el tétano, la fiebre tifoidea, los espasmos estomacales y el dolor de muela; en 1791 mientras el doctor Rush en conferencia para la Universidad de Pennsylvania, afirmaba haber observado mejoría en los estados febriles de soldados heridos en batallas libradas durante la última guerra, Hast Handy en su tesis para recibirse de médico ya advertía sobre los efectos nocivos de la sustancia. Y para 1792 el aspirante a médico Valentín Siaman también habría de pronunciarse en sentido parecido al de Handy.

Con la obtención de cristales de morfina mediante la aplicación de un sencillo procedimiento consistente en la disolución del opio en ácidos y una posterior precipitación de la emulsión con amoníaco, en 1818 el aprendiz de boticario Frederick Sertuener logró aislar la morfina del opio, y su producción en grandes cantidades fue el factor que permitió el crecimiento de la multinacional Merck, hacia 1887.

Empleada inicialmente como "medicamento antiopiómano", debido a su mayor potencia (pues 60 mg de morfina

7 C. Lamour y M. Lamberti, *La nueva guerra del opio*, Barcelona, Barral, 1973, pp. 40 a 47.

producen más o menos el mismo efecto que 600 mg de opio), la morfina rápidamente se convirtió en el fármaco de preferencia para sectores de la alta sociedad, artistas y literatos. Las guerras contribuyeron de manera definitiva a ponerla de moda, llegando a cuatrocientos mil los casos de adicción durante la guerra civil de los Estados Unidos, hecho que llevó a que al mal causado se le señalara como "enfermedad de los soldados".

Para curar la morfinomanía y el dolor, por incorporación de dos radicales acetil a la heroína, en 1898 el profesor Heinrich Dreser —investigador de la Bayer— descubrió la heroína o "Diacetilmorfina", más comúnmente conocida como la "droga maravillosa", cuyo uso se extendió muy pronto y se vio favorecido con la introducción de la aguja hipodérmica en la práctica "morfinómana".

Irónicamente, mientras se buscaba una cura para la morfinomanía —específicamente con la síntesis de la heroína— fue cuando se dio inicio a la heroinomanía. Durante este período, con el posterior desarrollo de las dos guerras mundiales (generadoras de grandes cantidades de heridos y lisiados), al tiempo que se aumentó el número de adictos, se abonó un terreno propicio para el surgimiento y desarrollo de traficantes; ellos, una vez conformaron mafias, lograron entrar seguros al abastecimiento de un millonario mercado de dólares.

En conexión con la mafia dirigida por Salvatore Lucano (Lucky Luciano), una respetable industria farmacéutica de Turín inició en 1950 la venta clandestina de heroína, estimándose que para 1970 en sólo Estados Unidos ya existían aproximadamente 180 mil adictos.

GENERALIDADES

Amapola o adormidera

Planta papaverácea de flores grandes y vistosos colores, originaria del Oriente Medio; aunque existen cerca de cincuenta especies, de ellas únicamente algunas son útiles para la producción de látex: la blanca (*Papaver somniferum*), la negra y la cathart, muy admirada por la belleza de sus flores.

Opio

Narcótico que resulta de la desecación del látex (mancha o jugo) y se obtiene mediante incisiones practicadas a las cápsulas biches de amapolas, de las que fluye.

El opio crudo o jugo de adormidera es amorfo, de color opaco, moreno, amargo, de fuerte olor picante y dulzón; contiene varios alcaloides, de los cuales los más importantes son: la morfina (3-20%), la codeína, la papaverina, la tabarina, la narcotina (6%) y la narceína.

También se halla compuesto por diferentes ácidos, como el meconio, al igual que por cauchos, gomas, albuminoides, ceras pectinas, pigmentos, sales minerales, dextrina, etc.[8].

Morfina base

En operación relativamente sencilla, que no requiere expertos, llevada a cabo por lo general en inmediaciones de los cultivos, la morfina base es lograda a partir del opio bruto mediante proceso de cocido crudo y filtrado, o por ebullición y precipitación, así: con el fin de separar los elementos vegetales de los dos alcaloides que se pretende aislar, morfina y codeína, sin dejar hervir se calienta una mezcla de opio y agua, que una vez sometida a la acción de cal se precipita y que después, por filtración y adición de cloruro de amonio, libera la morfina base a manera de polvo cristalizado con color de chocolate con leche.

8 Anónimo, "Opio, morfina y heroína", en *Orientación Sexual*, Nº 28, Bogotá, 1973, pp. 30-31; Leonidas Gómez, *op. cit.*, pp. 52, 53 y 54.

Morfina

La producción del principal alcaloide del opio, la morfina —deriva su nombre de Morfeo, dios del sueño—, cuyo abuso produce un replegamiento del ser sobre sí mismo o goce pasivo, requiere un proceso más complejo —al igual que la heroína es conocida con el nombre de "droga sintética"— que el seguido para la consecución de la morfina base.

Heroína

Resultante del sometimiento de la morfina base a complicados procesos químicos que exigen complejos laboratorios y expertos, la heroína es el éter diacético de la morfina, polvo blancuzco (según el tipo), cristalino y amargo soluble en alcohol[9].

Básicamente, cuatro son las clases de heroína que se producen en el mundo:

1. Heroína Nº 3: asiática, de color amarillo pálido o terracota claro, su textura es como la del yeso empleado para la construcción (estuco) y su uso generalmente es el fumado.
2. Heroína Nº 4: asiática y del Oriente Medio, su textura es semejante a la de la leche en polvo con algo de azúcar y su uso es el fumado o en forma inyectada (intravenosa o subcutánea).
3. "Brown sugar" o "Tecata": producida y refinada en México, su textura es similar a la de la tierra granulada y reseca, su color es chocolate (diversas tonalidades), y su mercadeo se lleva a cabo en la costa oeste norteamericana, sobre

9 Anónimo, "Opio, morfina y heroína", *Orientación Sexual*, Nº 28, Bogotá, 1973, p. 30; C. Lamour y M. Lamberti, *La Nueva Granada del opio*, Barcelona, Barral, 1973, p. 38.

todo en las ciudades de Los Ángeles, San Diego y San Francisco.

4. "Black tar": procedente de México, tiene apariencia similar a la de la brea y a la de las rocas de carbón, y un color café muy oscuro, casi negro; su proceso de refinamiento es muy deficiente y su mercadeo se realiza en la costa oeste norteamericana[10].

PRODUCCIÓN, TRÁFICO, MERCADOS Y CONSUMO DE AMAPOLA Y HEROÍNA

Después de la segunda guerra mundial comenzó para los traficantes de "drogas" su mejor momento: su época dorada empezó con el auge en el consumo de "drogas" desencadenado en los Estados Unidos y Europa, proveniente en mayor medida de aquellos que pretendiendo olvidar las convulsiones de la guerra y su consecuente crisis cayeron velozmente en la toxicomanía (de cada cuatrocientos individuos norteamericanos, uno resultó intoxicado con opiáceos). No obstante la promulgación de la Ley Harrison, que a partir de 1914 reglamentó severamente el uso de narcóticos en los Estados Unidos y estableció las prohibiciones sobre la venta y consumo de alcohol, el crecimiento y enriquecimiento de los gángsters norteamericanos se vio favorecido.

Por desacuerdos en las medidas por adoptar respecto a la "droga", en el período comprendido entre 1947 y 1948 las cinco "familias" de la mafia neoyorquina enfrentaron entre ellas una lucha a muerte que, tras unos pocos meses de arreglos de cuentas[11], concluyó con un proceso de eliminación de aquellos que, contrariamente a quienes temían no contar para este caso en particular con el apoyo político de que sí dis-

10 Leonidas Gómez, *op. cit.*, pp. 56-57.

11 M. Puzo, *El Padrino*, Grijalbo.

ponían para otros negocios, creían que el tráfico de "drogas" era criminal y deshonesto.

Aunque si bien en un comienzo diferentes grupos étnicos expulsados de sus lugares de origen, excluidos y marginados lograron como grupos "marginales" y cerrados entrar a formar parte del bloque de traficantes (en los Estados Unidos y durante mucho tiempo los italianos, a quienes posteriormente se sumaron los exiliados cubanos, los puertorriqueños, los negros y los migrantes latinos; en Francia, los corsos; en Italia, los sicilianos; en Alemania, los turcos; y en Asia, los "chinos de ultramar". Todos estos grupos "marginales" se hallan atentos al rebusque y abiertos a delinquir sin pérdida de la capacidad de desarrollar lazos de solidaridad y hermandad que les convierten, en palabras de Pino Arlacchi, en verdaderas "diásporas comerciales"[12]; a causa de los grandes estragos dejados entre la mafia hasta 1957 por las luchas intestinas y la represión policíaca, se hizo necesaria una reunión de representantes de las "familias". En ella, éstos habrían de acordar dar al lucrativo negocio de las "drogas" un indirecto y prudente manejo, determinación que les llevó a convenir reservarse para ellos el papel de cerebros y financistas, y dejar la distribución y el comercio de la"droga" en el interior de los Estados Unidos[13] en manos de puertorriqueños, exiliados cubanos y negros.

Durante largo tiempo la ruta clásica seguida por el complejo opio-morfina-heroína fue la que de Oriente Medio lleva a los Estados Unidos, pasando por Francia. El opio era proporcionado por el Oriente Medio unas veces en bruto y otras en forma de morfina, y la transformación en heroína se llevaba a cabo básicamente en Marsella (Francia). Antes de llegar

12 C. Lamour y M. Lamberti, *op. cit.*, pp. 35-36.

13 Grupos de comerciantes que conforman focos de comercio ilícito en otros países. *Véase* P. Arlacchi, "Saggio sui Mercati Illegali", en *Rassegna Italiana di Sociologia*, 1988.

a Siria, lugar en donde se conseguía la morfina, el opio turco pasaba por varias manos intermediarias, así: puesto que cada pequeño sembrador campesino turco solamente podía ofrecer al mercado ilegal cerca de cinco kilos de opio y el traficante internacional solicitaba entre quinientos y mil —cantidad que le permitiría obtener aproximadamente cincuenta kilos de heroína—, surgieron los intermediarios para poner en contacto a sembradores y traficantes. Para no despertar sospechas por las indispensables idas y venidas que la reunión de una buena cantidad de opio y su respectivo transporte clandestino a través de la frontera turca hacia Siria suponía, los enlaces o "pasantes" eran generalmente personas del lugar. Una vez en Siria, a partir del opio se lograba la morfina que habría de seguir su viaje por el puerto de Alep o por Beirut hasta Marsella, ciudad en donde después de ser transformada en heroína era empacada vía Canadá o México hacia los Estados Unidos.

Con el fin de reducir el número de intermediarios, a partir de 1966 los traficantes turcos comenzaron a modificar las rutas del complejo opio-morfina-heroína y a fabricar ellos mismos la morfina base que luego era enviada a través de los puertos de Estambul e Izmir. De otra manera y aprovechando la convención internacional sobre transporte de productos perecederos (TIR) que lo liberaba de la requisa en las fronteras[14], recurrieron a la vía terrestre por la antigua Yugoslavia y Bulgaria, sirviéndose de los camiones sellados que salían de Turquía directamente para Alemania cargando carne y verduras.

Aunque se valieron de los ciento cincuenta mil campesinos que tenían licencia para cultivar amapola en Turquía, y una compleja red de mafias locales e internacionales logró transformar el opio en morfina que más tarde era introducida en Marsella para ser convertida en heroína, la presión nor-

14 C. Lamour y M. Lamberti, *op. cit.*, pp. 38-45.

teamericana sobre Turquía consiguió que la cosecha de amapola de 1972 fuera prácticamente la última legal y que la producción de opio empezara a desplazarse hacia el sureste asiático, lugar que hasta ahora se había mantenido en el nivel de producción local de opio y de la llamada heroína Nº 3.

Si bien tradicionalmente Asia Menor, Irán, India, Grecia, la antigua Yugoslavia, Bulgaria, China, y sobre todo el llamado "triángulo de oro" —territorio montañoso formado por Birmania, Tailandia y Laos que alberga los mayores cultivos de amapola, los cuales consiguen aprovisionar el 60% del mercado mundial—, han sido las zonas de mayor producción de opio, el significativo aumento de ésta generado en Vietnam, Laos y Camboya a partir de la ocupación norteamericana ha convertido la región en una de las principales abastecedoras de heroína del mundo.

En 1970 se estimaba que Birmania, país considerado como uno de los mayores productores después de la India, introducía en el mercado ilegal cerca de 600 toneladas de opio con las que se podían fabricar unas 60 toneladas de heroína; igualmente, que Tailandia y Laos producían aproximadamente 750 toneladas de opio, en su mayor parte consumidas en los mismos territorios asiáticos en los que los fumadores se contaban por millones.

Durante el período de la ocupación francesa a Indochina se estableció un comercio clandestino de opio en Laos y Vietnam, países donde el número de consumidores chinos, vietnamitas y franceses llegó a ser muy significativo. A pesar de que en el mercado asiático en 1962 únicamente podían conseguirse opio refinado y heroína Nº 3 —ancestralmente consumida en la zona—, esta última para ser fumada, mas no inyectada, siendo la ruta clásica utilizada para transportar el opio la vía que del "triángulo de oro" conduce a Hong Kong y Singapur atravesando Tailandia, Bangkok y Hong Kong, no fue sino a partir de 1967 —cuando en el territorio se encontraba gran cantidad de tropas norteamericanas— cuando comenzaron a instalarse en la región refinerías para transformar el opio y la heroína Nº 3 de poca pureza en heroína Nº 4 con una pureza del 95%, exportable hacia los Estados Unidos y Europa.

En conclusión, tanto el desarrollo como el crecimiento de la producción de opio y heroína para exportación en la región de Asia suroriental es un fenómeno de los años setenta que coincide no sólo con la gran concentración de tropas occidentales en el área, sino con acciones encubiertas de representantes de agencias norteamericanas que brindaban apoyo o atacaban a núcleos locales según las conveniencias geopolíticas de los Estados Unidos.

De todas formas la actitud de las autoridades norteamericanas frente a estos países ha sido contradictoria a través del tiempo, ya que de acuerdo con sus intereses particulares, en algunos territorios han tolerado tanto la producción como el tráfico[15].

Desde los años setenta los países de América Latina se vieron cada vez más comprometidos en el tráfico de la heroína proveniente de Europa y dirigida hacia los Estados Unidos; se calcula que para 1975 un 70% pasaba por algún país latinoamericano y se vinculaba principalmente a Paraguay, Panamá y México, así como a algunas pequeñas repúblicas insulares del Caribe y las Antillas.

Las redes de distribución y contrabando de "drogas" se han visto favorecidas en muchos países latinoamericanos por la tradicional práctica del contrabando, por la venalidad de sus jueces, por la debilidad de las administraciones de justicia y la facilidad con que los aparatos policiales son sobor-

15 En este territorio ha habido una política tolerante por parte del gobierno norteamericano, con la cual se buscaba contrarrestar no sólo la expansión del comunismo, sino mantener ciertos gobiernos complacientes con los intereses de los Estados Unidos, independientemente de sus vinculaciones con la producción y tráfico de drogas.

nables, unido esto a la crisis económica, la sobrexplotación y la miseria reinante entre amplios sectores populares que para sobrevivir deben recurrir cada vez más al subempleo, al rebusque y a la venta de productos de contrabando y mercancías ilegales.

Por su tradición en el contrabando y por las facilidades que durante mucho tiempo el gobierno del general Stroessner ofreció a sus aliados militares para ejercer prácticas ilegales, el Paraguay ha sido señalado insistentemente como uno de los primeros países latinoamericanos involucrados en el tránsito de heroína y otras "drogas". En este país, en los años setenta se hicieron famosos los vuelos de pequeños aviones Cessna 500 y 130 llamados "Mau-Maus" por su carga en contrabando y "drogas" —transportaban quinientas y ciento treinta libras de heroína, respectivamente— con destino al mercado norteamericano, las cuales eran dejadas en unos doscientos aeropuertos piratas establecidos en haciendas de propiedad de fieles seguidores del régimen dictatorial[16].

Por su condición estratégica, Panamá —canal interoceánico que une a Oriente con Occidente, puerto libre que a la vez que asegura una estricta reserva bancaria ofrece facilidades para el cambio de dólares— se convirtió en área por excelencia para el negocio del contrabando, el espionaje y el tráfico de "drogas" en América Latina, lo mismo que en paraíso financiero de la región. Con conocimiento de ella desde 1970[17], como se ha sostenido recientemente, en unión con la CIA, los narcotraficantes, la contra nicaragüense (caso Tambs), y las dobles alianzas con el general Noriega[18], tanto las agencias de inteligencia, como el Congreso y el gobierno

16 C. Lamour y M. Lamberti, *op. cit.*, pp. 69, 70 y 71.
17 *Ibíd.*, pp. 38-45.
18 Es amplia la información en la prensa norteamericana e internacional en este sentido. Tambs, de acusador en Colombia —con su invención de la "narcoguerrilla"—, terminó de acusado, de auxiliador de la contra.

de los Estados Unidos consintieron y toleraron la situación, con el ánimo de utilizarla estratégica y políticamente no sólo contra Cuba sino para apoyar una serie de acciones veladas en países del área.

Las mafias norteamericanas de la heroína

Antes de la llegada de los sicilianos y al amparo de la "Prohibición", en torno al contrabando de licor, los judíos —entre quienes se destacó Dutch Schultz hacia 1924— habían establecido mafias. Para la década de los años veinte los italianos controlaban el 40% de los negocios de la prostitución, el juego y el contrabando de licores y "drogas", dejando para este período huella significativa entre la mafia norteamericana Maier Suchowljansky (Meyer Lansky), Benjamín Bugs Siegel y Carmelo Salvatore Lucano (Lucky Luciano)[19].

Después de sufrir una serie de enfrentamientos y ajustes de cuentas, y como consecuencia del levantamiento de la "ley seca" y de reacomodos entre las distintas "familias", en los años treinta la mafia norteamericana nombró a Lucky Luciano *capo di tutti capi*, encargando a Bugs Siegel del control de los juegos de azar, a Meyer Lansky de las finanzas y las compras de heroína, y a Alberto Anastasia y Joe Bonnano del manejo de los pistoleros y matones. A partir de estas designaciones la mafia se dedicó a consolidar las redes de suministro y transporte de heroína, para lo cual Siegel viajó por diferentes lugares de Asia Menor y el Extremo Oriente, y entró en contacto con la mafia italiana —entonces en desbandada por los enfrentamientos con Mussolini— y con la famosa "Conexión Marsella" o mafia corsa que controlaba en Francia el refinamiento del opio producido en Turquía. Puesto que la ocupación japonesa bloqueó los abastecimientos de Oriente y los traficantes turcos empezaron a colaborar con los alema-

19 Leonidas Gómez, *op. cit.*, p. 33.

nes, los suministros de heroína comenzaron a fallar e hicieron evidente su escasez en los Estados Unidos, país en donde el número de adictos disminuyó para 1940; al término de la segunda guerra mundial en las calles de Nueva York el producto, con únicamente un 3% de pureza[20], alcanzó un valor 70 veces mayor que el obtenido en 1938.

Durante los veinte años posteriores el alcaloide siguió los caminos iniciados en las plantaciones de Turquía, pasando por Siria, Alep, Beirut y Marsella para alcanzar México o Canadá[21] y ganar finalmente los mercados callejeros en los Estados Unidos[22].

La "explosión" de las drogas en los Estados Unidos, en especial la heroína, está íntimamente asociada a la guerra de Vietnam[23]; durante ese período la demanda dinamizó a la mafia negra norteamericana, la cual agilizó las conexiones con las mafias orientales, sobre todo con los traficantes de opio del llamado "triángulo de oro": Tailandia, Birmania y Laos[24].

Nuevos cultivos, nuevas regiones. Tendencias recientes

Triángulo de oro

En los últimos años se han presentado crecimientos y nuevas demandas de opio en estas regiones, ligados a la culminación de la guerra de Vietnam, especialmente a la fragilidad de algunos regímenes[25], lo que ha hecho posible una serie de complejas alianzas con países occidentales, que se hacen los de la

20 *Ibíd.*, p. 33; C. Lamour y M. Lamberti, *op. cit.*, pp. 31-50.
21 *Ibíd.*
22 M. Short, *Mafia: sociedad del crimen*, Barcelona, Planeta, 1984, p. 302.
23 *Ibíd.*, p. 303.
24 *Ibíd.*, p. 302.
25 Leonidas Gómez, *op. cit.*, p. 46.

"vista gorda" frente a la droga, mientras venden armas o mantienen convenios estratégicos con sus gobernantes[26].

La Media Luna Asiática

Inicialmente conformada por Irán, Pakistán y Afganistán. Es una de las mayores proveedoras de heroína a Europa por la ruta de los Balcanes, sur de Pakistán y Afganistán, cruza Irán y entra en Turquía, hasta alcanzar el continente europeo[27].

México

Es un viejo proveedor de heroína hacia la costa este de los Estados Unidos, pues después de la segunda guerra mundial, la propia CIA incentivó los cultivos para contrarrestar las mafias orientales[28].

ASIA

Cultivos:	Tailandia, Birmania, Laos
Tránsito:	China, Hong Kong, Tailandia y Malasia
Producción heroína:	Hong Kong
Consumo opio:	China, Hong Kong, Tailandia, Birmania, Laos y Vietnam[29]

ORIENTE MEDIO

Cultivos:	Turquía, Pakistán, Afganistán, Líbano
Transito:	Irán, Turquía, Siria, Líbano

26 *Ibíd.*, p. 41.

27 *Ibíd. Véanse*: Boletines del Observatorio Geopolítico sobre las Drogas, OGD; "Para verte mejor", en *El Espectador*, Bogotá, agosto 30 de 1992, entrevista con Alain Labrousse.

28 Leonidas Gómez, *op. cit.*, pp. 48-50.

29 *Véase* Leonidas Gómez, *Cartel*, Santafé de Bogotá, Grupo Editorial, Investigación y Concepto, 1991, pp. 5-30; M. Short, *Mafia: sociedad del crimen*, Barcelona, Planeta, 1984, p. 302; C. Lamour y M. Lamberti, *La nueva guerra del opio*, Barcelona, Barral, 1973, pp. 31-50.

Producción heroína:	Afganistán[30]

ÁFRICA

Cultivos:	Egipto
Tránsito:	Camerún, Chad, Congo, Gabón, Zaire, Egipto[31]

EUROPA

Cultivos:	Europa Oriental
Tránsito:	Checoslovaquia, Hungría, Rumania
Producción:	Francia, España, Italia
Consumo:	Con todos los países[32]

SURAMÉRICA

Cultivos:	México, Guatemala, Colombia
Tránsito:	México, Guatemala
Producción heroína:	México, Colombia
Consumo:	Casi todos los países (en menor cantidad)

NORTEAMÉRICA

Cultivos:	Varios estados
Tránsito:	Principales ciudades
Producción:	Varios estados
Consumo:	Heroína, cocaína, marihuana, sintéticos[33]

30 *Ídem.*, pp. 5 a 30. *Véase* también *Informativo Internacional sobre las Drogas*, Nºs 1 a 30, París, publicación del Observatorio Geopolítico sobre las Drogas.

31 *Ídem.*

32 *Ídem.*

33 Leonidas Gómez, *op. cit.*, p. 143; *Boletines OGD*.

LAS "DROGAS NATURALES" EN COLOMBIA

Si se parte del planteamiento según el cual en un estudio riguroso de las implicaciones sociales, políticas, económicas, culturales, ideológicas, ecológicas, etc., de la amapola-heroína no pueden desconocerse ni los antecedentes históricos ni los ciclos de otras "drogas naturales" sobre los que ha sido construido tan complejo proceso, a continuación y a través de una formulación general se intentará establecer una periodización y precisar los ciclos para el complejo amapola-heroína.

Aun cuando toda periodización es en cierta medida "arbitraria" y "caprichosa", puesto que los hechos históricos se desarrollan en una sucesión espacio-temporal independiente de nuestra voluntad, y los hitos tomados para dar énfasis a uno u otro período bien pueden estar marcados por tendencias de tipo económico, político o social, no hay que perder de vista que en una observación prolongada del proceso social hay hechos coyunturales que marcan o insinúan tendencias, cortes o rupturas que se convierten en elementos indispensables para el análisis global de los fenómenos.

Periodización

Para el caso colombiano se han establecido siete grandes períodos ligados a la coca, la marihuana, la cocaína, la amapola y la heroína, a saber:

1. Época precolombina
   Cultivos o usos ancestrales de la coca, el borrachero, el yagé, el yopo y otras sustancias psicotrópicas.
2. Período de la Conquista y la Colonia (1492-1810)
   Cultivo y comercio de hojas de coca en el marco de la economía minero-colonial española (especialmente en la Sierra Nevada de Santa Marta y en los hoy departamentos de Nariño y Cauca).

3. Período 1810-1965
   Uso ancestral y cultural de coca en núcleos indígenas y mestizos, algunos ligados a la explotación terrateniente y hacendataria.
4. Período 1965-1984
   Auge en los cultivos de marihuana de la costa norte, sobre todo en los departamentos de La Guajira, Cesar, Atlántico, Magdalena y Bolívar, al igual que en otras regiones del país. Surgimiento de los llamados "marimberos" o traficantes de marihuana y "bonanza marimbera" entre 1976-1985. Durante la administración Ospina Pérez (1974) y con el fin de mejorar la industria textil —mediante la extracción de cáñamo— se importó marihuana de la India.
5. Período 1972-1992
   Irrupción de la cocaína; expansión de las zonas tradicionales de cultivo de coca hacia los hoy departamentos de Vichada, Guainía, Meta, Guaviare, Vaupés, Caquetá, Amazonas, Putumayo, Nariño y Cauca, seguida de importación de pasta de coca peruana y boliviana. Refinación y exportación de cocaína.
   Surgimiento y consolidación de cinco focos mafiosos en Colombia en torno a la cocaína, propagación territorial de la misma y penetración en la estructura social, económica, política y cultural del país.
6. Período 1983-1992
   Comienzo y difusión de los cultivos de amapola, principalmente en sectores de la región andina —aunque ya en los años veinte, cuarenta y cincuenta se habían establecido algunos focos refinadores y consumidores de morfina y heroína, esencialmente en Medellín, Cali y Barranquilla—; transformación del opio en morfina base o en heroína y surgimiento de la mafia de la amapola.
7. Período 1984-1992
   Las "guerras" y los diálogos; los mafiosos hacen el tránsito de "delincuentes comunes" a "delincuentes políti-

cos", atravesando la fase de "mafiosos sociales". Con la entrega de los hermanos Ochoa, Pablo Escobar y otros "mafiosos" y "extraditables" se inicia el complejo proceso de sometimiento a la justicia —caracterizado por la combinación de acciones de fuerza con operaciones de negociación— concretado en 1990 con la expedición de los decretos 2047, 2147, 2372 y 3030 de 1990 durante la administración Gaviria.

Ciclos

En el siglo XX tres grandes ciclos han presentado las "drogas naturales" en Colombia:

Marihuana (1965-1984)

Originaria de la India e introducida en Colombia seguramente en el siglo XVIII o XIX, empezó a ser difundida principalmente con las importaciones de cáñamo índico traído al país en 1947 —durante el gobierno de Mariano Ospina Pérez— para mejorar su industria textil.

El auge alcanzado por la marihuana durante los años cincuenta y sesenta generó en Colombia grupos intelectuales "contestatarios" y creó una subcultura del "bajo mundo", dos hechos que, unidos a su gran facilidad de consumo —para ser fumada no requiere ningún tratamiento previo—, le permitieron ser asimilada y penetrar en sectores del tejido social y cultural donde rápidamente, y a pesar de ser una sustancia foránea, la adoptaron como propia, favoreciendo esencialmente a partir de los años sesenta su tránsito del "bajo mundo" hacia la élite.

El comienzo de los cultivos comerciales a partir de 1965 estuvo íntimamente ligado a un incremento en la demanda en los Estados Unidos, producido a su vez por la desesperanza que entre los jóvenes causó la guerra de Vietnam, y por el carácter despilfarrador de esta sociedad que presionó a las mafias de ese país a buscar territorios más cercanos y menos costosos para abastecerse, entrando entonces México, Jamaica y Colombia a sustituir zonas de África y Asia Menor tradicionalmente productoras, sin que hasta el momento hayan decaído plenamente su cultivo y consumo, pues por el contrario, por momentos parecen revivirse.

Coca-cocaína (1970-1992)

Originaria de América, probablemente del suroriente del actual territorio colombiano, en su forma natural la coca (hojas de coca) bien pronto fue incorporada al ritual mágico-mítico de las comunidades aborígenes del país mediante el "mambeo" o masticación de hojas secas mezcladas con cal o ceniza —forma de consumo practicada ancestral y culturalmente entre comunidades aborígenes y mestizas de los países andinos—, compuesto que permite la lenta liberación de pequeñas cantidades de alcaloide.

Aun cuando tuvo gran demanda y aceptación en ciertos círculos intelectuales y de la élite entre finales del siglo XIX y las primeras décadas del XX, no fue sino desde mediados de los años setenta que la cocaína —alcaloide de consumo socializante considerado como una "droga" que acrecienta la actividad— alcanzó su uso generalizado y su gran aceptación entre sectores medios y del *jet-set* americano, época desde cuando ha logrado mantenerse hasta el presente con muy pocas fluctuaciones.

Amapola-heroína (1983-1992)

Originaria del Asia Menor, desde la más remota antigüedad la amapola o adormidera se diseminó hacia Oriente y Occidente, siendo asimilada a culturas orientales en su forma de opio, principalmente para ser fumado.

Aunque muy manipulada política y militarmente en sus diferentes formas, desde comienzos del presente siglo cobró fuerza la aplicación de heroína refinada en presentación inyectable. El nuevo gran auge de la "droga" por excelencia en los años cuarenta y cincuenta parece coincidir con las nuevas formas farmacéuticas de presentación de la heroína en los años ochenta, distintas de la inyectable.

Sin lugar a dudas —y Colombia no es la excepción— la producción, comercialización y consumo de "drogas" se hallan asociados no sólo a la crisis de valores de la sociedad moderna y a los excedentes de capital legal invertido superproductivamente en estas sustancias sino también, en muchos casos, a las políticas neoliberales de "internacionalización de la economía" (que sumen a amplios sectores sociales en la desesperanza y la miseria), y a la potencialidad de nuevos mercados que en Europa del Este pueden propiciar la caída del "socialismo".

Y aunque es posible que dentro de la sociedad colombiana la "generalización" o "difusión" de la amapola-heroína encuentre obstáculo en el hecho de ser un producto extraño al medio —a diferencia de la marihuana y la coca— y en la complejidad que su consumo encierra, aun en la forma de opio —al igual que en los casos del contrabando, la marihuana y la cocaína—, las ventajas comparativas que presenta el territorio nacional lo favorecen frente a otros países.

LOS CULTIVOS DE AMAPOLA EN COLOMBIA

En Colombia los primeros cultivos de amapola empezaron a ser detectados desde finales de los años ochenta y entre 1983-1984 ya se hablaba de la existencia de cultivos "experimentales" de amapola. En 1984 el DAS detectó al sur del Tolima 27 hectáreas sembradas y se informó al país de la existencia de plantíos en la llamada Bota Caucana situada al sur del departamento; en 1985 la policía descubrió pequeños cultivos de amapola en los Llanos, y según declaraciones de testigos, en unas haciendas en el Meta algunos mafiosos de la cocaína tenían almacenada una gran cantidad de bultos con semillas de amapola, y habían enviado al Extremo Oriente a algunas personas de confianza para estudiar su cultivo y producción[34].

Sin embargo, fue desde la década de los noventa que se incrementaron y fortalecieron los cultivos de amapola, las extracciones de opio y los primeros intentos por obtener morfina y heroína. Este ciclo, uno de los que aquí han dado en llamarse "de las drogas naturales", viene generando profundas transformaciones entre las comunidades indígenas, mestizas y campesinas asentadas particularmente en los departamentos del Huila, Tolima, Cauca, Valle y Cundinamarca.

En los pueblos y veredas de las zonas altas y frías de estos departamentos han aparecido individuos procedentes del Caquetá, Antioquia y Valle conocidos en el lenguaje cotidiano como "planteros", quienes inducen a los moradores de la región a sembrar la "planta" ofreciéndoles la semilla y dinero por adelantado, y los comprometen para que les entreguen el látex, leche o mancha que producen los bulbos o cápsulas de la amapola[35].

El flujo de las grandes cantidades de dinero producto de la siembra de amapola ha cambiado las costumbres y los gustos en la población indígena y campesina, y consecuentemente ha llevado al abandono de los cultivos tradicionales de estas regiones cafeteras, lecheras y productoras de lulo, mora, cebolla y papa, y en las que ha habido explotación de maderas, factores que han acelerado la crisis vivida en el

34 Charlas y entrevistas con "Pelo de Indio", Villavicencio, 1991; *El Tiempo*, Bogotá, 19 de abril de 1992.

35 Policía Nacional, Dirección Antinarcóticos, *Balance de actividades antinarcóticos durante el año de 1991. Véanse*, además, "El pueblo de la amapola", en *Cromos*, Bogotá, Nº 3.866, marzo 2 de 1992; "El imperio de la 'Pola'", en *El Espectador*, Bogotá, febrero 17 de 1992; "Cultivaba amapola porque me pagaban un mejor jornal", en *El Tiempo*, Bogotá, enero 24 de 1992; "Amapola: jaque al café", en *El Tiempo*, Bogotá, febrero 2 de 1992.

campo con la caída de los precios del café, la apertura económica y el abandono sufrido durante los últimos gobiernos. La criminalidad, el aumento en el consumo de licor, la prostitución y las compras suntuarias han aumentado en muchas cabeceras municipales a las que se dirigen los sembradores y cosecheros de "la mancha" u "ordeñadores" de los bosques de niebla y los "páramos", quienes ahora ganan jornales que fluctúan entre los seis y los ocho mil pesos mientras que anteriormente, cuando recogían café y servía el trabajo, el pago diario oscilaba entre los mil quinientos y los dos mil pesos[36].

En los últimos tres años ha sido creciente la sustitución de la coca por amapola y en la actualidad es evidente la expansión de cultivos en municipios y departamentos. Según la policía antinarcóticos, en el país se está procesando el látex, como lo comprueban los laboratorios incautados en Huila, Tolima y Cundinamarca.

El informe de la Dirección Antinarcóticos de la Policía Nacional de 1991 puntualiza que:

> —El tráfico de morfina y heroína está siendo manejado por los mismos narcotraficantes tradicionales.
> —Los químicos que realizan esta actividad están empleando técnicas aún no tan sofisticadas como las utilizadas en países que desde hace tiempo desarrollan esta actividad ilícita.
> —En el mercado internacional ya existen ofrecimientos de heroína colombiana.
> —Ya se han detectado casos en Estados Unidos de personas colombianas que portan cápsulas de heroína en el estómago[37].

36 "El pueblo de la amapola", en *Cromos*, Bogotá, Nº 3.866, marzo 2 de 1992; "El imperio de la 'Pola'", en *El Espectador*, Bogotá, febrero 27 de 1992; "Cultivaba amapola porque me pagaban un mejor jornal", en *El Tiempo*, Bogotá, enero 24 de 1992; "Amapola: jaque al café", en *El Tiempo*, Bogotá, febrero 2 de 1992; charlas con jornaleros de Tuluá, Roldanillo, Sevilla y Caicedonia.

37 Policía Nacional, Dirección Antinarcóticos, *Balance de actividades antinarcóticos durante el año de 1991*.

Aunque estos informes son oficiales, permiten observar las dimensiones que ha cobrado el ciclo de la amapola-heroína en Colombia y las tendencias del negocio.

Zonas y regiones

En latitudes como las de Colombia, la amapola o adormidera (*Papaver somniferum*) se produce en pisos térmicos situados entre los 600 y los 3.000 metros de altura, resistiendo con facilidad los fríos intensos mas no las sequías. En estas condiciones, entre un 60 y un 70% del territorio nacional —sin tener en cuenta la calidad de los suelos, el régimen de lluvias y los períodos secos— es potencialmente apto para la siembra de amapola.

No obstante, por la calidad de los suelos, por el régimen de lluvias y por las ventajas que conllevan las zonas más inhóspitas y alejadas de los ojos de las autoridades y curiosos, en el país las siembras de amapola se han concentrado en el subpáramo, entre los 3.000 y los 3.600 metros de altura; en el piso térmico frío, es decir, entre los 2.000 y los 3.000 metros, y en la parte alta del piso térmico templado[38].

De acuerdo con lo anterior, en el territorio nacional las grandes siembras de amapola se encuentran en los departamentos de la región andina propiamente dicha, en los bosques (andino y alto-andino, situados en las inmediaciones del páramo) de la Orinoquia y la Amazonia, y en otros departamentos que tienen terrenos en los piedemontes de la vertiente oriental andina (Caquetá y Meta).

38 Charlas con jornaleros que han trabajado en algunas de las regiones de siembras; "El pueblo de la amapola", en *Cromos*, Bogotá, Nº 3.866, marzo 2 de 1992; "El imperio de la 'Pola'", en *El Espectador*, Bogotá, febrero 17 de 1992; "Cultivaba amapola porque me pagaban un mejor jornal", en *El Tiempo*, Bogotá, enero 24 de 1992; "Amapola: jaque al café", en *El Tiempo*, Bogotá, febrero 2 de 1992.

Pisos térmicos

Cálido: entre los 0 y los 1.000 metros de altura, con temperatura media de 24°C.
Templado: entre los 1.000 y los 2.000 metros de altura, con temperatura media de 18°C.
Frío: entre los 2.000 y los 3.000 metros de altura, con temperatura media de 12°C.
Páramo: entre los 3.000 y los 4.700 metros de altura, con temperaturas menores de 12°C.
Nieve permanente: 4.700 en adelante[39].

Suelos de la región andina

Un medio con condiciones ecológicas tan variadas, con materiales geológicos y con formas de la tierra como las de las cordilleras, proporciona una enorme gama de suelos que van desde los ricos en materia orgánica hasta los erosionados y pobres en *humus;* suelos arcillosos derivados de lutitas, lo mismo que arenosos de areniscas cuarcíticas.

Grandes áreas de las cordilleras Occidental y Central y algunos sectores de la Oriental se hallan cubiertos por cenizas volcánicas —hay predominio de cenizas de naturaleza andesítica—, uno de los más importantes materiales formadores de suelo en Colombia[40].

39 Instituto Geográfico Agustín Codazzi, *Atlas Básico de Colombia*, Bogotá, 1991; Instituto Geográfico Agustín Codazzi, *Folleto Explicativo del Mapa de Suelos de Colombia*, Bogotá, 1982; Sonia Salamanca, "Los bosques altoandinos", en *Colombia, sus gentes y sus regiones*, Nº 9, Instituto Geográfico Agustín Codazzi, marzo de 1988.

40 Instituto Geográfico Agustín Codazzi, *Folleto Explicativo del Mapa de Suelos de Colombia*, Bogotá, 1982; Alonso López Hoyos, "Suelos de la región andina", en *Colombia, sus gentes y sus regiones*, Nº 9, Instituto Geográfico Agustín Codazzi, marzo de 1988.

Vegetación y bosques

En su mayor parte, debido a que han sido talados para ampliar las áreas dedicadas a la actividad agropecuaria, en la región andina han desaparecido los bosques naturales. En los pisos basal y medio de las cordilleras el bosque ha sido destruido, conservándose solamente en aquellos lugares en donde las pendientes son muy escarpadas o en los que la pluviosidad es tan alta que impide cualquier desarrollo de la actividad humana, es decir, en los límites del bosque altoandino y el páramo.

Subandino

De 1.000 a 2.300 metros sobre el nivel del mar y condiciones climáticas húmedas, aquí se encuentra el cinturón cafetero colombiano; el café va acompañado de cultivos como plátano, banano, maíz, fríjol, yuca, frutales como naranjo, guayaba, níspero, papaya, mango, aguacate, etc., y pastos de corte.

En los cafetales con sombrío y en las escasas áreas donde aún permanecen restos del bosque nativo, las especies más frecuentes son: el chilco (*Baccharis chilco*), el mortiño (*Clidemia sp*), el cámbulo (*Erythina sp*), el guamo (*Inga sp*), el balso blanco (*Heliocarpus popayanensis*), el balso (*Ochroma lagopus*), el chaparral (*Adenaria floribunda*), el escobo (*Alclornea sp*), el carbonero (*Calliandra sp*), el guayacán (*Tabebuia sp*), y la pringamosa (*Urera baccifera*). En las regiones superhúmedas quedan aún manchas de bosque nativo en las que se ven árboles de lanzo (*Vismia sp*), el pisquín (*Albizia sp*), el yarumo (*Cecropia sp*), el lulo (*Solanum sp*), los tunos (*Miconia sp*), el cedro (*Cedrella sp*) y los guamos (*Inga sp*).

En los sectores más secos cambian los patrones de vegetación para dar origen al llamado bosque seco premontano, con especies como: el pela (*Acacia farnesiana*), el dividivi (*Caesalpinia spinosa*), el lechero (*Calotropis procera*), el hayuelo (*Do-

donaea viscosa), las catáceas (*Melocactus sp*), y el cují (*Prosopis juliflora*).

Andino

De 2.300 a 3.500 m.s.n.m., aquí la vegetación ha sido transformada en potreros de pasto kikuyo y en campos de cultivo; algunas de las especies comunes son el aliso (*Alnus jorullensis*), el carbonero (*Befaria aestuans*), el encenillo (*Weinmannia sp*), el cedrillo (*Brunelia sp*), la quina (*Chinchona pubescens*), el borrachero (*Datura arborea*), el caucho (*Ficus sp*), el arrayán (*Myrcia sp*), el sietecueros (*Tibouchna lepidota*) y el caraote (*Vismia sp*). Mientras más húmeda sea la zona, mucho más común será la presencia de epifitas, palmeras, helechos de variadas clases y yarumos blancos (*Cecropia sp*); por la tala indiscriminada desaparecieron ya los robles (*Quercus humboldtii*) que cubrían grandes áreas de la cordillera.

En las zonas muy secas se encuentran el fique (*Agave americana*), la caña brava de castilla (*Arundo donax*), el dividivi (*Caesalpinia spinosa*), el alcaparro (*Cassia tomentosa*), el hayuelo (*Dodonaea viscosa*), el espino (*Duranta sp*), el mortiño (*Hesperómeles sp*), el upacón (*Montonoa ovalifolia*), la tuna (*Opuntia sp*) y el lulo (*Solanum sp*).

Altoandino

De 3.500 a 3.800 m.s.n.m., posee una vegetación escasa, y de matorrales y gramíneas (*Fetusca* y *Calamagrotis*), frailejones (*Espeletia sp*), hierbas y musgos. En las zonas menos húmedas hay encenillos (*Weinmannia tomentosa*), chites (*Hypericum sp*) y tunos (*Miconia sp*); los árboles son bajos con copas estrechas, aparasoladas y con troncos cubiertos por aráceas y lianas.

Con los bosques altoandinos —se encuentran sobre relieves moldeados por la acción de los glaciares— llega el límite de la vegetación arbórea en Colombia; en la actualidad esta franja recibe el mayor impacto de la colonización andina pues constituye el último recurso de atracción para los colonos e indígenas desplazados de otras áreas, y la frontera agrícola avanza actualmente sobre esta zona estableciéndose cada día más nuevos cultivos de papa, y convirtiéndose a pasos agigantados en potreros; es posible que en los últimos años estos bosques sean dedicados al cultivo de la amapola[41].

Páramo

De 3.600 a 4.300 m.s.n.m., son regiones de vegetación abierta sin una faja continua de árboles, y con extensos pajonales que por lo general se presentan acompañados de frailejones. Se sitúan en la zona montañosa entre el límite superior del bosque alto-andino y el límite inferior de las nieves perpetuas; no obstante, esta delimitación altitudinal experimenta variaciones locales: en las cordilleras Central y Occidental se encuentra entre los 3.888 y los 3.900 m.s.n.m., mientras que en la Oriental este límite es un poco más bajo, 3.600 a 3.700 m.s.n.m.

Superpáramo

De 4.300 a 4.700 m.s.n.m., es la zona más alta del páramo; su parte superior está prácticamente en contacto con la nieve, posee predominio de arenales y casi no presenta vegetación (sólo se encuentran pequeños parches discontinuos de ella).

Aunque en Colombia se encuentran páramos en sus tres cordilleras y en la Sierra Nevada de Santa Marta, únicamente los de la cordillera Central y los del sur del país se desarrollan sobre relieves de origen volcánico, moldeados por acción de los glaciares:

41 Sonia Salamanca, *op. cit.*

— Páramos de la cordillera Oriental: Sierra Nevada del Cocuy, La Rusia, Guantiva, Pisba, Almorzadero, Santurbán, Tamá, Chingaza, Guerrero, Guasca, Cruz Verde y Sumapaz.

— Páramos de la cordillera Central: Macizo Volcánico del Ruiz-Tolima (volcanes del Ruiz, Cerro Bravo, Santa Isabel, El Cisne, Quindío, Santa Rosa y Tolima), en el Nevado del Huila, en los cerros de Pan de Azúcar y Paletará y en Las Hermosas.

— Páramos de la cordillera Occidental: Nudo de Paramillo, Macizo de Tatamá, Farallones de Cali, Páramo de Frontino y Cerro Torrá.

Hacia el sur, en el Nudo de los Pastos, donde se origina la cordillera Occidental, los volcanes de Chiles, Cumbal, Azufral y Galeras, hay núcleos de vegetación de páramo; una situación similar acontece en el Macizo Colombiano o Nudo de Almaguer, donde se separa la cordillera Oriental de la Central, en los volcanes de Sotará, Doña Juana, Puracé, en la Sierra Nevada de los Coconucos y en los páramos de las Papas, Cutanga, Blanco y Barbillas[42].

Proceso de siembra de amapola y recolección de látex

Como quedó visto, la amapola está siendo sembrada en la parte alta del bosque andino (2.300-3.500 m.s.n.m.) y en el bosque alto-andino (3.500-3.800 m.s.n.m.), en las inmediaciones del páramo, con temperaturas que oscilan entre los 4 y los 9°C, y en pendientes con inclinaciones de 45 grados.

El cultivo de la adormidera o amapola es difícil. Exige gran cantidad de trabajo, así como mucho más cuidado que un cultivo tradicional de cebolla, papa o maíz, y debe hacerse a cierta altura en regiones muy montañosas y de bosque vir-

42 Sonia Salamanca, "La vegetación de páramo, única en el mundo", en *Colombia, sus gentes y sus regiones*, Nº 2, Instituto Geográfico Agustín Codazzi, junio de 1986.

gen. Después de quemar algunas hectáreas de bosque primario en zonas en donde por lo general no existen cultivos tradicionales, y que por ser escarpadas están aisladas de la vista de los moradores, los campesinos arrancan las raíces o cortan los troncos a nivel del suelo; muchas veces siembran primero un cultivo tradicional (maíz, por ejemplo), al que luego intercalan amapola. Cuando el terreno es muy empinado simplemente lanzan la semilla (al voleo) y cuando la planta alcanza aproximadamente treinta centímetros de altura son esparcidas ("raleadas") para evitar que se levanten muy amontonadas.

La planta logra una altura de 60 u 80 centímetros y produce una flor de variados colores, que van desde el blanco hasta el morado, pasando por el rosado y siendo los más comunes el rojo y el anaranjado.

Los cosecheros utilizan como referencia para recoger el opio crudo o látex el desprendimiento de los pétalos de las flores. La recolección se realiza mediante incisiones efectuadas en los bulbos de la flor, lo que permite que brote un jugo lechoso; esta operación se efectúa en las horas de la tarde, buscando que durante la noche el látex tome consistencia para ser "raspado" y "ordeñado" en las horas de la mañana.

Héctor Lozano, campesino que fue convencido para sembrar amapola en los bosques altos de Chaparral, se dirigió hacia la vereda La Unión, situada en las cabeceras del Tetuán, a 3.000 metros de altura y allí, entre yarumos, nogales, cedros y palmabobas, levantó una casucha y tomó posesión de un terreno baldío seguro ahora, con la posibilidad del nuevo cultivo y de poder convertirse en propietario.

> Yo ya había hecho mi casita; usted sabe que nosotros somos campesinos y en San Antonio a usted no le dan trabajo o si le dan, le pagan a uno 1.500 pesos.
>
> Por eso me vine pa' la cordillera, porque me dijeron que me iban a pagar hasta diez mil pesos por día (...)

> Es que la situación en que estamos por aquí es muy mala. A uno le toca meterse a cultivar donde sea porque le pagan a uno buen jornal[43].

En las partes altas —en los límites con el páramo— de los municipios de Iquirá, Rivera, Pitalito, etc., en el Huila; San Antonio, Chaparral y Planadas en el Tolima; Silvia, Corinto, Toribío, etc., en el Cauca, al igual que en muchos otros municipios de otros departamentos en donde se vienen expandiendo las siembras de amapola, este proceso se repite día tras día:

> Ha llegado mucha gente ofreciendo tantas cosas para que dejemos de sembrar papa y cebolla que no dan nada de plata, y hagamos que la flor crezca.
> Ellos se encargan de todo porque nos dan la semilla, los abonos. Luego vienen a rayarla y a sacarle la leche. Nosotros sólo aramos, sembramos y la cuidamos, pero su aparición nos ha traído también muchos problemas[44].

La amapola, cuya flor otrora adornaba uno que otro jardín en estas poblaciones, en los últimos años, por acción de los "planteros" o "pasantes" —comisionados de las mafias para repartir semillas, abonos y dinero a los campesinos, indígenas y "rebuscadores"— se ha convertido en el único cultivo de las partes altas.

> Nosotros teníamos algunas matas frente a la casa —dice una mujer de rostro alegre— pero un día llegaron unos tipos de la ciudad y nos dijeron que sembráramos más, detrás de la carretera, en un lote en medio del monte, y que ellos se encargaban de todo, hasta de venir a ordeñarla.

43 "Cultivaba amapola porque me pagaban un mejor jornal", en *El Tiempo*, Bogotá, enero 24 de 1992.

44 Declaraciones de pobladores de los bosques altos del departamento del Cauca; "El imperio de la 'Pola'", en *El Espectador*, Bogotá, febrero 17 de 1992.

> Dejamos de sembrar papa y nos dedicamos a eso (...)
> Luego, los mismos tipos nos dieron plata y mercados. Nos traían abono y al poquito tiempo, cuando las matas florecían, venían hasta aquí en carros pequeños a cortar los botones y a recoger la leche.
> Nos pagaban bien y no teníamos que sacar nada, ni llevar al pueblo a que no lo compraran como la leche, el queso o la papa. Ellos hacen todo, pero un día después de que vino el Ejército subieron a amenazarnos de que si decíamos algo nos teníamos que ir de aquí[45].

DEPARTAMENTOS CON CULTIVOS DE AMAPOLA

Región Andina

a) Bloque Suroccidental
   Nariño, Cauca, Tolima, Huila, Valle y Quindío
b) Bloque Noroccidental
   Caldas, Antioquia y Chocó
c) Bloque Centrooriental
   Cundinamarca y Boyacá
d) Bloque Nororiental
   Santander y Norte de Santander
e) Piedemonte de la Orinoquia y Amazonia
   Caquetá y Putumayo[46].

LOS COSECHEROS

La mayoría de los campesinos que se han dedicado a los cultivos de amapola eran beneficiarios de los programas de sus-

45 *Ibíd.*
46 *Véanse*: *Revista de la Policía Nacional* (varias); Informes de la Dirección de Policía Judicial e Investigaciones, Bogotá, Centro de Investigaciones Criminológicas, 1992; "Cultivos de amapola detectados", en *El Tiempo*, Bogotá, enero 24 de 1992.

titución, y la vinculación a los nuevos cultivos "ilícitos" se les facilitó pues las "mafias" venidas desde Cali les llevaron las semillas a sus parcelas y allí regresaban a los seis meses para recoger el látex.

Desde el punto de vista de su origen, en un primer momento la mayoría de colonos y cosecheros de amapola, sobre todo en el Tolima y en el Huila, eran migrantes del Caquetá y Putumayo, colonos "acostumbrados" a vivir entre la "miseria" y la violencia, que habían sembrado marihuana y coca; posteriormente se les sumaron campesinos pobres de las tierras planas del Tolima y el Huila, quienes fracasaron en los cultivos de maracuyá, sorgo, frutales, etc., y jornaleros y pequeños propietarios de la zona cafetera (vecina a los municipios con cultivos de amapola), que pretenden hacerle frente a la crisis cafetera[47].

En las zonas de cultivos han surgido reacomodos de clase, ascenso y descenso de sectores sociales de clase; también se presentan complejas alianzas entre bandos aparentemente disímiles. Tal es el caso de los grupos místico-religiosos, que aparecieron en el sur del Tolima y en el Huila (los llamados Nazarenos), hoy con mucha fuerza en Vegalarga y el Cedral[48], quienes —según declaraciones de testigos— se han fortalecido con las siembras de amapola, y últimamente han entrado en alianzas con las FARC, conformando verdaderos territorios "al margen de la ley".

Se repiten así no sólo las constantes de la pasada violencia, sino fenómenos muy parecidos a los que acontecen en Pakistán, Afganistán y el "triángulo de oro", donde la "droga" se entremezcla con la política y los movimientos nacionalista y de liberación.

En las zonas productoras de amapola la guerrilla ha entrado a desempeñar el papel de reguladora de precios y de las relaciones sociales, y de mediadora frente al conflicto so-

47 *El Tiempo*, enero 24 de 1992.
48 Charlas con testigos en Garzón, octubre de 1992.

cial. Hasta la fecha la presencia de grupos paramilitares, salvo en el Cauca, no ha sido muy evidente en las zonas amapoleras; esto puede deberse a la desintegración de los grupos mafiosos que han impulsado estos cultivos, pero en un futuro no muy lejano las circunstancias pueden cambiar repentinamente.

PRODUCCIÓN Y PRECIOS

Las siembras productivas de amapola se han concentrado en las laderas montañosas de los departamentos de Tolima, Cauca, Huila, Nariño y Putumayo.

Las zonas preferidas son las montañas con inclinaciones de 45 grados, generalmente se siembran 7.000 matas por hectárea y una hectárea sembrada de amapola produce entre seis y diez kilos de látex (opio). Tres kilos de látex producen un kilo de morfina y un kilo de morfina produce un kilo de heroína[49].

El ciclo es el siguiente:

— Sembrado de las semillas. Inicialmente se hacía al voleo, hoy se seleccionan las plantas en viveros.
— Floración y aparición de los bulbos.
— Rayado u ordeñado de los bulbos. Esto se realiza en las horas de la tarde, para recoger en la mañana siguiente, sobre todo después de que se han empezado a caer los pétalos de las flores.
— Recolección del látex o mancha. Esta labor se hace generalmente en las tapas plásticas del brandy Domeq, incluso se usan como unidad de medida[50].

El mayor estímulo a estas actividades ha sido sin lugar a dudas el alto margen de utilidad, pues un kilo de amapola do-

49 "Las llamadas zonas grises" en *Summa Internacional*, Nº 62, Bogotá, agosto de 1992; "Para verte mejor", en *El Espectador*, Bogotá, agosto 30 de 1992, entrevista con Alain Labrousse.

50 Charlas con testigos en Huila y Tolima, octubre de 1992.

bla el precio de uno de cocaína y se cultiva en un período más corto, con menores esfuerzos, y se camufla entre cultivos tradicionales como el maíz; su cuidado es mucho más sencillo, requiere menos horas de trabajo manual y el "producto", es decir, la goma o látex, no necesita ningún proceso químico para su venta, a diferencia aun de la pasta de coca.

Un kilo de látex puede ser vendido a intermediarios en un precio que fluctúa entre $800.000 y $1.000.000. Su transporte en pequeñas cantidades (gramos) por parte de campesinos y cosecheros hasta los municipios y centros de comercialización es muy sencillo, comparado con su gran valor con respecto al peso, ya que un gramo de látex puede venderse fácilmente en $2.000 o $3.000 según la oferta[51].

LAS RUTAS DEL OPIO Y LA HEROÍNA

Los departamentos más ligados a la producción y comercio de amapola, como se ha visto, son: Huila, Tolima, Cauca, Putumayo, Valle y Nariño.

Ruta Nº 1:	San Alfonso (Cauca) - Popayán - Cali - Buenaventura - Estados Unidos.
Ruta Nº 2:	San Alfonso (Cauca) - Cali - Pereira - Eje Cafetero - Estados Unidos - Europa[52].
Centros de acopio:	Rionegro, Algeciras y Garzón.

51 "La DEA y la heroína en Colombia", en *El Tiempo*, Bogotá, octubre 18 de 1992; "Las llamadas zonas grises", en *Summa Internacional*, Nº 62, Bogotá, agosto de 1992; "Para verte mejor", en *El Espectador*, Bogotá, agosto 30 de 1992, entrevista con Alain Labrousse; Boletines del OGD.

52 I. Gómez, "Los 'Narco Polos' de la apertura", en *El Espectador*, Bogotá, mayo 24 de 1992; "La DEA y la heroína en Colombia", en *El Tiempo*, Bogotá, octubre 18 de 1992; "Las llamadas zonas grises", en *Summa Internacional*, Nº 62, Bogotá, agosto de 1992; "Para verte mejor", en *El Espectador*, Bogotá, agosto 30 de 1992, entrevista con Alain Labrousse; Boletines del OGD.

LAS MAFIAS DE LA AMAPOLA

Hemos dado las características de los ciclos de las "drogas naturales" en Colombia: marihuana, coca y amapola; hemos dicho que las mafias sólo surgieron como tales con la cocaína, originando cinco grandes focos mafiosos: costeño, antioqueño, valluno, central y nororiental, y finalmente hemos analizado tres tendencias dentro de la mafia de la cocaína: la moderna de Escobar, la ancestral representada por "El Mexicano" y la europea cuyo exponente máximo es el núcleo de Cali.

Ahora bien, ¿quién está impulsando las siembras de amapola en Colombia?, ¿quién está comercializando el látex?, ¿quién pretende comercializar heroína? A estos tres interrogantes intentaremos dar respuesta a continuación.

Aunque los titulares de prensa hablan de la existencia de una mafia de la amapola la cual relacionan con el llamado "cartel de Cali" o del Valle, un análisis histórico de las mafias colombianas muestra un complejo fenómeno que se remonta al contrabando, a la delincuencia "común" y a formas de economía ilegal, muy generalizadas en Colombia en la década del setenta.

Como primera medida, no pueden perderse de vista, en un análisis histórico del fenómeno, las contradicciones surgidas entre los núcleos mafiosos antioqueño y caleño, como consecuencia del asesinato del ministro Lara Bonilla. Segundo, no puede soslayarse el vacío que la captura y extradición de Lehder produjo dentro de la coordinación de los subnúcleos mafiosos del norte del Valle, del Quindío y Risaralda —subnúcleos que funcionaban como amortiguadores entre las mafias antioqueña y caleña, con alianzas y negocios con uno y otro bandos—, posibilitador del crecimiento e independencia de por lo menos dos de estos subnúcleos que pasaron a conformar dos pequeños núcleos mafiosos: el del norte del Valle y el de Risaralda, grupos que cada vez más requirieron un nuevo producto para abrirse paso entre la competencia y el monopolio de sus dos viejos aliados (Cali y Medellín). Tercero, debe tenerse presente que a medida que los grandes focos mafiosos fueron creciendo, dentro de sus filas comenzaron a darse ascensos procurados por el enriquecimiento y poder alcanzado por cuadros de cuarta, tercera y segunda categorías representados en "pistolocos", "traquetos" y testaferros destacados quienes, asistidos por el cada vez más creciente interés por independizarse, valiéndose de sus grandes volúmenes de dinero y del gran poder acumulado, empezaron a producir fracturas dentro de los núcleos existentes e iniciaron la búsqueda de nuevos productos y mercados. Tales han sido los casos de los subnúcleos de Buga, Tuluá y Roldanillo, y de los subnúcleos del Tolima, Bogotá, Boyacá, Meta, etc., productos de la ruptura de los grupos de Cali y central, y acelerados con la muerte de "El Mexicano". Al proceso de disociación no ha escapado el monolítico control que ejerció Escobar sobre el núcleo antioqueño, pues a los viejos enfrentamientos con el grupo de Cali, se sumaron las contradicciones con la familia Galeano y otros nuevos y ascendidos miembros del núcleo antioqueño. Finalmente, desde el punto de vista económico y social son de destacar aquí las nuevas crisis de sectores de las élites regionales y locales del occidente colombiano producidas por la implantación del modelo neoliberal en la década del noventa, situación que sumada a la crisis cafetera y en general a la crisis del agro colombiano, produjo quiebras, reacomodos de clase y empobrecimiento de sectores medios —en especial los vinculados al café, los frutales (maracuyá)—, lo mismo que de pequeños y medianos industriales. Al igual que en la década del setenta con la cocaína, estos factores favorecieron la destinación de nuevos capitales para buscar productos ilícitos altamente rentables.

Partiendo de los cuatro puntos anteriores, se deduce que quienes están impulsando el cultivo de amapola en el país son mafiosos "sueltos" o "independientes" provenientes de los grandes y "viejos" focos mafiosos iniciales, es decir, pistolocos, traquetos y testaferros enriquecidos a la sombra de los negocios y peleas de sus jefes. Unos y otros, favorecidos tanto por la "guerra" declarada por el gobierno al foco antioqueño, como por las contradicciones entre las mafias antioqueña y caleña, especialmente por la lucha "ciega" emprendida contra la cocaína —al amparo de la cual han aumentado los cultivos de amapola, así como cuando se combatió la marihuana se incrementaron la coca y la cocaína—, en alianzas con núcleos de las mafias internacionales están impulsando la amapola en Colombia de tal manera que con nuevos actores, nuevas violencias y nuevas contradicciones, el ciclo tiende a "repetirse".

Las mafias del occidente colombiano; violencia y amapola

La llamada mafia valluna en realidad "nuclea" una compleja red de subnúcleos, la mayor parte de ellos independientes, situados desde el departamento del Cauca y pasando por el del Valle hasta comprender los departamentos del Quindío y Risaralda. Allí se destacan las mafias de Cali, Buga, Tuluá, norte del Valle (Roldanillo, Cartago, Obando, etc.), Armenia y Pereira.

La historia de estos grupos mafiosos es paralela a la de las transformaciones económicas, sociales y políticas de esta región, muy aceleradas desde comienzos del presente siglo con la violencia del cincuenta en la que se destacaron dos expresiones muy típicas del conflicto social: los "pájaros" del occidente y centro del Valle, y las cuadrillas bandoleras del norte del Valle y el Quindío[53]. El análisis de la evolución de los subnúcleos mafiosos de esta región no puede soslayar una permanente y sutil violencia que se ha

53 *Véase* D. Betancourt y M. García, *Matones y cuadrilleros. Orígenes y evolución de la violencia en el occidente colombiano*, Bogotá, Tercer Mundo Editores-Instituto de Estudios Políticos y Relaciones Internacionales de la Universidad Nacional, 1990.

mantenido constante desde los años cincuenta; fue precisamente sobre estas manifestaciones de conflicto que se montaron los primeros ciclos de la marihuana y la cocaína gracias a la labor de antiguos contrabandistas de los ejes Cali-Buenaventura y Tuluá-Cartago-Pereira-Armenia[54].

A partir de los años setenta se produjo en esta región una dinámica social de ascenso económico de fracciones de clase, acompañada por expresiones sutiles de violencia que tuvieron como epicentro a Cali, Buenaventura, Buga, Tuluá, Cartago, Armenia, Pereira y Manizales, y que se proyectaron hasta Medellín. Estas violencias fueron lideradas por núcleos delincuenciales de secuestradores, contrabandistas, reducidores, cuatreros e incipientes comerciantes de marihuana y cocaína, quienes hacia 1975 fueron dando forma a tres grandes ejes delincuenciales en el occidente colombiano:

1. El de Medellín-Urabá-Panamá.
2. El de Cali-Buenaventura-Panamá.
3. El de Cartago-Pereira-Armenia.

Posteriormente, desde estos ejes delincuenciales se conformaron los dos grandes focos mafiosos de Antioquia y Valle, quedando el eje Cartago-Armenia-Pereira —liderado por Carlos Lehder— constituido a manera de puente y amortiguador de los otros dos. La compleja conformación económica y étnico-racial del Valle del Cauca, con sus cruces de colonizaciones en donde hubo una fuerte influencia de paisas, tolimenses, caucanos y nariñenses, dio pie a la posterior fracturación del núcleo valluno al menos en cuatro bloques que de alguna manera nuclean por su origen económico y étnico-racial diversos sectores. Ellos son: Cali, Buga, Tuluá y norte del Valle.

54 Contrabandistas de café, azúcar, cemento, ganado robado y marihuana.

Como los grandes cultivos de amapola se han concentrado en los departamentos de Cauca, Tolima y Huila —los dos primeros limítrofes con el Valle y el tercero muy cercano al mismo—, y como las fracturas de las mafias del occidente colombiano han dado origen a una serie de subnúcleos independientes urgidos por consolidar sus propios negocios y productos, se reafirma la hipótesis aquí planteada según la cual son los grupos mafiosos independientes los responsables del impulso a los cultivos de amapola. Concretamente para el caso del occidente colombiano, el mayor responsable es el subnúcleo mafioso del norte del Valle, pues el estudio de esta mafia ha dejado en claro que:

1. El norte del Valle ha sido siempre puente entre las mafias valluna y antioqueña.
2. El norte del Valle presenta una localización estratégica equidistante de Cali, al sur, y de Pereira y Armenia, al norte.
3. El norte del Valle mantiene viejas tradiciones de contrabando, violencia y auge de bonanzas de otros productos ilegales (marihuana y cocaína); en la década del setenta se desarrollaron grandes cultivos de marihuana en Obando y San José del Palmar, y Cartago se convirtió en un verdadero "Chicago"[55].
4. La guerra entre las mafias caleña y antioqueña produjo un vacío de poder en esta zona, vacío que en cierta medida empezó a ser llenado por los jefes mafiosos del norte del Valle. En tal sentido "El Mocho", "El Sombrerero", "El Bogotano", etc., que se habían consolidado con la cocaína en los años ochenta, vieron la oportunidad de independizarse aprovechando las conexiones internaciona-

55 *Véanse* revistas *Alternativa* del año 1976; charlas sostenidas con testigos en Cartago, 1987.

les, las nuevas demandas y los nuevos mercados, lanzándose a impulsar las siembras de amapola.

5. El "declive" relativo del núcleo mafioso antioqueño debido al peso de la "guerra" con el gobierno, las entregas de los Ochoa, de Escobar y sus hombres, así como los golpes propiciados a su aparato militar, por una parte, y el repliegue de la mafia caleña, por la otra, no sólo han ocasionado rupturas en las mafias tradicionales sino que han facilitado el surgimiento y consolidación de subnúcleos independientes ávidos de nuevos productos distintos de los ya acaparados por las viejas mafias. En este sentido la amapola presenta un panorama mucho más complejo que la coca-cocaína, pues la disociación de sus impulsores puede, en un futuro, generar en Colombia fenómenos mucho más violentos que los hasta ahora vividos con la cocaína.

CONCLUSIONES

La bonanza de la marihuana imprimió dinámica a antiguas formas de violencia existentes en la Costa Atlántica (La Guajira) y generó otras nuevas que se expandieron hacia el centro y sur de la misma región costeña.

Con el fin de la bonanza marimbera (hacia la década de los ochenta) muchos individuos que antes trabajaban en el negocio pasaron al servicio de las mafias de la cocaína, trasladando y recreando gran parte de sus antiguas prácticas y preparando el terreno para el posterior auge del paramilitarismo y el sicariato.

La producción y la comercialización de marihuana estuvieron inicialmente en manos de contrabandistas que de tiempo atrás tenían montada una red de transportes, caletas y sobornos, la misma sobre la cual se desarrolló posteriormente la economía ilegal de la cocaína.

Las "ventajas comparativas" de Colombia han significado para las mafias del país la consecución de supremacía en la producción, exportación y redes de distribución de cocaína en Estados Unidos:

— privilegiadas condiciones geográficas: la accidentada y compleja geografía así como las grandes y desprotegidas costas equidistantes de los grandes centros financieros y de consumo mundial que facilitan, a su vez, la salida ilegal de productos y la entrada de contrabando de mercancías, insumos químicos y armas (vieja práctica que se remonta a los tiempos de la Colonia);

— existencia de una clase política que durante largos períodos se ha repartido de manera excluyente las bondades y privilegios del burocratismo estatal, laxitud generalizada en el control del gasto público y flagrante corrupción oficial y privada, todo lo cual contribuye en gran proporción al desenvolvimiento favorable de la ilegalidad y al desarrollo de lo que podría en general llamarse "cultura de la ilegalidad";
— empobrecimiento de los sectores medios y bajos de la población;
— existencia de una sociedad civil caracterizada por bajos niveles organizativos —de tipo social y político— y en permanente marginalidad económica y social;
— el fraccionamiento de las fuerzas armadas y la deficiente profesionalización que poseen la mayoría de sus miembros;
— estructuración de sus propias redes de transporte de cocaína hacia el exterior y su introducción en otros países, particularmente en Estados Unidos;
— establecimiento de redes de distribución propias dentro de los Estados Unidos sobre la base de las extensas colonias latinas existentes, en particular la colombiana, construida principalmente a partir de la elevada corriente migratoria iniciada en 1965.

Sobre la crisis de cinco grandes regiones del país se conformaron los cinco focos mafiosos iniciales, a saber: Costa Atlántica, Antioquia, Valle, central (Boyacá y Cundinamarca) y nororiental.

La mafia en Colombia ha exhibido tres tendencias en su actuar: la de la mafia antioqueña, origen de los sicarios; la de la mafia central, precursora de los paramilitares; y la de la mafia de Cali, origen de los "grupos de limpieza social". En el caso de la antioqueña, los mafiosos tendieron el puente entre los viejos "pájaros" y el moderno sicariato; en el caso de la valluna, entre los viejos "pájaros" y los llamados "grupos de limpieza".

La violencia de la mafia tiende a verse meramente como una expresión calificada de la violencia de la delincuencia "común" o como una violencia organizada, y no a entenderse como una violencia *sui generis* que se sitúa como puente, conexión entre todas las violencias y las delincuencias tradicionales, tanto de las de arriba como de las de abajo, las de "cuello blanco" y las del lumpen. En la medida en que la mafia penetra en el tejido social, no sólo todas las formas de violencia y de delincuencia quedan conectadas sino que sufren un enorme aceleramiento.

Con la mafia en Colombia se aceleran los procesos sociales "normales" y se dinamizan, transforman y distorsionan los procesos sociales regionales y locales; hay una sofisticación en los medios de comunicación, transportes, armas, etc.; se produce una internacionalización de los conflictos y las acciones; se generan contradicciones y fracturaciones de las autoridades, sobre todo de los cuerpos de seguridad del Estado, frente a uno y otro bandos mafiosos.

Diversos factores han favorecido la destinación de nuevos capitales para la búsqueda de productos ilícitos altamente rentables, como la amapola:

— las nuevas crisis económicas y sociales de sectores de las élites regionales y locales del occidente colombiano producidas por la implantación del modelo económico neoliberal en la década de los noventa;
— la crisis general del agro colombiano: café, cacao, arroz, frutales, etc., que ha generado quiebras, reacomodos de clase y empobrecimiento de sectores medios, lo mismo que de pequeños y medianos industriales;

— las contradicciones surgidas entre los núcleos mafiosos antioqueño y caleño como consecuencia del asesinato del ministro Lara Bonilla;
— las rupturas dentro de los núcleos mafiosos existentes (ejemplo, Cali y central), originadas por traquetos enriquecidos y poder acumulado, generaron subnúcleos que, cada día más interesados en independizarse, emprendieron la búsqueda de nuevos productos y mercados.

Con la continuidad de la cocaína y el auge de la amapola, nuevos mafiosos, nuevas violencias y nuevas contradicciones se ponen en juego. Los cultivos de amapola en Colombia están siendo impulsados por grupos de mafiosos "sueltos" o "independientes", producto de las fracturas sucedidas en los grandes, en alianza con núcleos mafiosos internacionales y "viejos" focos mafiosos iniciales favorecidos tanto con las contradicciones entre las mafias antioqueña y caleña como con la declaratoria de "guerra" del gobierno al núcleo antioqueño y, especialmente, con la arremetida general contra la cocaína.

Eliminados Gonzalo Rodríguez Gacha y Pablo E. Escobar Gaviria y apuntadas las batería del gobierno contra el cartel de Cali, asistimos y asistiremos al fortalecimiento de los pequeños mafiosos, al reinado de los traquetos y pistolocos, que están desatando una oleada de homicidios y vendettas mucho más macabra que la de los "viejos" grupos mafiosos; la constante tiende, pues, a repetirse: los de arriba se consolidan y se legalizan, los que vienen de abajo "arremeten duro" para alcanzar una buena posición.

ANEXO A. PERIODIZACIÓN Y CRONOLOGÍA

En los estudios que hasta el momento se han elaborado acerca del "narcotráfico", en especial en los realizados en el último quinquenio, se ha privilegiado el análisis económico y político. Pero una investigación sobre la mafia de la cocaína que pretende tener carácter histórico debe partir de una periodización que, al menos en su formulación general, contemple o dé cabida a los múltiples aspectos sociales, económicos, políticos, culturales e ideológicos ligados a este fenómeno.

Toda periodización es en cierta medida arbitraria y caprichosa, ya que los hechos históricos se desarrollan en una sucesión espacio-temporal, y los hitos tomados para dar énfasis a uno y otro períodos bien pueden estar marcados por tendencias de tipo político, social, económico o cultural.

PERIODIZACIÓN

Para el caso colombiano se han establecido seis grandes períodos ligados a la coca, la marihuana y la cocaína, así como a sus implicaciones, a saber:

— Época precolombina
  Cultivos ancestrales de coca y otros psicotrópicos.
— Período 1492-1810
  Cultivo y comercio de hojas de coca en el marco de la economía minero-colonial española (particularmente en la Sierra Nevada de Santa Marta y en los departamentos de Nariño y Cauca).

— Período 1810-1960
Uso ancestral y cultural de la coca en núcleos indígenas, algunos ligados a la explotación terrateniente y hacendataria.
— Período 1965-1982
Auge de los cultivos de marihuana, en especial en la costa norte colombiana.
— Período 1972-1991
Irrupción de la cocaína, expansión de las zonas tradicionales de cultivo de coca seguida de importación de pasta de coca peruana y boliviana, refinación y exportación de cocaína.
Surgimiento y consolidación de la mafia en Colombia en torno a la cocaína.
Expansión territorial de la mafia colombiana, penetración en la estructura social, económica y política, lo mismo que en la vida cultural.
— Período 1984-1991
Las "guerras" y los diálogos. Entrega de algunos "extraditables", e inicio del complejo proceso que combina acciones de fuerza y negociaciones.
Principalmente a partir del gobierno de Gaviria Trujillo (1990) y de los decretos 2047, 2147, 2372 y 3030 de 1990, y 303 de 1991, los "extraditables" hacen el tránsito de "delincuencia común" a "delincuencia política".

CRONOLOGÍA

En este punto se enumeran hechos ligados a la producción y comercialización de marihuana, coca y cocaína, y se relacionan sucesos de carácter social, político, económico y militar de la mafia, el gobierno, las fuerzas armadas, la clase política y la sociedad en general. El énfasis que se hace en el período comprendido entre 1983 y 1991 tiene que ver con la configuración de la mafia en Colombia, la cual sólo se da en torno a la cocaína, y que con su actuar contribuye a que en el país se viva la más compleja y traumática violencia producto del entrecruce de las violencias de los paramilitares, los sicarios, las autodefensas, las guerrillas y la delincuencia común.

Período	
1920-1940	En los años veinte, treinta y cuarenta, las ciudades de Medellín, Cali y Barranquilla albergaban algunos núcleos consumidores de marihuana y heroína.
1947	Importación de marihuana de la India para mejorar la industria textil mediante la extracción de cáñamo.
1959	Operan en Medellín laboratorios de refinamiento de cocaína, morfina y heroína.
Años sesenta y setenta	Con motivo de la irrupción de los movimientos juveniles, sociales, culturales y políticos, hay aumento en la demanda de marihuana.
1965-1982	Auge de la marihuana, en especial en la costa norte, y origen de la "bonanza marimbera" (1976-1985). Los cultivos comprometen a los departamentos de La Guajira, Cesar, Atlántico, Magdalena y Bolívar, y surge el "marimbero".
1965-1975	Gran migración de colombianos, principalmente del occidente, hacia los Estados Unidos.
1972-1975	Irrupción de la mafia de la cocaína inicialmente en Antioquia, y después en otras regiones del país.
1975-1982	Desarrollo y consolidación de la mafia de la cocaína; surgen cinco grandes focos de la mafia en Colombia, en su orden: el costeño, el antioqueño, el valluno, el central (o de "El Mexicano") y el oriental, lo mismo que el subgrupo quindiano de Carlos Lehder, y los mafiosos independientes.
1978-1987	Según censo, en Colombia hay 762.848 ciudadanos armados al amparo de salvoconductos, mientras en todo el país operan más de 90 compañías de seguridad privada que poseen licencia del Ministerio de Defensa Nacional y que han estado controladas por militares activos, exmilitares y hasta por algunos grupos mafiosos (*véase* anexo A).
Septiembre 14 de 1979	Se firma en Washington el Tratado de Extradición colombo-estadounidense.
1982-1984	Período de mayor producción e introducción de cocaína colombiana a los Estados Unidos.

1982-1987	Auge de los cultivos de coca en Vichada, Guainía, Meta, Guaviare, Vaupés, Caquetá, Amazonas, Putumayo, Nariño y Cauca.
1984-1985	Se inicia la llamada "guerra de los carteles"; las mafias antioqueña y valluna se enfrentan por el control de los mercados en Estados Unidos y por discrepancias surgidas después de la muerte del ministro Lara Bonilla.
1985-1989	Robo y secuestro de aeronaves en Colombia, presumiblemente para ser utilizadas en el transporte de cocaína. El fenómeno se intensifica a partir de 1987, y el Cessna 206 es el aparato de preferencia. Se estima un total de quince aeronaves desaparecidas.
Enero de 1985	Con Hernán Botero Moreno, Said y Nayid Pabón Jatter, y Marco Fidel Cadavid Calle, se llevan a cabo las primeras extradiciones de colombianos a los Estados Unidos.
1986-1989	Comienzo y consolidación de la llamada "conexión cubana"; utilización de puertos y aeropuertos cubanos para introducir cocaína a los Estados Unidos, según pacto sellado entre algunos militares cubanos y el grupo de Medellín.
1988-1991	Posicionamiento de la mafia colombiana como gran refinadora y exportadora de cocaína. Auge de la importación de pasta boliviana y peruana para su refinamiento en Colombia.

Fases de la mal llamada "guerra" entre el Estado y el narcotráfico

Si hasta 1989 a Colombia ingresaba apenas un 0,7% de los dólares generados por la industria mundial de la "droga" en la que participan más de 41 naciones, ¿cómo puede explicarse entonces la relevancia del país en el contexto mundial? Varias respuestas han sido planteadas para resolver esta inquietud, pero tal vez la más acertada es la que alude a la intensidad de la violencia que ha asistido al fenómeno de la cocaína en Colombia, violencia a la que se han opuesto varias guerras:

— Primera, la guerra de los narcos contra la justicia penal. Sus protagonistas: delincuentes, jueces y policías. Sus motivos: la aplicación de la ley a delitos ordinarios o atroces asociados con el tráfico (incluida, pero no reducida, a la extradición). Sus víctimas: siete magistrados, 41 jueces y más de 200 investigadores o auxiliares, desde 1979. Su tipo: violencia de intimidación contra el poder judicial.

— Segunda, la guerra entre los narcos convertidos en terratenientes y la izquierda política. Sus protagonistas principales: la Unión Patriótica y los paramilitares. Sus motivos: desde los enfrentamientos con las FARC a raíz del "impuesto" a la coca, hasta la "cruzada" anticomunista. Sus víctimas: Jaime Pardo Leal, 840 activistas de la UP, periodistas y dirigentes demócratas. Su tipo: violencia política contra la izquierda.

— Tercera, la guerra entre un sector narco y un sector de la élite tradicional. Sus protagonistas esenciales: *cártel* de Medellín y el Nuevo Liberalismo. Sus motivos: la infiltración del narcodinero en la política (debates del ministro Lara, Pablo Escobar expulsado del galanismo...) y la extradición (caso Botero). Sus víctimas: de Rodrigo Lara a Guillermo Cano, de Enrique Parejo a Luis Carlos Galán. Su tipo: violencia política contra la élite.

A estas guerras se han sumado las locales de Medellín y las de las esmeraldas de Muzo, la violencia ejercida por distintos movimientos guerrilleros y contra éstos, y la violencia de un grupo de la mafia contra otro. Todas interactúan y hasta se confunden a veces, pero son distintas porque son diversos sus intereses, sus interlocutores, sus escenarios y sus objetivos.

Primera fase
(Diciembre de 1983 - Agosto de 1989)

La mafia ataca personalidades políticas. Se mantiene la alianza entre el Estado y los "narcotraficantes", quienes juntos lanzan una campaña de terrorismo contra las masas campesinas en las zonas de cultivo de coca y en los sitios de los laboratorios de procesamiento de la cocaína. Asesinatos en masa de campesinos, jueces, militantes de la Unión Patriótica, UP (de tendencia soviética). La "guerra" se centra en Urabá, Magdalena Medio y Llanos Orientales.

Hechos sobresalientes en esta fase:

Diciembre de 1983	Formación de grupos de campesinos armados, financiados por los ganaderos del Magdalena Medio para impedir la acción de las guerrillas (FARC). Este hecho marca el nacimiento de las "autodefensas", financiadas por Acdegam y apoyadas y armadas por el Batallón Bárbula, con sede en Puerto Boyacá.
Abril 30 de 1984	Asesinado Rodrigo Lara Bonilla, ministro de Justicia.
Mayo de 1984	Diálogo en Panamá entre el expresidente Alfonso López Michelsen y el procurador general de la nación Carlos Jiménez Gómez, con el jefe del grupo mafioso de Medellín, Pablo Escobar Gaviria. Como observador asistió Jaime Bateman Cayón (hoy fallecido), para la fecha comandante máximo del Movimiento 19 de Abril, M-19.
Enero-Abril de 1985	Se concreta el apoyo permanente de los ganaderos y el ejército a las "autodefensas" del Magdalena Medio. Luego de erradicar frentes guerrilleros de las FARC, las "autodefensas" se consolidan como cuerpos armados estables en la zona.
Junio de 1985	Primeras conversaciones de las "autodefensas" con los "narcotraficantes".
Agosto de 1985	Las "autodefensas" inician la vigilancia y protección de las fincas productores de hoja de coca y de los laboratorios de procesamiento de cocaína en el Magdalena Medio y en el Caquetá, en los llanos del Yarí.
Agosto 15 de 1986	Jorge Luis Ochoa, uno de los cinco jefes del núcleo de Medellín, es liberado "provisionalmente" de la cárcel, tras ser extraditado a Colombia desde España. Ochoa desaparece.
Septiembre 1º de 1986	Asesinado Pedro Nel Jiménez Obando, senador de la UP.
Octubre 21 de 1986	El gobierno de Barco decreta una amplia reforma y amnistía tributaria, la cual, según declaraciones públicas del ministro de Hacienda César Gaviria Trujillo, les permitiría a los "narcotraficantes" nacionalizar sus miles de millones de dólares sin pagar impuestos o explicar el origen del dinero.

Octubre de 1986	El Consejo Nacional de Estupefacientes, dependencia del Ministerio de Justicia, recomienda suspender el programa modelo colombiano de erradicación de los cultivos de coca y marihuana con los herbicidas *paraquat* y *glifosato*.
Noviembre 17 de 1986	Asesinato del coronel Jaime Ramírez Gómez, jefe de la División Antinarcóticos de la Policía Nacional. Argumentando que no había muerto "en combate", el Ministerio de Defensa le niega el ascenso póstumo.
Diciembre 1º de 1986	El magistrado Samuel Buitrago Hurtado, presidente del Consejo de Estado colombiano (cuerpo del ejecutivo que asesora a éste en asuntos constitucionales), denuncia por televisión el Tratado de Extradición colombo-estadounidense firmado en 1979, por "anticonstitucional" y "antipatriótico", y aboga por la legalización del "narcotráfico". El procurador general de la nación, Carlos Mauro Hoyos, responde al magistrado Buitrago Hurtado declarando que "ésta no es forma de acabar con el narcotráfico".
Diciembre 12 de 1986	Con el argumento técnico de que es "inexequible", la Corte Suprema colombiana anula el Tratado de Extradición colombo-estadounidense.
Diciembre 17 de 1986	Asesinado en Bogotá Guillermo Cano, director del diario *El Espectador*.
1985-1989	Ampliación, desarrollo y entrenamiento de las "autodefensas" o grupos paramilitares, armados y entrenados por el ejército y por asesores mercenarios israelíes, ingleses y surafricanos. A mediados de 1989 los paramilitares tenían 11.000 hombres organizados en aproximadamente 134 bandas. El ministro de Gobierno en ese entonces era el actual presidente de la república, César Gaviria Trujillo (*véase* anexo B).
Febrero de 1987	La Corte Suprema anula un decreto de emergencia para poner bajo jurisdicción de las autoridades militares los juicios a "narcotraficantes".
Junio de 1987	El presidente Barco rechaza las solicitudes estadounidenses de extradición de tres "narcotraficantes", entre ellos Gilberto Rodríguez Orejuela, financista principal del grupo de Cali, asociado también al de Medellín.

Junio 25 de 1987	La Corte Suprema consigue romper un empate en votos en el debate sobre la "exequibilidad" del Tratado de Extradición colombo-estadounidense, y lo anula.
Julio 23 de 1987	El gobierno de Barco anula las órdenes de captura y extradición dictadas contra los jefes máximos del núcleo de Medellín.
Julio de 1987	Un juez dictamina que hay "insuficientes pruebas" para acusar a los jefes del grupo de Medellín del asesinato del ministro de Justicia Rodrigo Lara Bonilla acaecido en abril de 1984.
	Gilberto Rodríguez Orejuela es declarado inocente de acusaciones de "narcotráfico" y sale de la cárcel. Germán Montoya, secretario de la presidencia de la república, es acusado de vínculos financieros con Gilberto Rodríguez Orejuela.
Septiembre de 1987	Tras una violenta arremetida terrorista en el país, los militares colombianos exigen que se les aumente el presupuesto de entrenamiento y apertrechamiento para responder a las crecientes amenazas a la seguridad del país. El Ministerio de Hacienda responde negativamente, arguyendo que los aumentos que piden las fuerzas armadas serían "traumáticos" para la política fiscal del gobierno.
Octubre-Noviembre de 1987	Bomba en el Ministerio de Defensa.
Octubre 7 de 1987	Con la matanza de Puerto Boyacá comienzan los genocidios: allí desaparecen 17 comerciantes, posteriormente hallados en una fosa común.
Octubre 14 de 1987	Asesinado Jaime Pardo Leal, candidato a la presidencia de la república por la UP.
Noviembre de 1987	Un juez encuentra que hay "insuficientes pruebas" para acusar a los jefes del núcleo de Medellín del asesinato de Guillermo Cano, director del diario *El Espectador*, muerto en diciembre de 1986.
Noviembre 23 de 1987	Dos días después de la captura de Jorge Luis Ochoa Vásquez, del grupo de Medellín, el gobierno de Barco rescinde la orden de captura que pesa contra él aceptando los argumentos de los abogados de Ochoa de que la invalidez del Tratado de Extradición anula todas las órdenes de captura a las que dio lugar.

Diciembre 19 de 1987	El gobierno de Barco niega públicamente que haya autorizado negociaciones con el núcleo de Medellín.
Diciembre 30 de 1987	En virtud de un *hábeas corpus*, Jorge Luis Ochoa sale de La Picota, penitenciaría bogotana de máxima seguridad, a pesar de las acusaciones por las que Estados Unidos presentó su solicitud de extradición.
Enero de 1988	Comienzan las ofensivas de espionaje y contraespionaje entre los grupos mafiosos de Medellín y Cali. Pablo Escobar descubre y secuestra a cinco militares retirados, integrantes del servicio de espionaje del grupo de Cali, que hace entonces una propuesta de paz. Aparentemente, fue el incumplimiento de las condiciones exigidas por Escobar la causa del posterior asesinato de los cinco exmilitares, quienes aparecieron muertos pocos días después con una cartulina sobre el cuerpo, en la cual decía: "Miembros del *cartel* de Cali ejecutados por intentar atentar contra personas de Medellín".
Enero 4 de 1988	Enrique Low Murtra ofrece a la ciudadanía explicación de los motivos por los cuales Ochoa fue puesto en libertad.
Enero 13 de 1988	Frente al edificio Mónaco de la ciudad de Medellín, propiedad de Pablo Escobar y lugar de residencia de su familia, estallan 700 kilos de dinamita que dejan semidestruida la construcción, pero no muertos.
	A pesar de que el grupo de Cali insiste en negar la responsabilidad del atentado, el hecho desata la guerra abierta entre los núcleos de las mafias de Medellín y Cali. Escobar afirma que se han metido con él y con su familia (contemplado en las reglas de la "organización" como un impedimento) y que su pequeña hija ha quedado con serias lesiones auditivas.
Enero 18 de 1988	Es secuestrado Andrés Pastrana, hijo del expresidente Misael Pastrana Borrero.
Enero 25 1988	Cuando se disponía a regresar a Bogotá, en Medellín es secuestrado Carlos Mauro Hoyos, procurador general de la nación. Mientras se realiza un operativo para su rescate, es asesinado en la misma ciudad.
	Al tiempo que se desarrolla el operativo, de manera casual es encontrado Andrés Pastrana, quien sale ileso.
Febrero 18 de 1988	Se lleva a cabo una ofensiva contra los negocios y propiedades del núcleo de la mafia de Cali.

	En Medellín es incendiada una sucursal de la cadena de Drogas La Rebaja.
	A partir de este mes se cometen aproximadamente cuarenta atentados dinamiteros contra esta cadena de droguerías y diez más contra el Grupo Radial Colombiano, ambas empresas pertenecientes a la familia Rodríguez Orejuela, que de tiempo atrás viene siendo relacionada con el grupo de Cali.
Abril 3 de 1988	Asesinados 38 campesinos en La Mejor Esquina (Córdoba); se argumenta que prestaban apoyo a la guerrilla.
Abril 11 de 1988	Asesinados 12 pescadores y recolectores de banano en Punta Coquitos (Turbo, Urabá).
Julio 3 de 1988	En El Castillo (Meta) son asesinados 16 labriegos sindicados de apoyar a la UP.
Septiembre 1º de 1988	Diálogo cartel-gobierno. Acuerdo entre el exministro Vallejo y Germán Montoya Vélez (secretario de la presidencia), por parte del gobierno, con Guido Parra, abogado del *cartel* de Medellín.
	Anuncio público del "plan de paz" del gobierno; en él han sido incluidos las guerrillas y otros "violentos".
Septiembre 15 de 1988	Carta de Los Extraditables al gobierno, ofreciendo negociación, entrega de armas, laboratorios, explosivos y repatriación de capitales, a cambio de garantías de no aplicación de la extradición, indulto, amnistía y fin de allanamientos. Igualmente, ofrecen retirarse del negocio de la "droga" y dedicarse a otra actividad.
	La administración Bush se opone al diálogo con la mafia y a todo tipo de acuerdos.
Septiembre - Diciembre de 1988	Presión económica y política de los Estados Unidos al gobierno de Colombia para obstaculizar diálogos y acuerdos con la mafia.
	Retención de exportaciones colombianas en aduanas de Estados Unidos y destrucción sistemática de productos colombianos tales como flores, café y banano, como táctica útil cada vez que se quiere presionar al gobierno.
	Retención de aviones de carga de Avianca, Tampa y otras líneas aéreas, en aeropuertos de los Estados Unidos.
	Revisiones desacostumbradas a barcos, aviones y pasajeros colombianos. Hostilización sistemática a toda persona o carga procedente de Colombia.

Enero 16 de 1989	En La Rochela (Santander) son asesinados 12 jueces de Instrucción Criminal que investigaban las muertes de jueces y campesinos de la región.
Febrero 4 de 1989	Asesinato de cinco personas en Santa Rosa de Cabal (Risaralda).
Febrero 27 de 1989	Asesinato de Gilberto Molina, uno de los dueños del negocio de esmeraldas, junto con 18 personas más, en la finca La Paz, situada en Sasaima (Cundinamarca). Se desata desde entonces una feroz guerra por el control de este negocio.
Febrero 27 de 1989	Asesinado en Bogotá Teófilo Forero, miembro del Comité Central del PCC (de tendencia soviética) y secretario de organización del mismo PCC.
Marzo 30 de 1989	En el aeropuerto Eldorado de Bogotá es asesinado José Antequera, secretario general de la Juventud Comunista, JUCO (de tendencia soviética), miembro de la UP y del Comité Central del PCC. En el mismo atentado es herido de gravedad Ernesto Samper Pizano, precandidato presidencial por el Partido Liberal.
Julio 4 de 1989	Asesinado en Medellín Antonio Roldán, gobernador de Antioquia.
Junio-Agosto de 1989	Escalada de asesinatos de jueces, magistrados, campesinos y militantes de la UP.
Agosto 18 de 1989	Asesinados en Medellín el coronel Valdemar Franklin Quintero, comandante de la Policía Metropolitana, y en Bogotá Luis Carlos Galán S., candidato a la presidencia por la fracción del Partido Liberal denominada Nuevo Liberalismo. Decretos extraordinarios de estado de sitio. Militarización de Bogotá, Medellín y otras ciudades. Rompimiento del diálogo llevado a cabo entre la mafia y el gobierno. Declaratoria de guerra total al cartel por parte del gobierno.

Segunda fase
(Agosto 18 de 1989 - Enero de 1990)

Guerra total que se centra en las principales ciudades (Bogotá, Medellín, Cali, Pereira).

El núcleo de la mafia de Medellín ataca a personalidades de la vida política, el aparato productivo y financiero del Estado, y de las clases dominantes, por sectores.

El gobierno, a su vez, ataca a los "narcotraficantes" con "expropiación" de sus bienes y con persecución a los jefes de la mafia.

Hechos sobresalientes en esta fase:

Agosto 18 de 1989	Decretos de estado de sitio, orden indiscriminada para realizar allanamientos, requisas, expropiación de propiedades de los "narcotraficantes": aviones, avionetas, helicópteros, fincas, automóviles, apartamentos y cuentas corrientes en Colombia y en el extranjero. Declaratoria de guerra total del gobierno contra el cartel.
Agosto 23 de 1989	Declaratoria de guerra total del cartel contra el Estado.
Agosto 18 - Octubre 1º de 1989	Ochenta y cinco atentados dinamiteros de la mafia en ciudades como Cali, Medellín, Barranquilla, Cartagena y Bogotá, contra bancos, corporaciones financieras, sedes de campañas electorales de los partidos Liberal y Conservador, hoteles y restaurantes de lujo, periódicos, centros comerciales, etc., con el objeto de afectar fuertemente el aparato productivo del Estado. El gobierno responde con detenciones masivas de población que en menos de dos semanas ascienden a una cifra de 20.000; allanamientos de las propiedades más conocidas de la mafia en Medellín, Magdalena Medio, Cundinamarca, Llanos Orientales, Costa Atlántica y Bogotá. Allanamiento de laboratorios de refinamiento de cocaína; decomiso de más de 250 avionetas, 60 helicópteros, varios barcos y yates, y gran cantidad de automóviles; decomiso de miles de kilos de cocaína y pasta de coca, dólares, armas, dinamita, armas de corto y largo alcance, equipos de comunicación, etc.
Agosto 25 de 1989	Transmisión a todo el país, en directo por televisión, de la alocución de Bush en la que plantea su estrategia de "guerra contra la droga", y ofrece al gobierno de Colombia 65 millones de dólares como ayuda para "combatir el narcotráfico".
Septiembre 3 de 1989	Camión bomba con cien kilos de dinamita explota en Bogotá frente a la dirección del diario *El Espectador*.

Septiembre 4 de 1989	Llega a Colombia parte de los 65 millones de dólares ofrecidos por los Estados Unidos para "combatir el narcotráfico", o primeras "ayudas" prometidas para desarrollar la estrategia de "guerra contra la droga". Arriban a Bogotá dos aviones Hércules C-130-B norteamericanos con asistencia militar incluida, repuestos de turbinas, comunicaciones, etc., para ocho aviones A-37 que el mismo día llegaron a Barranquilla. También arribaron cinco helicópteros UH-1 con equipo contraguerrilla y diversa dotación para las fuerzas armadas (armamento, chalecos antibalas, etc.). Más tarde llegaron camperos, camiones y otros vehículos, equipos de laboratorio con destino al cuerpo técnico de la policía judicial, equipo de espionaje y contraespionaje, aparatos electrónicos de penetración, interceptación y grabación.
Septiembre 14 de 1989	Polémica sobre posible invasión de Estados Unidos a Colombia, y el presidente Barco afirma necesitar asesores militares pero no desear tropas norteamericanas. En este día llegan cerca de cien de los muchos asesores solicitados, y a partir de la fecha diariamente llegan al país grupos conformados por cinco a ocho asesores militares norteamericanos acompañados de equipos de comunicaciones y radares que habrían de instalarse en San Andrés, Santander y los Llanos Orientales para "interceptar" las rutas de la "droga", y así lograr establecer un control aéreo sobre el país y las rutas por el Caribe.
Septiembre de 1989	Campaña de opinión de los medios de comunicación sobre la "conveniencia" de que el país acepte los asesores militares norteamericanos, los *Boinas Verdes*, en la cual se sostiene que la soberanía del país no se perderá ya que la efectividad de las fuerzas armadas para combatir el "narcotráfico" está comprobada.
Octubre - Noviembre de 1989	Con el pretexto de "guerra contra la droga", arrecia la represión en todo el país: allanamientos, detenciones, retenes militares, imposición del toque de queda en Medellín, formación del Cuerpo Élite de la policía y la brigada móvil del ejército. Con esto se inicia la campaña de cerco y detención, desmonte y desarticulación de algunos de los grupos paramilitares financiados por los "narcotraficantes" y de las escuelas de entrenamiento de "sicarios".

	Acciones efectivas en el Magdalena Medio, Cundinamarca, Santander, los Llanos Orientales y la Costa Atlántica.
Noviembre 27 de 1989	A escasos minutos de haber despegado explota el avión de Avianca con matrícula HK-1803, vuelo 203, con destino a Cali. Una bomba de explosivo plástico de alto poder lo partió en tres partes, cayendo en las afueras de Bogotá; 107 muertos.
	El cartel es culpado de este atentado pero lo desmiente; el ejército está implicado.
Diciembre 1º de 1989	Ofensiva política de la mafia para incluir la no extradición en la reforma constitucional.
Diciembre 4 de 1989	Contraofensiva del gobierno a través del ministro delegatario, Carlos Lemos Simmonds, para que la no extradición no quedara incluida en la reforma. Adición al proyecto de reforma, artículos sobre la circunscripción electoral "especial" a nivel nacional, para incluir en las elecciones al M-19 y apuntalar el plan de paz de Barco.
Diciembre 6 de 1989	Bomba al Departamento Administrativo de Seguridad, DAS, en Bogotá. Un bus cargado con 500 kilos de dinamita deja un saldo de 65 muertos, más de 600 heridos, y las casas y edificios en dos km a la redonda semidestruidos. Culpado el cartel, pero éste desmiente la acusación. La DEA está comprometida.
Diciembre 5-15 de 1989	Intensos debates en el Congreso que terminan por hundir la reforma constitucional.
	Gran satisfacción del gobierno; en esta fase de la guerra el cartel es derrotado políticamente.
Diciembre 15 de 1989	En cercanías de Cartagena es cercado y muerto José Gonzalo Rodríguez Gacha, jefe militar de la mafia. Junto con él se da muerte también a su hijo y a cinco de sus guardaespaldas. Según información extraoficial, la acción fue realizada por un comando extranjero.
	Euforia en el Estado por el triunfo político y militar alcanzado sobre la mafia.
Diciembre 19 de 1989	Con el objeto de presionar al gobierno al diálogo y a una nueva ronda de conversaciones, la mafia secuestra al hijo del secretario de la presidencia de la república, junto con 18 personas más, entre las que se cuentan industriales de Medellín y familiares del presidente Barco.

Tercera fase
(Diciembre de 1989 - Marzo de 1990)

Guerra diplomática; la mafia propone diálogo, negociación, amnistía. El gobierno de Barco y los Estados Unidos manejan el frente diplomático mundial para obligar la entrega de los mafiosos. El Estado negocia con la mafia en forma secreta pero ante la sociedad la enfrenta.

Barco viaja a Europa; allí recibe apoyo mundial.

Hechos sobresalientes en esta fase:

Diciembre 15 de 1989	Como resultado de operativos iniciados en Bolívar, Córdoba y Sucre, cerca de Coveñas, en el kilómetro dos de la carretera que de Tolú conduce a Sincelejo, en la finca El Tesoro, son asesinados José Gonzalo Rodríguez Gacha y su hijo Freddy Rodríguez Celades, junto con Jorge Eliécer Valencia Gómez, Édgar Arturo Hoyos Vélez, y dos personas más sin identificar. Rodríguez Gacha se había constituido en el abanderado de la lucha militar de Los Extraditables, y era reconocido como el segundo de la "organización" en Colombia. Se habla de que Jorge Velásquez, alias "El Navegante", miembro del núcleo mafioso de Cali, habría proporcionado las informaciones que permitieron a las autoridades dar con el paradero de "El Mexicano".
Diciembre 21 de 1989	Invasión a Panamá por tropas estadounidenses; acusado por los Estados Unidos de servir de nexo del grupo mafioso de Medellín, es detenido el general Noriega. Arrasamiento de Ciudad de Panamá; saqueos y asesinatos de población en masa. Entrenamiento de tropas para invasiones y pruebas de armamento sofisticado.
Finales de diciembre de 1989	Inicio de los contactos entre el gobierno y la mafia con el fin de lograr la liberación del hijo del secretario de la presidencia.
Enero - Marzo 1990	Campaña de opinión dede Estados Unidos sobre la necesidad de bloquear aérea y navalmente el mar Caribe, para "impedir" así el tráfico de "droga" por avión o barco. En enero de 1990 son enviados al mar Caribe el portaviones estadounidense Kennedy y una flota; las protes-

	tas de los gobiernos de la zona logran su retiro. En marzo de 1990, con los ejercicios militares en Panamá y el Caribe, nuevamente se plantea en forma pública el asunto.
	Más envío de asesores militares a Colombia, Perú y Bolivia; propuesta de los Estados Unidos para fumigar los cultivos de coca con defoliantes y con la "malumbia" (el gusano que come hoja de coca).
Enero 10 de 1990	Los Notables redactan el documento firmado por los expresidentes Pastrana, López, Turbay y Mosquera Chaux, en el que llaman a la mafia a la entrega, ofreciéndoles como garantía el respeto por sus vidas y sus posesiones.
Enero 11 de 1990	Respuesta de la mafia con el documento "Los Extraditables" en el que reconocen su derrota militar y política, y plantean la rendición.
	La mafia ofrece la entrega de laboratorios, armas, dinero y pistas, lo mismo que abandonar el "narcotráfico" y desmontar la "organización", a cambio del respeto por sus vidas y las de sus familiares, y de dar fin a la extradición.
Enero 22 de 1990	Liberación de los secuestrados en manos de la mafia, incluyendo al hijo de Montoya Vélez, Montoya Escobar.
Febrero 15 de 1990	"Cumbre antidroga" realizada en Cartagena con asistencia de George Bush, presidente de Estados Unidos, y los presidentes de Colombia (Virgilio Barco), Perú (Alan García) y Bolivia (Jaime Paz Zamora). Estados Unidos "dona" 2.200 millones de dólares para ayudar a estos tres países andinos en la "guerra contra la droga". Promesas de ayuda por parte de los Estados Unidos, y acuerdo total en relación con la exigencia de aceptación de intervención militar norteamericana en estos países.
Febrero - Marzo de 1990	La mafia entrega laboratorios y pistas abandonadas, caletas con armas, explosivos y dinero. La respuesta de la policía y el ejército es agudizar la campaña de hostigamiento contra la mafia.
	Se rompe nuevamente toda posibilidad de negociación.
Marzo de 1990	Los medios de comunicación informaron sobre una orden de congelación contra varios cientos de cuentas bancarias en dólares, pertenecientes en su mayor parte a colombianos residentes en Estados Unidos. Las autori-

	dades norteamericanas se han ocupado de perfeccionar los resultados de la operación "Capa Polar", uno de los golpes más importantes contra el lavado de dólares, que ha dejado como consecuencia más de seiscientas cuentas involucradas en el espectacular operativo judicial contra Pablo Escobar.
Marzo 23 de 1990	En el puente aéreo de Bogotá es asesinado el presidente de la Unión Patriótica, Bernardo Jaramillo Ossa. Se culpa a la mafia, la que desmiente la acusación aludiendo el hecho de que Jaramillo Ossa estaba a favor de la no extradición, y dando cuenta de una entrevista realizada con él pocos días antes de su asesinato. El día anterior a la muerte de Jaramillo Ossa, el ministro de Gobierno Lemos Simmonds había acusado a la UP de ser el brazo legal de las FARC. Se conoce que las alarmas no funcionaron, los detectores de metales estaban dañados, y no se encontró seguridad en el aeropuerto. Se habla de que los escoltas reaccionaron tarde "pues no estaban preparados". Clamor nacional culpando al gobierno por el tercer asesinato de un candidato presidencial.
Marzo 25 de 1990	Cae el ministro de Gobierno Carlos Lemos S., quien denuncia negociaciones secretas entre el gobierno y la mafia.

Cuarta fase (Marzo - Agosto de 1990)

La "guerra" se centra en Medellín: toma como blanco al aparato represivo del Estado y como centro a los cuerpos de élite. El Estado responde con acciones tendientes a cercar la dirección de la mafia, reprimiendo a las masas con detenciones, torturas, desapariciones y asesinatos.

Hechos sobresalientes en esta fase:

Marzo 8 de 1990	El M-19 se desmoviliza y entrega sus armas, negociando de esta manera con el gobierno de Barco.
Marzo 29 de 1990	En Chigorodó (Urabá) son asesinados cinco campesinos.

	Enfrentamientos entre el ELN y la III Brigada en el Valle del Cauca.
	Masacres en Trujillo.
	Declaración de guerra por parte de la mafia.
Abril 26 de 1990	A escasos minutos de vuelo, en un avión que despegó de Bogotá, fue asesinado Carlos Pizarro Leongómez, comandante del M-19 y candidato presidencial por la Alianza Democrática M-19.
	Pizarro fue el cuarto candidato presidencial asesinado, y el tercero en menos de un año.
	Como en otras ocasiones fue culpada la mafia, que nuevamente desmiente la acusación y demuestra las alianzas que de tiempo atrás tenía con el M-19.
	Al igual que en el caso de Jaramillo Ossa, se dice que tanto las alarmas como los detectores del aeropuerto estaban "dañados". El arma fue colocada en el interior del avión. Implicados el DAS y el ejército. Antonio Navarro Wolff remplaza a Pizarro en la dirección del M-19 y declara que la mafia no mató a su líder.
	Toda oposición al régimen es barrida.
Mayo 6 de 1990	Foro de estudiantes en favor de la Constituyente.
	La violencia provoca huida de campesinos de sus tierras en Sucre.
	Fuertes enfrentamientos entre el EPL y la brigada móvil del Ejército dejan más de cien guerrilleros muertos y varios de sus campamentos arrasados.
	El EPL entra en conversaciones de "paz".
Abril - Mayo de 1990	Arrecia campaña "antidrogas" del ejército y la policía. Con la excusa de defender las elecciones presidenciales del 27 de mayo allanan locales, oficinas, edificios de apartamentos, residencias y hoteles, bares y prostíbulos. Detienen a numerosos "sospechosos" de pertenecer a la mafia. Brutal campaña "antiterrorista" contra las masas, en ciudades como Cali, Medellín y Bogotá.
	Se lanza la campaña "Plan Democracia".
Mayo 15 - 20 de 1990	Serie de explosiones en varios barrios populares de Bogotá y Medellín; dinamitados centros comerciales de Bogotá como el de Niza, al norte de la capital.
	Atentados fallidos a Unicentro y Bulevar Niza, a universidades, etc. En Bogotá, carros bomba en barrios de pe-

	queña burguesía, media y alta, con el objeto de aterrorizar a la población y crear zozobra antes de las elecciones.
	Ofensivas guerrilleras por todo el país.
Mayo 27 de 1990	Elecciones presidenciales en medio de la militarización, atentados dinamiteros y detenciones masivas.
	Con tan sólo algo más de 2,5 millones de votos César Gaviria, candidato por el Partido Liberal, resulta elegido para el período 1990-1994. Concluye así una campaña electoral que deja cuatro candidatos asesinados, el retiro de la UP de las elecciones, y la más alta abstención (68%) de los últimos cincuenta años.
Mayo - Julio de 1990	Campaña de terror en Medellín: asesinatos masivos y repetidos de jóvenes, mujeres y niños.
	Evidencias demuestran que la policía es la artífice de estas matanzas, y que lo hace como represalia por los asesinatos de agentes a manos de la mafia, "organización" que ofrece hasta dos millones de pesos por la muerte de un policía, cinco por la de un miembro del comando élite, y hasta veinte por atentados a unidades de más de ocho comandos élite.
	Bombas en Medellín contra buses y camiones militares y de la policía.
Julio 1º de 1990	El decreto de estado de sitio 1336 exigía el empadronamiento de toda la ciudadanía en los CAI. Para tratar de frenar las ejecuciones de policías en Medellín, el gobierno anuncia una desesperada medida según la cual todo jefe de familia debe declarar con quién vive y dónde trabaja, informar el cambio de dirección, para dónde se va, quién lo visita y por cuánto tiempo, etc.; la medida despierta la protesta de la ciudadanía de todo el país, y el decreto cae en los días siguientes.
Junio 27 de 1990	George Bush, presidente de los Estados Unidos, presenta su "nueva iniciativa para las Américas", una visión de "amplio" alcance: ¡una zona de libre comercio en todo el continente!
	Para lograrla rápidamente, está "dispuesto" a realizar acuerdos bilaterales de libre comercio entre los Estados Unidos y cada país americano, como ya lo hizo con Canadá, o acuerdos comerciales que vayan en esa dirección, como lo hizo con México y Bolivia.

Este proceder se enmarca dentro de la estrategia continental para enlazar más a América Latina; si el país no acoge la "iniciativa", habrá que quedarse por fuera de los grandes bloques mundiales de intercambio.

Para realizar esta "iniciativa", Estados Unidos propone cuatro atractivas alternativas: un programa de préstamos sectoriales de inversión; un fondo de inversión multilateral; el alivio de la deuda externa; apoyo a proyectos de defensa del medio ambiente. Todas las cuatro posibilidades se hallan condicionadas a amplios procesos de privatización y apertura a la inversión extranjera, para, según sus propias palabras, crear un "clima atractivo" a la inversión privada extranjera en América Latina.

Como pilares de la financiación y la inversión son incluidos, entonces, el Banco Interamericano de Desarrollo, BID, el Fondo Monetario Internacional, FMI, y el Banco Mundial, que actuarán coordinados con el Plan Brady de privatización de la deuda externa.

En esta nueva asociación económica, la prosperidad dependerá del comercio y no de la ayuda.

Julio de 1990 Medellín es militarizado para frenar las muertes de policías y "los asesinatos de jóvenes"; a esta ciudad son enviados más de quince mil soldados, la mayoría cuerpos *élite* nuevos (caso de la brigada móvil Los Cobras, trasladados a Urabá después de reducir al EPL). Cercos y allanamientos casa por casa como los efectuados a comienzos de julio de 1990 a la comuna nororiental, son realizados a barrios completos. Detención de cualquier persona que pueda ser "sospechosa" de apoyar a la mafia o pertenecer a la guerrilla.

Los jóvenes son considerados "potencialmente sicarios"; circulan volantes llamando a la población a guardarse en sus casas después de las 9:00 p.m., so pena de muerte.

No obstante el despliegue de fuerza del ejército, la situación en Medellín está fuera de su control; continúa la destrucción de CAI con bombas, y la explosión de carros bomba.

Bajo sospecha de haber organizado las bandas de policías que asesinaban jóvenes en las esquinas de los ba-

	rrios populares de Medellín, son destituidos de sus cargos los directores de la policía nacional y la policía de Medellín.
	Desprestigio de la policía ante la opinión pública. Denuncia del ministro de Defensa en la que se afirma la existencia de grupos de policías matando policías.
Julio 12 de 1990	Luego de seis años de guerra y más de 3.500 muertos, se firma el acuerdo preliminar de paz en la "guerra de las esmeraldas".
	En Quípama, reunión de representantes de las cuatro familias (Carranza, López, Vargas y Murcia) que controlan el negocio de las esmeraldas.
	Realización de Asamblea Nacional del M-19 a la que se invita al representante político de las "autodefensas" del Magdalena Medio, quien declara que "fue el Estado quien organizó, armó y financió las autodefensas, y que el gobierno consideró que en ese tiempo, 1984, el problema principal era la guerrilla, y que se debía destruir". Afirmó que "no entregarán las armas sino que las devolverán".
	Avanzan los "acuerdos de paz" entre el gobierno y el EPL, Quintín Lame y PRT, tanto para la desmovilización y entrega de armas, como para el ingreso a la Alianza Democrática M-19 (de corte socialdemócrata).
	Se reanudan las matanzas en Córdoba y Urabá.
Julio 15 de 1990	La revista *Newsweek* publica el plan del Pentágono para la intervención directa de los Estados Unidos en Perú, Bolivia y Colombia; consideran que el gobierno de este último país no les ha solucionado el problema de la "guerra contra la droga".
Julio 15 - 19 de 1990	Realización de la operación "Apocalipsis 2", efectuada por los comandos *élite* de la policía con el apoyo táctico "indirecto" del ejército, cuyo objetivo es cercar y detener a Pablo Escobar, cabeza de la mafia. Mientras se lleva a cabo una operación militar (más de 2.000 policías recorren el Magdalena Medio en busca de Escobar, "encontrando" caletas, equipos de comunicaciones y transporte, dólares, depósitos de alimentos y armas), se adelanta una ofensiva de hostigamiento contra personas de reconocida vinculación con el núcleo mafioso de Medellín, como el abogado del mismo, Guido Parra, y el ante-

	rior alcalde de Envigado, quien es detenido por supuestas conversaciones con Pablo Escobar, de las cuales el DAS dice tener grabaciones.
	Detención de Roberto Escobar Taborda, acusado de ser el jefe de propaganda de la mafia, jefe de prensa y redactor de los comunicados de Los Extraditables.
Julio 16 de 1990	Se conoció que Antigua iba a ser utilizada como campo de entrenamiento de comandos al servicio del núcleo mafioso de Medellín. El instructor y organizador de este proyecto era el excoronel Yair Klein, mercenario israelí que entrenó a las "autodefensas" del Magdalena Medio, al servicio de la mafia.
Julio 24 de 1990	Asesinada en Apartadó (Urabá) la procuradora regional (encargada), junto con su escolta. La investigación señaló a "informantes" del ejército junto con expolicías como los autores materiales del crimen.
Julio 28 de 1990	Se ha confirmado que hasta la fecha, en 1990 se han realizado 517 acciones dinamiteras y se han asesinado, en sólo seis meses, 11.000 personas.
	Antonio Navarro Wolff nuevamente declaró que la mafia no asesinó a Pizarro; al día siguiente y a partir de las declaraciones del M-19, el general Maza Márquez, director del DAS, señala a esta "organización" como culpable del crimen.
	A través de un comunicado de Los Extraditables, la mafia llama nuevamente al diálogo y ofrece una tregua unilateral en demostración de buena voluntad ante el cambio de gobierno.
Julio 31 de 1990	Acuerdo entre los partidos tradicionales y el M-19 sobre el contenido de las deliberaciones de la Asamblea Nacional Constitucional, con base en un documento presentado por el presidente electo César Gaviria Trujillo a la "opinión pública".
Agosto de 1990	La política que hizo de la extradición el instrumento clave de la lucha contra la "droga" y la guerra planteada por el gobierno a la mafia, en términos de costo-beneficio ha dejado al país miles de muertos, víctimas inocentes.
	Se habla de que la política de extradición no ha sido un éxito, y aunque se afirma que la mafia va perdiendo la guerra y que está debilitada, que ha cedido terreno, el

terrorismo como acción extrema ha aumentado los atentados.

Según un documento oficial, la lista de la DEA acerca de cuentas sospechosas de lavado de dólares de la mafia colombiana en Estados Unidos se redujo a 85.

Agosto 1º de 1990 — Fidel Castaño (conocido comúnmente como "Rambo"), jefe de los paramilitares de Urabá, autor de innumerables masacres en toda la zona, dueño de varias fincas en las que se encontraron fosas comunes con cientos de cadáveres, "ofrece" entregar las armas de sus paramilitares para "contribuir" al proceso de paz de Barco, puesto que con la entrega del EPL "ya no es necesaria la existencia de las autodefensas para defenderse de la guerrilla". El gobierno aplaude este "gesto" de buena voluntad.

El presidente Barco manifiesta que es necesario esperar para ver"si esta vez sí cumplen".

Agosto 2 de 1990 — Los familiares de Los Extraditables logran que la Cruz Roja, médicos y Medicina Legal realicen una visita de inspección a los calabozos de la Dijín, en Bogotá.

Desde hace por lo menos seis meses, en celdas para detención de máximo 20 personas hay amontonadas hasta 50; las condiciones de salubridad son inexistentes y ese día se declara una "epidemia" de hepatitis B o de fiebre tifoidea.

Antes de la llegada de los periodistas algunos retenidos son enviados a diversos centros de detención, y otros son hospitalizados. A la medianoche son extraditados a Estados Unidos casi todos "los extraditables" en prisión, y los que se hallan enfermos serían enviados tan pronto salieran del hospital.

En forma escrita, el ministro Serpa comunica a Iván Roberto Duque, vocero de las "autodefensas" del Magdalena Medio, que su propuesta de diálogo y entrega de armas ha sido tenida en cuenta como contribución al proceso de "pacificación" del país. Gaviria, presidente electo, declara que "la guerra contra la droga" debe manejarse con una estrategia a largo plazo.

Agosto 3 de 1990 — César Gaviria declara que acepta el reto y que se compromete a "pacificar" a Colombia, para defenderla del terrorismo en todas sus manifestaciones.

Agosto 7 de 1990	Como nuevo mandatario de los colombianos se posesiona César Gaviria Trujillo, quien anunció que la extradición no va a ser ni la única ni la principal estrategia para combatir el "narcotráfico". Afirmó también que "la extradición es una herramienta de uso discrecional por parte del ejecutivo. Para hacer verdadero uso de esta discrecionalidad se requiere que antes desaparezca el terror y que dispongamos de un sistema judicial fortalecido". Igualmente, habló de dar inicio a una reforma de la justicia colombiana, y del fortalecimiento de la misma.
Agosto 11 de 1990	A pesar de haber sido dado de baja Gustavo Gaviria, primo hermano de Pablo Escobar (los dos habían iniciado "carrera" juntos), quien manejaba todos los hilos de la "organización" al mando de este último, y su contacto permanente con el mundo exterior, Escobar emite un comunicado en donde anuncia que aun tratándose de un asesinato a sangre fría, mantiene la tregua.
Agosto 30 de 1990	Diana Turbay Quintero, periodista directora de la revista *Hoy X Hoy*, socia del noticiero de televisión Criptón e hija del expresidente Julio César Turbay Ayala, es secuestrada junto con cinco personas más, entre periodistas y camarógrafos del mencionado noticiero.
Septiembre de 1990	Cuando se lleva a cabo una requisa, en su finca de Envigado es retenido por las autoridades Fabio Ochoa; en declaraciones informales a los periodistas refleja la posición de Los Extraditables, posiblemente basada en las afirmaciones que en su discurso de posesión hiciera el nuevo presidente de los colombianos, César Gaviria T., y dice: "Esta guerra se perdió, lo importante es que en la victoria no haya venganzas (...) Nosotros siempre hemos creído que tenemos derecho a una negociación como la que se está haciendo con la guerrilla (...) Pero bueno, aceptemos que toda esa lucha por una negociación fracasó y que no queda nada por hacer sino entregarse a la justicia... Pues se podría, siempre y cuando metan a la gente en la cárcel en Colombia. Si no los extraditan y si no los matan, yo creo que mucha gente se entregaría y aceptaría pagar la condena que le impusieran con tal de acabar de una vez por todas con esa pesadilla".

Septiembre de 1990 — El gobierno de César Gaviria expide el decreto 2047 en el que señala cuáles son los requisitos para que opere la no extradición de colombianos.

Como respuesta al decreto oficial y tal vez con el propósito de presionar al gobierno para empezar una negociación, Los Extraditables secuestran a Francisco Santos, jefe de redacción del diario *El Tiempo* e hijo de Hernando Santos, director de este periódico. Durante el secuestro resulta muerto el conductor del periodista.

El mismo grupo secuestra también a Marina Montoya de Pérez, hermana del exsecretario de la presidencia, Germán Montoya.

En un comunicado, Los Extraditables rechazan el decreto 2047 expedido por el gobierno, se atribuyen tanto los secuestros de Francisco Santos y Marina Montoya, como los de Diana Turbay y el grupo de periodistas y camarógrafos que la acompañaban, y comunican al gobierno y al país que no se van a entregar a la justicia colombiana y que exigen para la mafia una tratamiento como de delincuencia política y no común, un tratamiento político comparable al que se ha venido dando al M-19 y al EPL.

Septiembre 19 de 1990 — Los hermanos Gilberto y Miguel Rodríguez Orejuela, durante largo tiempo señalados como miembros del núcleo de la mafia de Cali, envían una carta al alcalde de Cali, Germán Villegas Villegas, en donde denuncian al grupo de Medellín de los atentados de que han sido víctimas ellos, sus familias y las empresas de su propiedad registradas como Drogas La Rebaja y Grupo Radial Colombiano. Igualmente, dicen haber establecido organismos de inteligencia puramente preventivos que les permiten aseverar con toda certeza que "está en marcha un plan para desestabilizar al gobierno regional y municipal" y que en días anteriores por diferentes caminos han llegado a Cali "más de veinte sicarios de la organización ya citada provistos de vehículos, dinamita, armas modernas y un plan específico para atentar contra eminentes personalidades vallecaucanas y, de contera, en acciones subsidiarias contra nosotros, nuestras familias y negocios...".

Septiembre 25 de 1990 — A las 7:15 de la noche, en la hacienda Villa de Legua, localizada aproximadamente a 30 km de la ciudad de Cali, en la vía entre Candelaria (departamento del Valle) y Puerto Tejada (departamento de Cauca), en cuya lujosa cancha de fútbol se jugaba uno de los dos partidos amistosos acostumbrados cada semana, tres vehículos con 23 hombres de origen antioqueño, fuertemente armados y vestidos con prendas de uso privativo del ejército y la policía, irrumpen y disparan en forma indiscriminada contra todos los presentes, dejando un total de 19 muertos.

Supuestamente, la matanza fue una venganza del cartel de Medellín contra el de Cali, operativo con el cual la "organización" paisa esperaba eliminar a sus enemigos.

Octubre de 1990 Los expresidentes Alfonso López Michelsen y Misael Pastrana Borrero, junto con el cardenal Mario Revollo y Diego Montaña Cuéllar, constituyen el grupo llamado Los Notables y ofrecen sus buenos oficios para servir de mediadores para las negociaciones del secuestro de los siete periodistas retenidos.

Octubre 7 de 1990 El ministro de Justicia Jaime Giraldo Ángel da a conocer la respuesta a una supuesta carta de un miembro de la mafia interesado en someterse a la ley "siempre y cuando le clarificaran algunos puntos".

En ella, el señor ministro pretende precisar y aclarar el alcance del decreto 2047, reducir los términos abstractos y jurídicos de la norma, y puntualizar su aplicación práctica, siendo lo más importante, tal vez, que reduce la órbita de aplicación de la extradición, precisa la "discrecionalidad" de la extradición de que hizo referencia el presidente de la república el día de su posesión.

Octubre 8 de 1990 Con el decreto 2372, el gobierno expide el primer decreto aclaratorio del Decreto 2047 de 5 de septiembre del mismo año.

Octubre 27 de 1990 Como respuesta al ofrecimiento de Los Notables de servir como mediadores para las negociaciones del secuestro de los siete periodistas, Guido Parra, quien en 1988 y 1989 sirviera de intermediario en los contactos que estableció el exsecretario general de la presidencia, Germán Montoya, con miembros del cartel de Medellín, envió una carta a este grupo en la que hace una propuesta sobre el tratamiento de la situación de Los Extraditables y de los periodistas secuestrados.

Octubre 30 de 1990 En un comunicado, Los Extraditables reivindican el secuestro de los siete periodistas.

Noviembre de 1990 Maruja Pachón de Villamizar, cuñada del asesinado líder político Luis Carlos Galán S., es secuestrada junto con su cuñada Beatriz Villamizar de Guerrero; en la acción es asesinado el conductor del vehículo en que se movilizaban. Según se rumora, el acto es la respuesta de Los Extraditables a la posición de Los Notables, quienes han señalado que dialogar no necesariamente implica compromisos con contraprestaciones.

Los voceros de Los Extraditables manifiestan que el gobierno sabe exactamente que lo que ellos quieren es diálogo directo, y que esperan más resultados que discursos al respecto; de la misma manera, amenazan con que si ese diálogo no se lleva a cabo pronto, la organización está dispuesta a realizar un sorteo para enviar a uno de los periodistas "entre un costal a la Casa de Nariño".

Noviembre 2 de 1990 En una misiva, Guido Parra habla de tres puntos concretos: primero, contemplar la posibilidad de revisar el decreto que hace posible la extradición por vía administrativa para los países con los cuales existe Tratado de Extradición; segundo, aplicar a la situación con los miembros de la mafia el mismo tratamiento que se le dio a la situación de orden público en 1957, es decir, darles a Los Extraditables un tratamiento político; tercero, la posibilidad de una rendición.

Plantea también la necesidad de aplicar los derechos humanos y las normas del derecho internacional humanitario relativas a la protección de las víctimas de conflictos armados.

Noviembre 23 de 1990 Los Notables llevan al presidente de la república un documento que contiene cinco puntos que son las condiciones de Los Extraditables para su posible entrega: primero, que no los obliguen a declararse culpables; segundo, que no sean obligados a delatarse entre sí; tercero, que se les garantice su no extradición; cuarto, que sean confinados en una cárcel única de alta seguridad con la protección y vigilancia del ejército, la armada, la policía, o de algún organismo de veeduría internacional, sacerdotes y organismos defensores de los derechos hu-

	manos que garanticen sus vidas; quinto, que se conjure cualquier posibilidad de venganza contra ellos. En el mismo escrito, Los Extraditables reiteran su solicitud de que el gobierno les dé tratamiento colectivo especial y derogue los artículos 12 del decreto 2047 y 4º del Decreto 2372.
Noviembre 24 de 1990	Comunicado de Los Extraditables anuncia que "con motivo de las elecciones para la Asamblea Nacional Constituyente, hemos decidido decretar una tregua con el fin de que el pueblo pueda concurrir a las urnas de manera libre y soberana".
Diciembre de 1990	El gobierno expide el decreto 3030, el cual es calificado por los abogados de Pablo Escobar como una "declaración de guerra".
Diciembre 19 de 1990	Después de permanecer tres años en la clandestinidad, por iniciativa propia y no como parte de una estrategia de la "organización", después de consultar la opinión de Pablo Escobar, se entrega a las autoridades colombianas Fabio Ochoa, el menor de los hermanos Ochoa Vásquez. El miembro del cartel de Medellín es recluido en la cárcel de Itagüí (Antioquia).
Enero 15 de 1991	En el municipio de Caldas (Antioquia) se entrega a las autoridades colombianas Jorge Luis Ochoa Vásquez, hermano mayor de los Ochoa, considerado el número dos del grupo de Medellín. Jorge Luis es recluido en la cárcel de Itagüí, al lado de su hermano Fabio.
Enero 22 de 1991	David Ricardo y Armando Prisco Lopera (paralítico como consecuencia de un atentado que se le hiciera en fecha reciente), dos de los miembros del grupo Los Priscos, supuestamente brazo armado del cartel de Medellín y parte de la guardia de seguridad de Pablo Escobar, fueron muertos a manos del Cuerpo Élite de la policía de Medellín y Rionegro.
Enero 24 de 1991	Como supuesta retaliación por la muerte de Los Priscos, Los Extraditables asesinan a Marina Montoya de Pérez, hermana del exsecretario de la presidencia, Germán Montoya.
Enero 25 de 1991	A pesar de las súplicas contenidas en misiva dirigida al presidente de la república por Nydia Quintero de Balcázar, en el sentido de que no se intentara el rescate de su hija por el peligro que para la vida de los rehenes impli-

	caba un operativo de esa naturaleza, y de que se aceleraran las aclaraciones a los decretos que podían conducir a solucionar pacíficamente la situación de los secuestrados, en un controvertido operativo oficial es muerta Diana Turbay Quintero.
Enero 28 de 1991	Inmediatamente después de la muerte de la hija del expresidente Julio César Turbay Ayala, Diana Turbay Q., el gobierno expide el decreto número 330 que por razones de conveniencia política no había sido expedido en fecha anterior.
Marzo de 1991	Se rumora que el cartel de Cali, supuestamente más "profesional" que el de Medellín en lo que al manejo financiero se refiere, alcanzó en volumen de negocios a este último; también se afirma que controla el 70% del mercado europeo que, aunque inferior en tamaño, es más rentable que el norteamericano y su crecimiento es más dinámico. Todas las publicaciones norteamericanas especializadas coinciden en señalar al cartel de Cali como el más grande de todos los de la década de los noventa (sin lugar a dudas, a ello ha contribuido, en parte, la posición defensiva y de "huida" del núcleo del cartel de Medellín, a causa de la persecución oficial), y que le siguen el de Medellín y los regionales.
Marzo 2 de 1991	Masacre en el barrio La Cascada, uno de los sectores residenciales del sur de Cali; después de matar a cinco jóvenes estudiantes que se hallaban en el jardín de una residencia del mencionado barrio, cuatro hombres asesinan a un vendedor de perros que se encontraba a cinco cuadras de la casa en donde estaban los muchachos, y una cuadra más adelante hieren a un celador. Días después, en lo que parece ser una venganza entre dos subgrupos de mafiosos del núcleo de Cali, es asesinado Gustavo Zúñiga Montaño; un día después cae su primo hermano César Tulio Zúñiga, y dos más tarde, Carlos Alberto Zúñiga, hermano del primero.
Mayo, 1991	Los Extraditables liberan a Maruja Pachón de Villamizar y a Francisco Santos, secuestrados meses antes.
Junio 19 de 1991	Por intermediación del padre García Herreros, no muy lejos del casco urbano de Envigado (Antioquia) y cerca del barrio El Poblado de Medellín, se entregan a las au-

	toridades colombianas Pablo Escobar y tres de sus más cercanos colaboradores: "El Mugre", "Popeye" y "Otto". En primera vuelta, la Constituyente aprobó un artículo constitucional que prohíbe la extradición de colombianos por nacimiento y de extranjeros que sean solicitados por delitos políticos y de opinión.
Julio 5 de 1991	Pablo Escobar Gaviria afirmó no haber sido nunca socio de Gonzalo Rodríguez Gacha en la guerra que éste mantuvo con la guerrilla y señaló que no tiene nada que ver con los comunicados de Los Extraditables, a los que definió como una organización clandestina.
	Otros cuatro miembros del cartel de Medellín se entregaron ante la Dirección Regional de Instrucción Criminal. "El Angelito", "La Garra", "El Gordo" e "Icopor" fueron recogidos en un sitio del valle de Aburrá y conducidos a la cárcel de Envigado.
Agosto 5 de 1991	Además del inquietante síndrome de terror que agita a Cali, entre otras ciudades, está la entrega de Pablo Escobar que le traslada tensión a esta ciudad, pues según diagnósticos tradicionales, allí se encuentra el otro gran cartel. La gente ha llegado a creer que desde la cárcel los cabecillas del cartel quieren desestabilizar a la ciudad, y existen rumores de que la DEA podría tener su parte en ese propósito.
Agosto 14 de de 1991	Un informe de la policía dice que se encuentra en marcha un plan terrorista para atentar contra la vida del director del DAS, general Maza Márquez; esta operación es presuntamente organizada por "Tyson" y "La Quica", jefes del ala terrorista del cartel de Medellín.
Agosto 16 de de 1991	Los servicios de inteligencia de la Policía intensificaron el control para neutralizar el comercio clandestino de armamento convencional a raíz de las últimas incautaciones realizadas en Cali, Medellín, Palmira y Bogotá. Los embarques de armas han sido introducidos por el narcotráfico, para su beneficio y el de la guerrilla.
Agosto 17 de de 1991	El incidente del avión norteamericano que al parecer sobrevoló el espacio aéreo de Envigado y tomó fotografías del penal donde se encuentran reunidos Pablo Escobar y otros miembros del cartel de Medellín, continúa sin esclarecerse; sin embargo, la embajada de Estados Unidos niega rotundamente esta versión.

Septiembre 10 de 1991

Aunque en el gobierno de César Gaviria se ha luchado intensamente contra el tráfico de cocaína, de Colombia siguen saliendo grandes embarques del producto hacia Europa y Estados Unidos. En otra faceta del narcotráfico, grandes extensiones de tierra cultivadas con amapola son encontradas. Esta planta es la base para la producción del opio y la heroína. En la vereda El Palmar la Policía Antinarcóticos descubrió un cultivo de ocho hectáreas de amapola, y junto con otros departamentos, se han dejado al descubierto 2.000 hectáreas del cultivo. Y esto es apenas una muestra del negocio. Las ganancias son muy lucrativas: de cada kilo de opio se extrae un 10% de heroína, mil hectáreas del cultivo producen 7.000 kilos, de los cuales se extraen 700 kilos de heroína; un kilo de heroína en Estados Unidos tiene un precio de 150 mil dólares, mientras un kilo de coca vale 23 mil dólares. Este negocio se les atribuye a los tradicionales traficantes de coca, quienes contratan expertos en la fabricación de heroína de excelente calidad y de esta forma compiten con el mercado de los orientales, expertos en la elaboración de narcóticos. Se ha concluido, además, que la guerrilla está asociada a este nuevo mercado ya sea a modo de protección de los cultivos o de ganancia directa. Se ha establecido también que la zona más utilizada para el cultivo de la amapola es el departamento del Caquetá. Para los investigadores el nuevo "zar" de la amapola es uno de los antiguos lugartenientes de Gonzalo Rodríguez Gacha. El Valle y el Cauca son también lugares estratégicos para el cultivo, donde tienen la protección de la guerrilla y la disponibilidad de los campesinos para el trabajo. Además de la buena organización en el cultivo los productores han tomado todas las medidas necesarias: Guyana, Surinam y la Guayana Francesa son los puntos de la primera escala en la que salen cargados de heroína, de allí pasan a África para realizar posteriormente la distribución en el Oriente Medio y Europa. Para Estados Unidos utilizan como puesto de embarque la costa colombiana. Es así como las autoridades colombianas le tienen bien seguida la pista al negocio: lo que no se sabe es hasta qué punto podrá prosperar esta nueva, multimillonaria y macabra versión del tráfico de drogas.

Septiembre 11 de 1991	Según cifras oficiales, a causa del secuestro sólo este año han sido retenidas 511 personas (delincuentes comunes). Aunque la subversión y el narcotráfico participan también de esta rentable industria.
Enero 29 de 1992	El "zar antidrogas" anunció que Estados Unidos apoyará a Colombia con 99 mil millones de dólares. El ministro de Justicia explicará hoy al Consejo Nacional de Estupefacientes que el glifosato debe ser la salida al problema de la amapola, evitando así causar efectos tan devastadores como los dejados por la marihuana y la cocaína.
Febrero 11 de 1992	La revista *Semana* posee el documento que contiene la confesión del jefe del cartel de Medellín. Para obtener los beneficios de la Política de sometimiento a la justicia de este gobierno, Pablo Escobar estaba obligado a presentarse ante las autoridades y confesar por lo menos un delito relacionado con el narcotráfico. En apartes de la entrevista, Escobar confiesa haber sido el contacto para llevar 400 kilos de cocaína a Francia y al Oriente Medio, niega cualquier vinculación con el narcotráfico, dice que el jefe del cartel de Medellín es su primo Gustavo Gaviria (ya fallecido), manifiesta ser ganadero y haber realizado actividad política como miembro del Congreso de la República. Además dice tener sólo cuatro cuentas bancarias y asegura no conocer a ningún miembro de la mafia preso en la cárcel de Envigado. Por otra parte, asegura haber mantenido amistad con Bernardo Jaramillo Ossa y ser enemigo personal del general Maza Márquez. Explica ser extraditable por el hecho de ser demandado por otros gobiernos pero no por pertenecer al grupo terrorista que lleva ese nombre. Finalmente, aduce ser un ciudadano que acata y respeta la justicia cuando ella es justa.
Febrero 15 de 1992	Remesa de heroína cayó en el aeropuerto de Cali. En una acción paralela, en Putumayo la policía destruyó laboratorio cocainero.
Febrero 20 de 1992	Entre los convenios de cooperación con Estados Unidos y México está neutralizar el lavado de dólares a través de un efectivo flujo de información sobre transacciones financieras irregulares y obtener apoyo técnico contra cultivos de amapola.

Febrero 22 de 1992	El presidente César Gaviria defendió la utilización cuidadosa del glifosato para eliminar los cultivos de amapola y criticó a quienes se oponen a la medida "por ignorancia, por oportunismo político o por simple perfidia".
Febrero 24 de 1992	El comité ejecutivo nacional de la Alianza Democrática M-19 respaldó la posición del ministro de Salud al considerar que se puede usar glifosato para combatir los cultivos de amapola, pero con "veeduría ambiental y veeduría popular".
	Los cultivadores han devastado 2.000 hectáreas de bosques naturales para implantar el negocio de la amapola. Ya se han fumigado 250 hectáreas de la flor, pero hay más amapola de lo que se creía.
	A raíz de la controversia alrededor del uso del glifosato como arma contra el cultivo de amapola, el expresidente Misael Pastrana Borrero criticó las palabras del presidente Gaviria a este respecto. Calificó sus términos de "disonantemente agresivos", entre ellos el de pensar que quien no está de acuerdo con el herbicida puede ser cómplice del narcotráfico.
Febrero 25 de 1992	El ministro de Justicia acaba de llegar de Washington con una orden del "zar antidrogas" de fumigar los cultivos de amapola con glifosato.
	Los Estados Unidos propondrán mañana ante la cumbre antidrogas en San Antonio (Texas), la creación de una fuerza multinacional para la lucha contra las drogas. Esta fuerza tendría atribuciones extraterritoriales que permitirían a sus miembros combatir el narcotráfico sin la limitación soberana de las fronteras nacionales.
	Rionegro, hasta hace dos meses una olvidada inspección de policía en el municipio de Iquirá (Huila), ha pasado a ser un pueblo muy visitado por forasteros sedientos de fortuna. La razón se funda en que quienes financian los cultivos de amapola que inundan los límites del Huila y el Cauca convirtieron este pueblo en su centro de operaciones: aquí es donde se fija el precio del látex. Por un kilo de opio, de látex solidificado que se recolecta en una hectárea de amapola, se paga hasta un millón y medio de pesos. Es así como este poblado entra al mercado del narcotráfico.

Dado que 150 hombres de la Policía Antinarcóticos, cuatro helicópteros y dos avionetas han fumigado 408 hectáreas de amapola en el departamento del Huila, el presidente de la Sociedad Colombiana de Ecología dijo que el problema es tan grave que se podría estudiar la posibilidad de legalizar los cultivos de la planta y mantenerlos bajo control estatal como se hizo con el alcohol o con el tabaco.

Febrero 26 de 1992 — En la pasada cumbre antidrogas, una de las propuestas fundamentales fue la sustitución de cultivos, enmarcada dentro del principio de desarrollo alternativo. Colombia, Perú y Bolivia pusieron manos a la obra.

Febrero 28 de 1992 — La Dirección de Policía Judicial e Investigación, Dijín, desmanteló una red de producción y envío de heroína al exterior.

Detuvo a Carlos Velásquez con 310 gramos de heroína para procesar opio, y a Saúl Ortiz Peña, señalado como el químico que intervino en la obtención de la droga. En el municipio de Rivera (Huila), en la finca La Carbona, detuvieron a Fernando y Myriam Molina, quienes tenían el control de una red de "mulas" encargadas de llevar heroína a Estados Unidos.

La ayuda militar de Estados Unidos a Colombia no ha sido suspendida, pero sí está en el limbo luego de que el gobierno nacional rechazara la donación de 2,8 millones de dólares, que habían sido asignados con la condición de que fueran utilizados para crear, por primera vez, unidades antinarcóticos en el ejército.

Marzo 2 de 1992 — El DAS reveló que José Alberto Bernal Saijas, un supuesto narcotraficante del Valle, quien maneja su propia organización, habría sido el hombre que el 16 de diciembre de 1991 ordenó la ejecución de 20 indígenas paeces en la hacienda El Nilo, en Caloto (Cauca). Bernal controlaba una poderosa organización que transporta y embarca cocaína a Estados Unidos. Así mismo realizó compras de terrenos como las fincas Canaima, La Selva, etc., a través de cuatro sociedades que operan en Cali. Bernal dejó sicarios como administradores, al parecer los autores materiales de la masacre indígena. Además en los últimos años adquirió varias fincas en el lago Calima y El Dovio (Valle) y en Santander de Quilichao (Cauca). Así, Bernal contrató a hombres como Orlando Villa Zapata, para intimidar a los indígenas mediante amenazas de muerte si no accedían al desalojo.

Voceros de las autodefensas del Magdalena Medio reconocieron ayer que esa agrupación paramilitar fue la autora del asesinato de la periodista Sylvia Duzán y de tres dirigentes cívicos.

El general panameño Manuel Antonio Noriega, quien espera ser juzgado en Estados Unidos por narcotráfico, aportó al menos 400.000 dólares para la campaña política que llevó a Carlos Menem a la presidencia argentina, informó un diario de Buenos Aires.

Marzo 3 de 1992 — Orlando Villa Zapata, sindicado de ser uno de los hombres que el pasado 16 de diciembre dirigió el grupo de asesinos que dio muerte a 20 indígenas en Caloto (Cauca), fue detenido el sábado durante una ocupación en Riosucio (Caldas).

Voceros de las autodefensas del Magdalena Medio niegan reactivación del movimiento campesino de Puerto Boyacá. Afirman que carecen de recursos económicos y su colaboración de informar a las autoridades. El secretario de Gobierno de Boyacá, Iván Duque, agregó que lo único cierto del comunicado es la vinculación de Ariel Otero con el asesinato de dirigentes de la Asociación del Carare y de la periodista Sylvia Duzán.

Marzo 7 de 1991 — Identificados 11 de los 31 cadáveres hallados flotando en un remolino del río Cauca, situado en el corregimiento de Beltrán, municipio risaraldense de Marsella. La mayoría de los cuerpos presentaban heridas por arma blanca y tenían destruidas las huellas dactilares mediante ácidos o mutilaciones. Su asesinato ha sido atribuido a las mafias de narcotraficantes que operan en el norte del Valle.

Marzo 19 de 1992 — La policía de Cali evitó una tragedia al desactivar una carga de dinamita de 50 kilos, colocada en un carro abandonado cerca del costado occidental del Estadio Pascual Guerrero.

Marzo 22 de 1992 — Siete grupos entrenados en el exterior se dedicarán a impedir que 22 químicos sean desviados hacia la producción de drogas ilegales. Harán auditoría contable en las industrias. El Consejo de Estupefacientes, la Aduana y el Incomex serán los asesores.

Marzo 24 de 1992 — En marcha la primera fase del plan quinquenal de gastos para la fuerza pública. Mantenimiento de las corbetas y sus misiles así como la compra de munición y guardacostas son los ejes de la estrategia para sacar del aislamiento a las FF.MM.

Marzo 28 de 1992 — Explotan dos petardos de regular poder y dejan un saldo de una persona muerta y por lo menos tres heridas. El primero estalló en la edificación de Diners Club y el segundo en la sede del Citibank, por el sector de Chapinero.

Abril 19 de 1992 — Los expertos empiezan a considerar que hay al menos 20.000 hectáreas sembradas con amapola en territorio colombiano y advierten sobre algunos peligros del flagelo.

Abril 21 de 1992 — A raíz de sucesivos incumplimientos por parte del gobierno para con las comunidades indígenas del Cauca, 1.250 hectáreas sembradas de amapola no serán destruidas el próximo 24 de abril.

Abril 28 de 1992 — El director antinarcóticos de la policía, general Rosso José Serrano Cadena, hará un llamado de alerta sobre el fenómeno de "la mafia de la amapola" ante sus colegas de 22 países de este lado del planeta durante la instalación de la X Conferencia Internacional para el Control de Drogas, IDEL, y les pedirá tomar urgentes medidas preventivas. Además, en representación del grupo de trabajo integrado por Bolivia, Brasil, Ecuador, Perú, Venezuela y Colombia, el general Serrano presentará un balance de los resultados de la lucha antinarcóticos en el último año.

Abril 29 de 1992 — La policía creó la "Compañía Antiamapola", con cien hombres a cargo. Después del glifosato vendría guerra biológica con hongos y larvas. Inglaterra lidera la acción.

Mayo 24 de 1992 — Las autoridades de Los Ángeles decomisaron un arsenal de municiones, granadas de mano y otros explosivos robados de una base del ejército, el cual iba a ser entregado a las pandillas Crips y Bloods a cambio de drogas, por parte de algunos empleados de la base del ejército en Fuerte Ord, cerca de San Francisco.

La asamblea general de la DEA adoptó un "reglamento modelo" sobre delitos de narcotráfico que pide sanciones más severas, un mayor intercambio de información entre los países de la región y una batería de medidas adicionales para combatir el lavado de dinero. Proponen que las instituciones financieras registren y verifiquen por medios fehacientes la identidad, representación, domicilio y otros datos de quienes abran cuentas, sobre todo cuando se trate de sumas importantes.

Mayo 27 de 1992 Un nuevo plan antiterrorista abortó ayer el DAS al decomisar 181 kilos de dinamita en una residencia al norte de Bogotá. Durante los últimos tres días, el organismo de seguridad decomisó una tonelada de dinamita durante varios operativos en Samacá (Boyacá) y en la capital de la república.

Mayo 28 de 1992 El embajador de Estados Unidos visitó complejo cocainero. Incautan doce toneladas de químico en Caquetá.

Julio 5 de 1992 Las siete naciones del continente afectadas por el flagelo del narcotráfico reiteraron la necesidad de redoblar la lucha conjunta para enfrentarlo, dentro del marco del respeto a las normas del derecho internacional.

Julio 26 de 1992 Se publica en detalle el fallido traslado de Escobar. Ese martes 21 de julio, a las 10 de la mañana, el presidente César Gaviria llama al Consejo Nacional de Seguridad. Llegaron los ministros de Defensa, Gobierno y Justicia, el procurador, el comandante de las FF.MM., el director del DAS y el secretario de la presidencia. Durante una hora evaluaron problemas de orden público, cuando arribó al Consejo de Seguridad el fiscal general de la nación, Gustavo de Greiff, con pruebas irrefutables sobre la participación de Escobar en la purga desatada dentro de La Catedral. A raíz de los informes del fiscal, Gaviria y sus asesores decidieron que antes de viajar a España era indispensable retomar el manejo del penal. Decidieron trasladar a Escobar, a su hermano y a sus doce lugartenientes a las instalaciones de la IV Brigada. El general Murillo ejecutó las decisiones del Consejo de Seguridad; éste a su vez le dijo al general Gustavo Pardo Ariza, comandante de la IV Brigada en Medellín, que tomara el control de la cárcel y relevara a los guardias. El general Pardo ordenó el despliegue de más de 350 soldados con la orden de apostarse en el perímetro externo del penal. Es cuando el presidente recibe la mala noticia de que la cárcel no estaba en poder de los militares. Horas más tarde el Consejo de Seguridad envió a Envigado al viceministro de Justicia, Eduardo Mendoza y al director de Prisiones, Navas Rubio. Paralelamente el general Farouk Yanine Díaz llamó al comandante de la Fuerza Aérea Colombiana, general Monsalve, y le dijo que ordenara el alistamiento de un avión Turbo Commander en la pista del aeropuerto militar de Catam, el cual debía aterrizar cuanto antes en el aeropuerto Olaya Herrera de Medellín. Arribaron Mendoza y Navas a Catam y volaron a Medellín, llegaron a las 7 de la noche a la parte externa de la cárcel y allí se encontraron con Ariza. Cinco minutos después llegó el procurador regional de Antioquia. Como no había luz y las tropas instaladas no conocían el lugar, desde el Palacio de Nariño se dieron instrucciones para que dos helicópteros de la IV Brigada sobrevolaran y alumbraran el penal. Pablo Escobar, enterado de lo que sucedía, llamó a su abogado; a las 9 y 20 de la noche el país se enteró de una operación oficial manejada desde el palacio presidencial. Mendoza y Navas continuaban en las afueras del penal. La presidencia advirtió que el ejército iba a asumir la vigilancia de la cárcel para el traslado normal. El general Pardo y sus 180 hombres seguían sin ocupar la cárcel. Así, se optó por dejar la operación en manos de un coronel comandante de las Fuerzas Especiales. A las 11 de la noche despegó el primer avión con 92 hombres, simultáneamente Navas entró a la cárcel y desde la puerta del penal pidió al viceministro que entrara, acción ejecutada de manera inconsulta. A las 12 de la noche, desde el interior de la cárcel le comunicaron al procurador que debía ingresar. El general Pardo le dijo al director del penal, Armando Rodríguez, que saliera un momento; éste le contestó que no tenía todas las llaves, nunca salió y así se consumó el secuestro de los dos funcionarios. A las 12 y 15 llegaron las Fuerzas Especiales Antiterroristas Rurales. Nada se sabía de Pablo Escobar y sus hombres. Un avión Hércules con 92 soldados salió de Catam a las 2 y 53 de la madrugada por órdenes de Monsalve. Las Fuerzas Especiales Antiterroristas Urbanas llegaron a las 5 de la mañana. En Bogotá la incertidumbre era total, pues se había perdido el contacto con la cárcel. Ingresan las

Fuerzas Especiales Urbanas y rescatan al viceministro y al director nacional de prisiones. Así, tras el rescate y la fallida ocupación y traslado de Escobar, se inicia el juicio de responsabilidad en el alto gobierno.

Agosto 13 de 1922 El ministro de Defensa, Rafael Pardo Rueda, advirtió que su responsabilidad en el caso de la fuga de Escobar no se ha absuelto, al tiempo que admitió que existe en su interior y en las filas de las fuerzas militares, gran frustración. Advirtió que en Colombia prestan sus servicios en estos momentos cerca de cien funcionarios del gobierno norteamericano, entre ellos el grupo de la DEA, quienes asesoran a la administración Gaviria Trujillo en la lucha contra el narcotráfico.

Agosto 19 de 1992 Más de tres toneladas de cocaína y tres laboratorios para el procesamiento del alcaloide fueron descubiertos por la Policía Antinarcóticos en el Meta y Putumayo. En el municipio de Puerto Gaitania (Meta) se localizaron dos complejos coqueros con capacidad para albergar a más de 80 personas; allí fueron decomisados 2.100 kilos de clorhidrato de cocaína de alta pureza. Además en la vereda de San Marcelino, comprensión municipal de La Dorada (Putumayo), se incautaron y destruyeron una tonelada de cocaína y un laboratorio para procesar narcóticos.

Agosto 20 de 1992 El general Pardo pide consejo de guerra. Exdirector de prisiones denuncia que Pablo Escobar era quien mandaba en el penal y advierte que el gobierno desde el principio le entregó la soberanía. La Cámara pide al fiscal general que dé a conocer las conclusiones sobre responsabilidad de funcionarios en la fuga.

Red del DAS fortalecerá investigaciones sobre narcotráfico, lavado de dólares y enriquecimiento ilícito. Los Estados Unidos aportaron US$300 mil, mientras que Suiza también tomará medidas al respecto.

Agosto 22 de 1992 La Fiscalía General de la Nación ordenó reabrir la investigación en torno a presuntos vínculos con el narcotráfico del exdirector general de la policía, el destituido general José Guillermo Medina Sánchez. Igualmente el cuerpo investigador resolvió mantener la medida de detención preventiva, sin derecho a la libertad provisional del exgeneral, como presunto responsable del delito de enriquecimiento ilícito. Como se sabe, las acciones penales y disciplinarias en contra del alto oficial comenzaron en marzo de 1989; en ese mismo año la Corte Suprema de Justicia encontró méritos para investigarlo y su destitución se ordenó en enero de 1991.

Septiembre 24 de 1992 — Los traficantes de droga continúan utilizando a Panamá para lavar millones de dólares ganados ilícitamente. Las ganancias del narcotráfico están siendo canalizadas a través de la industria de la construcción y en la zona libre de la ciudad portuaria de Colón. Algunas fuentes afirman que con el general Noriega existía más confianza entre los lavadores de dólares. Por otra parte, el presidente Guillermo Endara afirma que Panamá está incautando ahora mucha más droga que en los tiempos de Noriega.

Septiembre 30 de 1992 — El misterioso capo colombiano José Durán, alias "Tony", capturado en Roma, y otro colombiano que permanece detenido en Costa Rica, se cuentan como los mayores logros de la operación antidrogas internacional, la Operación "Hielo Verde". En Colombia, según lo afirmó el director de la Dijín, se ha ordenado la congelación de 500 cuentas bancarias y como consecuencia de otras investigaciones se llevaron a cabo 20 allanamientos en Medellín, Cali y Barranquilla en acciones conjuntas.

Octubre de 1992 — Se dispuso el traslado a Bogotá del sujeto Sergio Alonso Ramírez Ortiz, alias "El Pájaro", causante de la muerte de un sargento de la Dijín. Ramírez Ortiz posee amplia trayectoria delictiva al servicio del narcotráfico; sindicado por delitos de secuestro, extorsión, hurto de vehículos y homicidio, ha sido desde hace unos años el jefe de seguridad de Juan Pablo, el hijo de Pablo Escobar.

Octubre 20 de 1992 — Los fugitivos de La Catedral siguieron llegando a Itagüí. El primero: Carlos Aguilar Gallego, alias "El Mugre"; este hombre se alojó en una finca cercana a Medellín en espera del santo y seña de sus abogados para entregarse a la Fiscalía General de Antioquia. El DAS incursionó en la finca, pero "El Mugre" escapó para entregarse el mismo día al fiscal de Antioquia. A petición suya, fue trasladado a la cárcel de Itagüí en uno de los operativos de seguridad más espectaculares montados en Medellín en los últimos tiempos. Los dos escoltas de Aguilar que habían sido detenidos en la finca de donde escapó fueron asesinados segundos después de recobrar su libertad.

Escobar y el resto de sus hombres sostienen que mientras no se aclare quiénes fueron los culpables de estas muertes, su entrega queda interrumpida indefinidamente. Por último, tras la entrega de tres de sus elementos fuertes no queda asegurada la entrega de Pablo Escobar, de quien no se ha podido descifrar por qué quiere quedar solo.

Octubre 24 de 1992
Más de cien kilos de cocaína fueron decomisados por las autoridades en las últimas horas, en operaciones adelantadas por la policía en la isla canaria de Santa Cruz de Tenerife (España), Roma (Italia) y Tegucigalpa (Honduras).

Octubre 25 de 1992
En el último semestre las confiscaciones de heroína han aumentado en un 5 mil %, en comparación con el mismo período del año pasado. Más de la mitad del cargamento viene por vía digestiva y casi todos los correos son colombianos.

Noviembre 1º de 1992
Solamente tres, entre un centenar de colombianos que usufructuaron la corrupción y la violencia para amasar su poder, alcanzaron a cumplir 35 años vivos o en libertad. Sin posibilidad de escoger, la mayoría han terminado en el lugar que repudiaban cuando se inició el terror, con su lema: "Preferimos una tumba en Colombia a una cárcel en los Estados Unidos". Ellos ahora no son ejemplo de lo quisieron ser.

Noviembre 3 de 1992
Tres españoles, siete colombianos, un italiano y un alemán fueron detenidos en una operación policial que no se ha dado todavía por concluida, ya que el jefe de la organización se encuentra en Colombia y no ha sido detenido. El alijo, que pesaba 963 kilos y habría alcanzado en el mercado 35 millones de dólares, entró en España por las costas de Galicia. Estas organizaciones parecen estar vinculadas al cartel de Cali.

Noviembre 14 de 1992
En Estados Unidos fueron capturadas 22 mulas con heroína en operativos llevados a cabo de septiembre a octubre del presente año. Los sistemas de porte son diversos, con maletas de doble fondo, oculta en computadores portátiles, en los zapatos, en el estómago o en frascos de champú. También numerosas personas han sido capturadas en el aeropuerto Eldorado al abordar aeronaves para viajar al exterior con alcaloides.

Noviembre 20 de 1992	Código de honor de la "Onorata Societá": en Italia acaba de publicarse un extenso análisis en torno a la "psicopatía del mafioso italiano", a partir de los relatos y el perfil de los mafiosos arrepentidos que se han entregado a las autoridades de ese país.
Noviembre 21 de 1992	Según informaciones de los organismos de seguridad, al parecer se han producido 20 secuestros de guerrilleros y miembros del Partido Comunista y la CUT. De igual manera familiares de miembros del cartel de Cali fueron secuestrados por parte de las FARC, como es el caso de Cristina Santacruz, hermana de uno de los principales líderes del narcotráfico en Cali, José Santacruz.
Noviembre 28 de 1992	Detenida la jurista colombiana Esperanza Rodríguez al llegar a Miami con su hijo de cuatro años. En el doble fondo de su maleta fue hallado un kilo de heroína; se ordenó su detención por cargos de contrabando y posesión de heroína con el intento de distribuirla.
Enero 8 de 1993	El año de 1992 fue, para el caso de la criminalidad en Colombia, lleno de contradicciones. Las cifras de secuestros se redujeron considerablemente en relación con 1991 y el índice de homicidios aumentó en un 8%.
Enero 10 de 1993	La captura de Leonidas Vargas podría poner finalmente a la justicia tras la pista de una vasta y compleja organización criminal. Vargas es investigado por el origen de un capital representado en 25 propiedades. Además de vincularlo a Rodríguez Gacha, la Fiscalía lo acusa por enriquecimiento ilícito e investiga episodios de homicidio y tráfico de drogas.
Enero 15 de 1993	La Fiscalía adelanta procesos contra Pablo Escobar en Medellín. Fue llamado a juicio por los asesinatos de Guillermo Cano y Luis Carlos Galán. Antes de su fuga rindió indagatoria por una masacre, entre otros delitos.
Enero 17 de 1993	El sistema telefónico para que la ciudadanía denuncie actos delincuenciales ha sido de gran efectividad. Este sistema ha contribuido a la casi completa desarticulación del aparato militar del cartel de Medellín, la recepción de información sobre la subversión, operativos para el decomiso de armas y la neutralización de asaltos bancarios en Bogotá, entre otros actos criminales.

Enero 18 de 1993 — El capo máximo de la mafia siciliana, Salvatore Totó Riina, delatado por su chofer, fue detenido en Palermo después de 20 años de rebeldía y recluido en la cárcel de Rebbibia.

Enero 22 de 1993 — Por lo menos 11 personas resultaron heridas, y numerosas oficinas y apartamentos del sector de la calle 73 con carrera séptima de Bogotá sufrieron grandes estragos al explotar un artefacto con 80 kilos de dinamita activados por control remoto. El alcalde hace un llamado de solidaridad y apoyo por parte de la ciudadanía.

Enero 23 de 1993 — Los indígenas del Cauca han cumplido con el pacto para erradicar el cultivo de amapola, pese a las amenazas de los intermediarios. La tarea ahora es para el gobierno; el consejero presidencial para la Seguridad Nacional anunció que se destinarán mil millones de pesos para cumplir con los proyectos planteados por las mismas comunidades como alternativa a la sustitución de cultivos.

La bomba de la noche del jueves dejó como saldo 12 personas heridas y semidestruyó varios automotores; se calculan pérdidas de más de 2.000 millones de pesos. La policía logró incautar 1.300 kilos de dinamita hallados en dos caletas en una finca situada en La Calera. En la madrugada del 22 hizo explosión una segunda bomba con cerca de 80 kilos de dinamita, la cual dejó seis personas heridas. Media hora después en la carrera 68 con calle 11 la policía desactivó un artefacto compuesto por cien kilos de dinamita. Detuvieron a dos sospechosos del atentado, quienes decidieron confesar su participación en el mismo. De acuerdo con las disposiciones del gobierno se efectuarán operativos para dar con el paradero de los terroristas, y acerca de la ayuda a los damnificados el alcalde dijo que no posee aún instrumentos de carácter legal que le permitan ayudar a estas personas.

Enero 24 de 1993 — En Colombia, las primeras plantaciones de amapola fueron detectadas en 1983, en Tolima. Hoy los cultivos de la planta están distribuidos por 113 lugares de 17 departamentos y ocupan más de 20.000 hectáreas, lo cual significa que en el país está sembrado casi el 10% del total mundial de amapola. En uno de los epicentros —el Cauca indígena— la Consejería Presidencial para la Seguridad Nacional y el PNR acaban de ratificar el compromiso estatal con las comunidades guambianas, paeces y yanaconas reunidas allí para evaluar el proyecto regional de erradicación y de sustitución, que este año dispone de 700 millones de pesos como presupuesto.

Enero 30 de 1993 — El gobierno de Estados Unidos declaró como sector vedado al ingreso de su personal la conocida "Zona Rosa" de Bogotá, en vista de que "Pablo Escobar ha amenazado con y ha efectuado atentados dinamiteros contra funcionarios colombianos, embajadores y otros blancos".

Enero 31 de 1993 — La producción mundial de heroína ha aumentado en lo poco que va corrido de esta década. Aunque afortunadamente Colombia no figura entre los mayores países vinculados al negocio de la amapola, el creciente consumo del narcótico en Estados Unidos mediará las relaciones Washington-Bogotá.

Tras las amenazas de Pablo Escobar, dieciséis personas muertas —entre ellas tres niños—, cerca de 30 heridos, un número indefinido de contusos y lesionados, así como decenas de establecimientos comerciales destruidos, dejó la explosión de un carro bomba detonado por terroristas en pleno centro de Bogotá.

Febrero 1º de 1993 — En Medellín, ayer a la una de la madrugada fue dinamitada la casa campestre de la madre de Pablo Escobar y casi simultáneamente explotaron dos carros bomba en El Poblado, en un sector cercano a donde viven familiares del capo.

Se crea recompensa para quien colabore con las autoridades sobre la ubicación de carros bomba, a través de un número telefónico de la policía.

Febrero 2 de 1993 — El gobierno aumentó hasta 5.000 millones de pesos la recompensa que se pagará por Pablo Emilio Escobar Gaviria. Además el BCA, IFI y Fondo de Emergencia financiarán la reconstrucción de viviendas y negocios damnificados.

Febrero 5 de 1993 — El subdirector de la policía negó vinculaciones de la institución con el grupo Los Pepes y afirmó que esa organización está integrada por pistoleros al servicio del narcotráfico.

Febrero 7 de 1993 — Individuos perseguidos por Pablo Escobar revelaron que por esta razón iniciaron una ola terrorista contra allegados al capo de la droga. Se reveló también que desde la fuga de Escobar un grupo de delincuentes ha veni-

	do operando al servicio del capo. Los Pepes, según la policía, son el producto de un fraccionamiento de la organización criminal dirigida por el narcoterrorista, que se originó con la muerte de los hermanos Moncada y Galeano. Los golpes de las autoridades contra el cartel de Medellín y las recompensas del gobierno hicieron que el capo empezara a desconfiar de sus hombres y ordenara amenazar a sus familias. Como Escobar ingresó en ese sector, Los Pepes iniciaron ataques contra los allegados del capo. Un análisis muestra que Los Pepes están conformados por un grupo paramilitar y que se refuerzan con las milicias populares de Medellín.
Febrero 8 de 1993	Estalla bomba de ocho kilos de dinamita en la sede política del aspirante liberal al Concejo de Bogotá, Álvaro Sánchez.
Febrero 9 de 1993	Domenica Rosa Cutolo, exjefe de la mafia napolitana "Nueva camorra organizada", fue detenida ayer en la localidad napolitana de Ottavianos. Acusada, entre otros delitos, del asesinato del subdirector de la prisión de Poggioreale.
Febrero 10 de 1993	La Comunidad Europea, a través del Consejo de Ministros sobre Mercado Interior, aprobó las líneas que regirán el funcionamiento del Observatorio Europeo de Drogas y Toxicomanía, OEDT. Su objetivo fundamental es suministrar información a los doce Estados sobre el fenómeno de las drogas y sus consecuencias.
Febrero 11 de 1993	Ochenta kilos de explosivos estallaron en la zona urbana de Barrancabermeja; al menos 17 personas perecieron y 29 más quedaron heridas. Fuentes oficiales aseguran que el atentado no estaba destinado a ese lugar, aunque advierten que no conocen su verdadero objetivo.
Febrero 14 de 1993	Una aeronave destruida y 500 kilos de cocaína incautados fue el saldo que arrojó un operativo de la Policía Antinarcóticos en los llanos del Yarí (Caquetá).
Febrero 16 de 1993	Dos carros bomba estallaron con intervalo de cinco minutos en céntricos y concurridos sectores de la capital, dejando un saldo de cuatro víctimas fatales y más de un centenar de heridos. El gobierno anuncia medidas de protección a las víctimas del terrorismo.
Febrero 18 de 1993	Mientras Pablo Escobar estuvo preso disminuyeron los asesinatos en Medellín. Su fuga al iniciarse el segundo

semestre de 1992 determinó no sólo el retorno de las masacres, los atentados y el asesinato de policías sino muchos otros crímenes, protagonizados por sicarios.

Febrero 20 de 1993 — Los hijos de Escobar trataron de viajar junto con cuatro personas a Estados Unidos. Iban para Florida, pero no se les dejó abordar la nave porque no tenían los documentos firmados por su padre, requisito que se debe cumplir cuando un menor viaja al extranjero.

Febrero 21 de 1993 — Un balance sobre los damnificados del narcoterrorismo en Bogotá entre 1989 y 1993 indica en un cálculo aproximado: 1.060 kilos de dinamita, 110 muertos, 1.082 heridos y más de 32.000 millones de pesos en pérdidas materiales.

Febrero 25 de 1993 — Los ministros de Comunicaciones y Justicia, y el Programa de las Naciones Unidas para la Fiscalización de las Drogas, realizaron anoche el lanzamiento de una campaña masiva para la superación del problema de la droga, de la cual hacen parte siete comerciales de televisión que comenzarán a emitirse a nivel nacional. En estos comerciales participan personajes reales del ámbito del tráfico de drogas y personas indirectamente relacionadas o afectadas.

Destituidos cinco miembros del DAS por mal manejo en la frustrada salida al exterior de los familiares de Escobar. Por otra parte, continúa la búsqueda de Pablo Escobar; fuentes oficiales establecen que el capo está movilizándose en los barrios Belén, El Poblado y los municipios de Sabaneta, Itagüí, La Estrella, etc. Además se anunció la entrega de Darío Cardozo, alias "Comanche", luego de la entrega de Carlos Alzate, alias "Arete".

Febrero 26 de 1993 — Se realiza investigación de las prisiones para determinar si los funcionarios de todas las áreas están comprometidos en irregularidades. Esto a raíz de los hechos sucedidos en la cárcel de Itagüí en el mes de diciembre, cuando los doce hombres del cartel de Medellín hicieron del penal una fiesta.

Febrero 28 de 1993 — Los Pepes incendian la finca La Corona, en la localidad antioqueña de Llano Grande, al parecer propiedad de Diego Londoño White, quien es investigado por su presunta filiación con Fernando Londoño White, que, según las autoridades, es miembro del cartel de Medellín.

Marzo 5 de 1993	Es asesinado un abogado del cartel de Medellín; Los Pepes se atribuyen el crimen y amenazan a otros cuatro. Desaparece además el hermano del "Tato", primer miembro del cartel en someterse a la justicia, secuestrado por Los Pepes, quienes vestían prendas militares y uniformes del DAS.
Marzo 7 de 1993	Balance del derrumbamiento de la estructura militar del cartel de Medellín, por parte del Bloque de Búsqueda de la Policía y las Fuerzas Especiales del Ejército: seis hombres muertos, cuatro hombres capturados y doce que se entregaron.
Marzo 7 de 1993	Fuentes del Bloque de Búsqueda señalan que ahora Escobar sólo cuenta con seis hombres de su entera confianza; dos de ellos tienen a su cargo la protección de la familia del capo y los otros cuatro organizan las acciones terroristas ordenadas por Escobar.
Abril 18 de 1993	El director del Centro de Estudios Internacionales de la Universidad de los Andes se refiere a la Convención de las Naciones Unidas contra el Tráfico Ilícito de Estupefacientes y Sustancias Psicotrópicas, más conocida como la Convención de Viena. Esta organización ha tenido como propósito desde sus inicios controlar y reprimir el fenómeno cultural (consumo) de las drogas ilícitas y el financiamiento, el procesamiento y la distribución de narcóticos. En torno a las posturas que se seguirán en el dispositivo jurídico para combatir las drogas, existen los siguientes planteamientos: 1) La comunidad internacional espera que Colombia ratifique la Convención, lo que la denotaría como responsable absoluta del problema y la solución del asunto de los narcóticos. 2) Existen contrapartes económicas que no la obligan, ya que por ejemplo Estados Unidos no propició con suficiente seriedad la reconstrucción del Pacto Cafetero Internacional. 3) Resulta paradójico pensar que mientras en Estados Unidos y Europa no hay una preocupación primordial en el aspecto de los narcóticos por la abrumadora preponderancia de otros temas socioeconómicos, se reitera que es elemental la ratificación colombiana de un instrumento que no resuelve ni resolverá la problemática nacional. 4) A pesar del esfuerzo y compromiso antidrogas, la imagen internacional se desdibuja cuando se declaran nulos tratados

	internacionales después de su firma y ratificación o cuando se incluyen innumerables reservas a la aprobación final de una convención. Esto reduce la capacidad negociadora del país, sitúa a Colombia como Estado impredecible y deteriora el prestigio jurídico exterior de la nación. 5) Como último punto, de modo sistemático desde cuando la Convención de Viena se introduce periódicamente a consideración del legislativo colombiano se alude una polémica rigurosa y amplia; pero en el fondo se ha desvirtuado la importancia del debate de un instrumento legal en el marco de una democracia. Una posible alternativa para esta problemática consistirá en la creación de una jurisdicción penal internacional. Aunque bien podría concentrarse esta iniciativa en explicar evidencialmente los absurdos y trágicos costos del prohibicionismo.
Enero-Marzo de 1993	Los Pepes atacan diferentes objetivos del grupo de Escobar: abogados, viviendas, etc.
Febrero 18 de 1993	Carlos Alzate Urquijo, "El Arete", se entrega a la Fiscalía.
Marzo 2 de 1993	Las autoridades dan muerte a Hernán Darío Henao, jefe de seguridad de Escobar y primo hermano de su esposa.
Marzo 19 de 1993	Mario Castaño Molina, "El Chopo", es muerto por el Bloque de Búsqueda en Medellín.
Julio 29 de 1993	La esposa y los hijos de Pablo Escobar llegan a Alemania, donde se les niega la solicitud de refugio; la familia, que dice estar huyendo de Colombia por amenazas de los escuadrones de la muerte, es obligada a regresar al país.
Diciembre 2 de 1993	Escobar cae acribillado por las fuerzas de seguridad en Medellín, sobre el tejado de una casa.

FUENTES

Año 1991:
El Nuevo Siglo, agosto 17/91 - septiembre 11/91.
El Tiempo, julio 5/91 - agosto 5/91.
Semana, septiembre 10/91.
Año 1992:
El Espectador, enero 29/92 - noviembre 21/92.
El Nuevo Siglo, febrero 22/92.
El Tiempo, marzo 2/92 - noviembre 28/92.
Semana, febrero 1/92 - octubre 20/92.
Año 1993:
El Espectador, enero 17/92 - abril 18/93.
El Tiempo, enero 8/93 - febrero 31/93.

Anexo B. Grupos de paramilitares, sicarios y autodefensas

COBERTURA NACIONAL	Muerte a Secuestradores, MAS Los Extraditables Alianza Anticomunista Colombiana Comandos Revolucionarios de Colombia Juventud Anticomunista de Colombia, JACOC Movimiento Anticomunista Colombiano Los Pájaros Alianza Anticomunista Americana, AAA
MAGDALENA MEDIO	Águila Negra - Antimás Alfa 83 El Embrión Los Prillos Los Tiznados Muerte a Revolucionarios, MAR Prolimpieza del Valle del Magdalena Rambo Menudo
URABÁ	Muerte a Revolucionarios de Urabá
COSTA ATLÁNTICA	El Grupo Muerte a Abigeos Muerte a Invasores, Colaboradores y Patrocinadores, Maicopa Castigo a Firmantes e Intermediarios Estafadores, Cafies
BOGOTÁ	Los Justicieros
CALI	Muerte a Jíbaros

	El Justiciero
	El Implacable
	Bandera Negra
	Majì
	Escuadrón de la Muerte
	Comandos Verdes
	El Vengador Solitario
	MAS
	Mahope
	Kankil
	Movimiento Cívico Revolucionario
MEDELLÍN	Fuerzas Revolucionarias Populares
	Los Cobras
	Los Escorpiones
	Los Nachos
	Los Podridos, Púnguros o Punkeros
	Los Priscos
	Los Cucarachos
	La Ñata
	Amor por Medellín
	Por la Fe, el Recato y la Moral
	Los Nevados
	Los Maquinistas
	Los Calvos
	Los Montañeros
	Banda del "Loco Uribe"
	Los Narcisos
	Los Extraditables
	Amnistía Narco
	Autodefensa de los Bienes de los Narcotraficantes
BELLO (Antioquia)	Los Kills
	Los Monjes
	Los Plasmas
REMEDIOS (Antioquia)	Muerte a los Revolucionarios del Nordeste
ENVIGADO (Antioquia)	Grupo de Envigado

B/MANGA	La Mano Negra
SANTA MARTA	Los Chamizos Rojos
PEREIRA	Muerte a Prostitutas y Secuestradores
ANTIOQUIA	Comité Estudiantil Unión Revolucionaria
	Escuadrón de la Muerte
	Estrella Roja
	Falange
	Grupo Obrero Revolucionario
	Los Jumbos
	Muerte a Rateros, MAR
	Los Priscos
	Los Quesitos
	Muerte a Homosexuales
	Muerte a Jíbaros y Basuqueros
	Muerte a Jueces y Magistrados
	Muerte a Revolucionarios del Nordeste
	Sendero Luminoso
	Limpieza total
	Amor a Medellín
	La Mano Negra
CUNDINAMARCA	Autodefensa Obrera y Campesina
	Brigadas Populares del Suroriente
	El Gatillo
	Muerte a Rateros del Norte
	Juventud Inconforme de Colombia
	Movimiento de Cristianos Anticomunistas
	Muerte a Jaladores de Carros
	El Justiciero
	Organización Revolucionaria contra Hampones
	Federación de Organizaciones Revolucionarias y Obreras
VALLE DEL CAUCA	Alianza Democrática
	Bandera Negra
	Comandos Verdes
	Ejército Popular Revolucionario

	Frente Unido Silencioso
	Fuerza Militar de Occidente
	Justiciero Implacable
	Kankil
	Los Barriales
	Movimiento Cívico Revolucionario
	Movimiento Democracia
	Muerte a Homosexuales
	Organización del Pueblo Armado
	Organización Militar del Pueblo
	Muerte a Ratas
	Comandos Verdes
	Muerte a Jíbaros
	Los Vengadores
	Escuadrón Limpieza de Cali
	Federación de Organizaciones Revolucionarias y Obreras
BOYACÁ	Un Reducto de Coscuez
	Autodefensa del Güicán
	Banda de "Los López"
	Banda de "Los Barrera"
	Muerte a Delincuentes
CHOCÓ	Roya 87
SANTANDER	Falco
	Los Tiznados
	Fracción del MAS en Santander
	Los Macetos
	Bandera Roja
	Comando Rojo Simón Bolívar
	Ejército de los Pobres
	Los Caracuchos
	Los Rampuches
	La Mano Negra
	Terminator
	Toxicol 90
	Escorpión
	Boinas Verdes
	Falcon 2

META	Autodefensa de Puerto López Autodefensa de San Martín Aguijones Boinas Rojas Frente Contraguerrillero Frente Revolucionario Campesino Hombre del Maíz Amnistía Narco Los Mechudos La Mano Negra Autodefensa de los Bienes de los Narcotraficantes Frente Llanero de Autodefensa Democracia Nacional
CASANARE	Movimiento de Autodefensa Casanareña
NARIÑO	Frente Democrático de Amistad
QUINDÍO	Ejército Clandestino Obrero Justiciero Quindiano Federación de Organizaciones Revolucionarias y Obreras
RISARALDA	Kojak Escuadrón de la Muerte Las Águilas Blancas Federación de Organizaciones Revolucionarias y Obreras
NORTE DE SANTANDER	Autodefensa Popular El Justiciero Los Rampuches
CAQUETÁ	Autodefensa de San Luis Escuadrón Machete
CAUCA	Escuadrón de la Muerte Bolivariano Alianza Revolucionaria Bolivariana Falange Bolivariana Frente de Amistad Juvenil, FAJ Frente Democrático de Amistad Frente Democrático del Pueblo

	Grupo Bolivarense Antiterrorista
	Grupo Juvenil 12 de Octubre
	Movimiento Democracia
	Muerte a Ladrones del Norte
	Muerte a Militares y Paramilitares
CÓRDOBA	Grupo Camilo Daza
	La Cascona
	Los Mazudos
	Organización Contrarrevolucionaria
	Los Magníficos, Ojo por Ojo o Movimiento Obrero Estudiantil Nacional Socialista, Moens
LA GUAJIRA	Siete Machos
MAGDALENA	Los Tesos o Rojos
	Muerte a Invasores, Colaboradores y Patrocinadores
ATLÁNTICO	Los Rebeldes
	La Mano Negra
BOLÍVAR	Muerte a Secuestradores y Comunistas
CESAR	Terminator
	Comando Unificado de Acción Revolucionaria
TOLIMA	Rojo Ata
	Federación de Organizaciones Revolucionarias y Obreras
HUILA	Comunidad del Huila
	Los Vampiros
	Comandos Urbanos Demócratas Latinoamericanos
	Comité de Vigilancia y Desarrollo de Colombia
SUCRE	La Cascona

FUENTES:

El Espectador, Bogotá, 1º de octubre de 1987.
El Espectador, Bogotá, abril 5 de 1988.
El Espectador, Bogotá, abril 12 de 1988.
El Espectador, Bogotá, abril 13 de 1988.
El Espectador, Bogotá, junio 12 de 1988.
El Espectador, Bogotá, julio 5 de 1988.
El Espectador, Bogotá, agosto 23 de 1988.
El Espectador, Bogotá, agosto 31 de 1988.
El Espectador, Bogotá, 1º de septiembre de 1988.
El Espectador, Bogotá, septiembre 6 de 1988.
El Espectador, Bogotá, noviembre 20 de 1988.
El Espectador, Bogotá, abril 9 de 1989.
El Espectador, Bogotá, abril 10 de 1989.

El Tiempo, Bogotá, marzo 5 de 1988.
El Tiempo, Bogotá, mayo 22 de 1988.
El Tiempo, Bogotá, junio 21 de 1988.
El Tiempo, Bogotá, junio 26 de 1988.
El Tiempo, Bogotá, julio 29 de 1988.
El Tiempo, Bogotá, julio 31 de 1988.
El Tiempo, Bogotá, septiembre 11 de 1988.
El Tiempo, Bogotá, noviembre 13 de 1988.
El Tiempo, Bogotá, noviembre 15 de 1988.
El Tiempo, Bogotá, noviembre 22 de 1988.
El Tiempo, Bogotá, enero 20 de 1989.
El Tiempo, Bogotá, abril 20 de 1989.
El Tiempo, Bogotá, octubre 12 de 1989.
El Tiempo, Bogotá, enero 17 de 1990.
El Tiempo, Bogotá, abril 15 de 1990.
El Tiempo, Bogotá, mayo 27 de 1990.
El Tiempo, Bogotá, septiembre 9 de 1990.
El Tiempo, Bogotá, diciembre 2 de 1990.

El Caleño, Cali, marzo 26 de 1988.
El Bogotano, Bogotá, julio 2 de 1988.
Diario 5 p.m., Bogotá, febrero 20 de 1988.
Diario 5 p.m., Bogotá, abril 5 de 1988.

El Siglo, Bogotá, septiembre 13 de 1988.
La Prensa, Bogotá, noviembre 13 de 1988.
La Prensa, Bogotá, abril 30 de 1989.
La Prensa, 1º de octubre de 1989.

Voz, Bogotá, abril 5 de 1990.
El Tabloide, Tuluá, mayo 12 de 1990.
Opción, Nº 22, Bogotá, junio de 1990.
Hoy X Hoy, Nº 238, Bogotá, julio 31 de 1990.
Semana, Nºs 260, Bogotá, 310, 313 y 426.
Colombia Hoy, Nº 91, Bogotá, junio de 1991.
Camacho G., Álvaro y Guzmán B., Álvaro, *Colombia. Ciudad y violencia,* Bogotá, Ediciones Foro Nacional, 1990.
Salazar J., Alonso, *No nacimos pa' semilla,* Bogotá, Corporación Región - Cinep, 1990.

BIBLIOGRAFÍA

Alongi, Giuseppe, *La mafia nei suoi fattori e nelle sue manifestazioni*, Torino, Fratelli Bocca Editori, 1887.

Anónimo, "Opio, morfina y heroína", *Orientación Sexual*, Nº 28, Bogotá.

Arango, M., *Impacto del narcotráfico en Antioquia*, Medellín, Editorial J. M., 1988.

___ y J. Child, *Narcotráfico: imperio de la cocaína*, México, Editorial Diana, 1987.

Arlacchi, Pino, *La mafia imprenditrice. L'etica mafiosa e lo spirito del capitalismo*, Bolonia, Il Mulino, 1983.

___, "Saggio sui Mercati Illegali", en *Rassegna Italiana di Sociologia*, 1988.

Bahamón, Augusto, *Mi guerra en Medellín*, Bogotá, Intermedio Editores, 1991.

Baquero, H.; N. Cruz, S. Delgado, G. Amaya, M. Guerrero, G. Cristancho y R. Gómez, "Una violencia ignorada: el accionar de Humberto 'El Ganso' Ariza, 1965-1985", tesis de grado, Bogotá, Departamento de Ciencias Sociales, Universidad Pedagógica Nacional, 1991.

Bedoya, J., *Los carteles de la mafia* (sin pie de imprenta).

Betancourt Echeverry, D., "Tendencias de las mafias colombianas de la cocaína y la amapola", en *Nueva Sociedad*, Nº 128, Caracas, noviembre-diciembre de 1993.

___ y Martha Luz García, *Matones y cuadrilleros. Orígenes y evolución de la violencia en el occidente colombiano*, Bogotá, Tercer Mundo-

Instituto de Estudios Políticos de la Universidad Nacional, 1990.

___, "Los cinco focos de la mafia colombiana (1968-1988). Elementos para una historia", en revista *Folios*, Nº 2, Segunda Época, Bogotá, Facultad de Artes y Humanidades, Universidad Pedagógica Nacional, 1991.

Blixen, Samuel, "L'argent de la drogue et la drogue de l'argent. La banque latino-américaine et le narco-trafic", en *La Planète des Drogues. Organisations criminelles, guerres et blanchiment*, París, Editions du Seuil, 1993.

Calvi, Fabrizio, *El misterio de la mafia*, Barcelona, Gedisa, 1987.

Camacho Guizado, Álvaro, *Droga y sociedad en Colombia*, Bogotá, Cidse-Cerec, 1988.

___ y A. Guzmán, *Colombia, ciudad y violencia*, Bogotá, Foro Nacional, 1990.

Cañón, L., *El Patrón. Vida y muerte de Pablo Escobar*, Bogotá, Planeta, 1994.

Cartier-Bresson, Jean, "Eléments d' analyse pour une économie de la corruption", en *Revue Tiers Monde*, tomo XXXIII, Nº 131, París, juillet-septembre, 1992.

Castillo, Fabio, *Los jinetes de la cocaína*, Bogotá, Documentos Periodísticos, 1987.

___, *La coca costra*, Bogotá, Documentos Periodísticos, 1991.

Catanzaro, Raimondo, *Il delitto come impresa*, Padova, Liviana, 1988.

Chinnici, Giorgio y Umberto Santino, *La Violenza Programmata*, Milano, FrancoAngeli, 1991.

Cressey, D., *Criminal Organization: Its Elementary Forms*, Londres, Heinemann, 1972. Citado por McKintosh, M., *La organización del crimen*, México, Siglo XXI, 1977.

Daza Sierra, G., "Marihuana, sociedad y Estado en La Guajira", tesis, Bogotá, Departamento de Sociología, Universidad Nacional, 1988.

De Choiseul, Praslin y Henri, Charles, "La micro-économie de la drogue", en *La Planète des Drogues. Organisations criminelles, guerres et blanchiment*, París, Editions du Seuil, 1993.

Del Olmo, Rosa, "Drogas: distorsiones y realidades", en revista *Nueva Sociedad*, Nº 102, Caracas, 1989.

Delpirou, A. y A. Labrousse, *El sendero de la cocaína*, Barcelona, Laia, 1988.

Ferrarotti, Franco, *Rapporto sulla mafia: da costume locale a problema dello sviluppo nazionale*, Nápoli, Liguori, 1978.

Futuribles, Numéro Spécial, "Géopolitique et économie politique de la drogue", Nº 185, París, mars, 1994.

García Márquez, G., *La increíble y triste historia de la cándida Eréndira y su abuela desalmada*, Bogotá, Oveja Negra, 1983.

García Sayán, Diego, *Coca, cocaína y narcotráfico. Laberinto de los Andes*, Lima, Comisión Andina de Juristas, 1989.

___, *Narcotráfico: realidades y alternativas*, Lima, Comisión Andina de Juristas, 1990.

Gómez, A., *Etiología del norte vallecaucano*, Cartago, Tipografía Latina, 1989.

Gómez, H., "La economía ilegal en Colombia: tamaño, evolución, características e impacto económico", en *Economía y política del narcotráfico*, Bogotá, CEI-Uniandes, 1990.

Gómez, Leonidas, *Cartel: historia de la droga*, Bogotá, Grupo Editorial Investigación y Concepto, 1991.

González, Fernán, "Hacia un nuevo colapso parcial del Estado", en revista *Análisis*, Nº 1, Bogotá, Cinep, 1988.

___, "Un Estado en construcción", en revista *Análisis*, Nº 2, Bogotá, Cinep, 1989.

___, "Precariedad del Estado y fragmentación del poder", en revista *Análisis*, Nº 3, Bogotá, Cinep, 1989.

Guillén, G., *Guerra es War. La complicidad del gobierno de los Estados Unidos con el narcotráfico y la guerra sucia en Colombia*, Bogotá, Intermedio Editores, 1993.

Hamowy, Ronald, *Dealing with Drugs. Consequences of Government Control*, Pacific Research Institute, 1987.

Henman, A., "Tradición y represión: dos experiencias en América del Sur", en *Coca, cocaína y narcotráfico. Laberinto de los Andes*.

Historia de China, Beijing, China, Redacción de Colección China, 1984.

Hobsbawm, E., *Rebeldes primitivos*, Barcelona, Ariel, 1969.

___, *Bandidos*, Barcelona, Ariel, 1970.

Ianni, Francis, *Black Mafia*, Simon & Schuster, 1974.

Jean-Pierre, Thierry, *Crime et blanchiment*, París, Fixot document, 1993.

Junguito, R., "La economía subterránea. La política monetaria", Armenia, ponencia VII Congreso Nacional de Economistas, febrero de 1980.

Kalmanovitz, Salomón, "La economía del narcotráfico", en revista *Economía Colombiana*, Nºs 226-227, Bogotá, Contraloría General de la República, 1990.

Kopp, Pierre, "La structuration de l'offre de drogue en réseaux", y "Les drogues, la corruption et les théories économiques: Les analyses formelles des marchés de la drogue", en *Revue Tiers Monde*, tomo XXXIII, Nº 131, París, juillet-septembre, 1992.

___, *Le trafic de drogue: marché ou réseau?*, París, Greitd, 1992.

___, "L'efficacité des politiques de contrôle des drogues illegales", en *Revue Futuribles*, Nº 185, París, mars, 1994.

Krauthausen, Ciro y Fernando Sarmiento, *Cocaína & Co.*, Bogotá, Tercer Mundo, 1991.

Labrousse, Alain y Alain Wallon (sous la direction), *La Planète des Drogues. Organisations criminelles, guerres et blanchiment*, París, Editions du Seuil, 1993.

La Fiura, Giovanni; Amaelia Crisantino, Augusto Cavadi, "Mafia: Per un Approccio Multidisciplinare", en *Nueva Secondaria*, Nº 5, Gennaio, 1991.

Lamour, C. y M. Lamberti, *La nueva guerra del opio*, Barcelona, Barral, 1973.

La Rotta, M. y R. Montejo, "Amapola en el suroccidente colombiano", tesis de grado, Bogotá, Departamento de Ciencias Sociales, Universidad Pedagógica Nacional, 1993.

Leal Buitrago, Francisco y León Zamosc (eds.), *Al filo del caos*, Bogotá, Tercer Mundo-Iepri, 1991.

Londoño Ángel, L., *Qué pasó en Antioquia y otros ensayos*, Medellín, Impresos Caribe, 1987.

López, Camilo; Tito Pérez, Juan Rodríguez y Dinardo Rojas, "Narcotráfico y paramilitarismo en la región de Rionegro, Cundinamarca", tesis, Bogotá, Departamento de Ciencias Sociales, Universidad Pedagógica Nacional, 1992.

Medina, Carlos y Mireya Téllez, *La violencia parainstitucional, paramilitar y parapolicial en Colombia*, Bogotá, Rodríguez Quito Editores, 1994.

Medina, G., *Autodefensas, paramilitares y narcotráfico en Colombia*, Bogotá, Documentos Periodísticos, 1990.

Mermelstein, Max, *El hombre que hizo llover coca*, Bogotá, Intermedio Editores, 1991.

Mingardi, Guaracy, *Tiras; Gansos e Trutas. Cotidiano e reforma na polícia civil*, São Paulo, Scritta, 1992.
Miroli, Alejandro, *Droga y drogadictos*, Buenos Aires, Lidiun, 1986.
Molano, A., *Selva adentro*, Bogotá, El Áncora, 1987.
___, *Siguiendo el corte*, Bogotá, El Áncora, 1989.
Mori, Cesare, *Cruzando espadas con la mafia*, Londres y Nueva York, Putman, 1933.
Musto, David F., *La enfermedad americana*, Bogotá, Tercer Mundo Editores, 1993.
Palacio, Germán (comp.), *La irrupción del paraestado*, Bogotá, ILSA-Cerec, 1990.
Parra, E., "La nueva política económica", *Controversia*, Nºs 75-76, Bogotá, Cinep, 1979.
Pasley, F., *Al Capone*, Madrid, Alianza, 1970.
Pérez G., A., *Historia de la drogadicción en Colombia*, Bogotá, Tercer Mundo Editores-Uniandes, 1988.
Pezzino, Paolo, *Una Certa reciprocitá Di Favori. Mafia e modernizzacione violenta nella Sicilia postunitaria*, Milano, FrancoAngeli, 1990.
Piedrahíta Cardona, D., *Colombia: entre guerra sucia y extradición*, Bogotá, Editorial Ciencia y Derecho, 1992.
"Relación del virrey Guirior", en *Relaciones de mando de los virreyes*, Posada e Ibáñez (comps.), Bogotá, Ministerio de Educación Nacional, 1955.
Restrepo, Gabriel, "Espejito, espejito, dime la verdad", en revista *Colombia Hoy*, Nº 120, Bogotá, febrero de 1989.
Reuter, Peter, *Disorganized Crime*, Massachusetts, MIT Press, 1983.
___ y Rubinstein, *Illegal Gambling in New York*, EU, Departamento de Justicia, 1982.
Rincón, E. y A. Valderrama, "Intervención del narcotráfico en la actividad política nacional", tesis de grado, Bogotá, Departamento de Sociología, Universidad Nacional de Colombia, 1986.
Rincón, F., *El enorme tesoro de Gacha*, Bogotá, Aquí y Ahora Editores, 1990.
___, *Leyenda y verdad del Mejicano*, Bogotá, Aquí y Ahora Editores, 1990.
___, *El libro sellado de Pablo Escobar*, Bogotá, Aquí y Ahora Editores, 1994.

Rojas, F., "El Estado en los ochenta, un régimen policivo", *Controversia*, Nºs 82-83, Bogotá, Cinep, 1979.

Romero, M., "Córdoba: latifundio y narcotráfico", en revista *Análisis*, Nº 3, Bogotá, Cinep, 1989.

Rumrill, Roger, "L'Amazonie péruvienne, nouveau Vietnam de la drogue?", en *La Planète des Drogues. Organisations criminelles, guerres et blanchiment*, París, Editions du Seuil, 1993.

Salama, Pierre, "Macro-économie de la drogue dans les pays andins", en *Revue Futuribles*, Nº 185, París, mars, 1994.

Salazar, Alonso, *No nacimos pa' semilla*, Bogotá, Corporación Región-Cinep, 1990.

Salazar Pineda, Gustavo, *Yo defendí a Rodríguez Gacha*, Bogotá, Jurídica Radar Ediciones, 1990.

Samper, Ernesto, "La cenicienta clase media", en *Carta Financiera*, Nº 46, Bogotá, ANIF, julio-septiembre de 1980.

Sánchez, Gonzalo, "Tierra y violencia. El desarrollo desigual de las regiones", en revista *Análisis Político*, Nº 6, Bogotá, Instituto de Estudios Políticos y Relaciones Internacionales, Universidad Nacional de Colombia, 1989.

___, "Guerra y política en la sociedad colombiana", en revista *Análisis Político*, Nº 11, Bogotá, Instituto de Estudios Políticos y Relaciones Internacionales, Universidad Nacional de Colombia, 1990.

Santino, Umberto, *Lántimafia difficile*, Palermo, Centro Siciliano di Documentazione, 1989.

___, "Por una Storia Sociale della Mafia", en *Nueva Secondaria*, Nº 10, Giugno, 1991.

___, "La mafia sicilienne et le nouveaux marchés des drogues en Europe, en *La Planète des Drogues. Organisations criminelles, guerres et blanchiment*, París, Editions du Seuil, 1993.

Schiray, Michel, "Les filières-stupéfiants: trois niveaux, cinq logiques. Les stratégies de survie et le monde des criminalités", en *Revue Futuribles*, Nº 185, París, mars, 1994.

Schneider, Peter, *Classi sociali, economia e politica in Sicilia*, Rubbettino, Soveria Mannelli, 1989.

Sciascia, Leonardo, *Il giorno della civetta*, Torino, Einaudi, 1961.

Short, M., *Mafia: sociedad del crimen*, Barcelona, Planeta, 1987.

Sodré, Muniz, *O Social Irradiado: Violencia Urbana, Neogrotesco e Midia*, São Paulo, Cortez Editora, 1992.

Sondern, F., *La mafia*, Barcelona, Bruguera, 1975.
Sorman, Guy, *Esperando a los bárbaros*, Bogotá, Seix Barral, 1993.
Souloy, M., "Historia del narcotráfico colombiano a través de sus relaciones con el poder", V Congreso de Historia de Colombia, Armenia, Icfes, 1985.
Thompson, E., *Tradición, conciencia y revuelta de clase*, Barcelona, Editorial Crítica, 1985.
Thoumi, F., *Economía política y narcotráfico*, Bogotá, Tercer Mundo Editores, 1994.
Tokatlian, J. y B. Bruce, *Economía y política del narcotráfico*, Bogotá, Cerec-Uniandes, 1990, pp. 57-115.
Uribe, Carlos E., *Se busca Pablo muerto. La guerra loca de Barco*, Medellín, 1990.
Valenzuela Ruiz, A., *Con las manos atadas*, Bogotá, Ediciones Morena, 1989.
Varios autores, *Violencia juvenil, diagnóstico y alternativas*, Medellín, Corporación Región, 1990.
___, *Violencia en la región andina. El caso Colombia*, Bogotá, Cinep-APEP, 1993.
Veloza, G., *La guerra de los carteles de la cocaína*, G. S. Editores.
Williams, T., *The Cocaine Kids. The Inside Story of a Teenage Drug Ring*, Nueva York, Addison Wesley, 1989.
Wola, *¿Peligro inminente?*, Bogotá, Tercer Mundo, 1992.
Zambrano, Fabio, "El miedo al pueblo", en revista *Análisis*, Nºs 1 y 2, Bogotá, Cinep, 1988, 1989.

Periódicos y revistas

Seguimiento a las informaciones publicadas en relación con el tema entre 1970 y 1993

El Tiempo, Bogotá
El Espectador, Bogotá
La Prensa, Bogotá
El Espacio, Bogotá
Diario 5 p.m., Bogotá
El Siglo, Bogotá
El País, Cali
El Caleño, Cali
El Tabloide, Tuluá

El Colombiano, Medellín
La Patria, Manizales
El Heraldo, Barranquilla
Vanguardia, Bucaramanga

Semana, Bogotá
Cambio 16, Bogotá
Cromos, Bogotá
Hoy X Hoy, Bogotá
Alternativa, Bogotá
Nueva Frontera, Bogotá
Vea, Bogotá
Análisis Político, Bogotá
Análisis, Bogotá
Opción, Bogotá
Colombia Hoy, Bogotá
Revista de las Fuerzas Armadas, Bogotá
Revista de la Policía, Bogotá
Palomas
Summa
Time
Newsweek
Observatoire Géopolitique des Drogues